La segunda transición

*De la sociedad del bienestar al
neoliberalismo salvaje*

Asociación de Txikiteros Indignados

DEDICATORIA

A todos aquellos que durante un año han seguido el blog de la
Asociación de Txikiteros Indignado

Prólogo y presentación

La Asociación de Txikiteros Indignados nace allá por diciembre de 2012, intentando dar salida a una rabia acumulada por la situación actual. Txomin y Patxi en sus tertulias de barra han analizado los temas de actualidad durante casi un año, y los han plasmado en su blog.

Han sido más de 150 post, publicados en un formato que se ha hecho con el tiempo familiar a muchos de sus seguidores. Su blog ha conseguido a lo largo de este año más de 140.000 visitas, lo cual no es nada desdeñable en un tema tan manido como la actualidad nacional, lastrada por la crisis.

Los txikiteros han analizado con una proverbial mala leche muchos temas de actualidad, y se han cebado en especial con dos miembros del gobierno, Gallardón y el becario Soria.

Pero no todo ha sido crítica, han hecho aportes importantes, han propuesto soluciones a la crisis actual, han apoyado a diferentes colectivos como la PAH, han escrito post polémicos, como uno sobre la AVT, han creado su propia conspiración alrededor del caso Bárcenas.

Los post han sido todos viscerales. No han pasado por un borrador previo, y se han publicado según se escribían, con el objetivo de conseguir un mayor impacto de cada uno de ellos, por lo que aunque siempre se pasaba el corrector ortográfico, también es cierto que a veces algunas frases nacían con errores sintácticos importantes.

¿Y por qué "la segunda transición"? Pues más que nada porque vivimos una transición hace más de 30 años, de la dictadura a la democracia, y ahora, a la misma velocidad que se produjo la primera, estamos viviendo una segunda, desde el estado del bienestar al liberalismo más salvaje. Y con la excusa de la crisis, estamos involucionando a tiempos anteriores a la primera transición, y dejando por el camino logros sociales y destruyendo un sistema de reparto de riqueza que habíamos construido durante 30 duros años donde nadie regaló nada.

Txomin y Patxi han vuelto a su txikiteo tradicional. Seguirán con su certero análisis de la actualidad desde la barra de algún bar de Somera o La Casilla, pero abandonan el blog, con pena, pero también orgullosos de haber podido plasmar su pensamiento, y transmitirlo a la gente.

Y para ese pensamiento no se pierda, lo recogen en este libro, que se publicará inicialmente en papel y como kindle, con el fin de llegar al mayor número posible de seguidores.

En definitiva, han sido un número importante de artículos que los hemos agrupado en diferentes temas, dejando para el final los dos temas más candentes: el caso Bárcenas como asalto al poder de los sectores más reaccionarios del PP, y la propuesta de soluciones a la crisis.

Y el título, la Segunda Transición, desde la sociedad del bienestar al neoliberalismo salvaje, es una crónica de lo que nos está ocurriendo. Tuvimos una primera transición, desde la dictadura a la democracia, pero ésta se ha prostituido convirtiéndose en una partidocracia que está expoliando el país y realizando esta transición, en Europa en general y en España en particular hacia un capitalismo descontrolado y alentado además por las políticas gubernamentales.

Primer bloque: Gallardón

El amigo Gallardón ha sido blanco de las iras de los txikiteros en varias ocasiones. El inicialmente simpaticote alcalde de Madrid, quizá por su empecinado enfrentamiento con la malvada bruja Esperanza Aguirre, se convirtió, cuan gremlin se tratara, en un oscuro personaje ultraconservador enfrentado a todo el mundo, y adquiriendo el tono chulesco y desafiante del resto de sus colegas al llegar a la cartera de justicia.

Y mientras sigue escribiendo su código penal, basado en la Biblia y tardando en parirlo tanto como tardó el libro en el que se basa, incluyendo involuciones en la ley del aborto o aplicaciones especiales de cadena perpetua.

Sin más dilación, pasamos a Gallardón.

Otra cagada de Gallardón

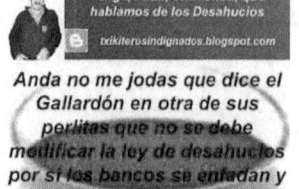

Venga, Patxi, otra ronda, que hablamos de los Desahucios

txikiterosindignados.blogspot.com

Anda no me jodas que dice el Gallardón en otra de sus perlitas que no se debe modificar la ley de desahucios por si los bancos se enfadan y dejan de dar crédito...
¡¿Pero no somos realmente nosotros los que estamos REGALANDO dinero a la banca sin que ellos den ni un atisbo de crédito?!

*N*ada, cuando parecía que el ministro más tonto era el becario que han puesto en Industria, el tal Soria, va el Gallardón y en un par de declaraciones demuestra que si algo puede empeorar, ahí está el para hacerlo.

¡Amo a vé! Primero se descuelga con la tontada esa de que los funcionarios de justicia protestaban era porque les habían quitado a esos insolidarios la paga extra y 6 días de libre disposición.

Ya mejor no entrar en esa insensatez, que nos tensa. Imbécil, cuando los trabajadores hacen una protesta por sus salarios no la tienen que enmascarar con otros temas, TÚ sabes perfectamente que se protestaba por la reforma de la justicia y las tasas impuestas.

Pero ese no es el tema, es peor la insulsez esa de que no se puede modificar la ley de desahucios porque si no la banca cerrará el grifo del crédito. Bueno, bueno, primero, listillo, la banca NO DA CRÉDITO en este país, no sé si te has enterado, se modifique o no la ley de desahucios. Segundo, la única fuente de crédito hipotecario a la compra de vivienda que vais a dejar por ley en este país va a ser la que dé el banco malo, que consiste en créditos otorgados en condición de monopolio, sobre viviendas ya construidas. Si no se modifica la ley de desahucios, cuando se desahucie a una familia, ésta seguirá debiendo la hipoteca al banco, que ya la habrá recuperado por la cesión de ese activo al banco malo, que será el encargado de timar a una nueva familia con un crédito trampa sobrevalorado en valor de tasación (la vivienda se tasará al valor del activo tóxico) y en intereses (superiores a los iniciales, por actuar en monopolio) creando una nueva situación de desamparo a las familias.

Lo que no se puede es legislar en contra de los ciudadanos y agachar la cabeza cuando las leyes vienen de Alemania, perdón, de Bruselas. Amigo Gallardón, me imagino que ya sabes que la directiva europea sobre cajas de ahorro y banca en general (que casualitalmente no afecta a la banca alemana) prohíbe dar créditos a las empresas por encima de su capacidad de devolverlos, o sea, que corta a las empresas españolas cualquier capacidad de financiar su crecimiento.

¿Sabes que significa esto, listillo? Una concentración de las empresas en sociedades especulativas (principalmente alemanas) y una nueva burbuja inmobiliaria en España. Pero tú sigue a lo tuyo, que nos quejamos de vicio.

Por cierto, hablando de deudas... ¿no fuiste tú el que dejó el ayuntamiento más endeudado de España, y uno de los más endeudados de Europa? Cómo a ti no te desahucian...

Ahí sigue Gallardón con sus proyectos, no nos va a dejar ni protestar por decreto.

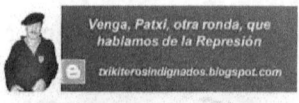

Jodopetaka, que ya nos estamos hartando de que el progre este de los cojones de Gallardón se empeñe en legalizar la represión y nos calle a golpe de porra amparada por decreto!

Poco a poco se ha ido instaurando en los últimos años el ir creando nuevos delitos en aras del "bien común" o para proteger a una minoría social especialmente desprotegida.

La incapacidad de los gobiernos para solucionar algunos problemas sociales se traduce en legislación represiva.

Como ejemplo, el haber sido incapaces de que dejáramos de fumar la faria viendo la partida de mus, más que nada porque nadie nos había dicho que eso no debería hacerse por respeto a los demás, ha legislado que no se puede fumar en los bares.

Y así miles de ejemplos, de manera que poco a poco nos van restringiendo ciertas libertades de una manera que las aceptamos todos. Así pues al lado de un estanco nos ponen un bar. Nos dejan fumar, pero si no lo hacemos en el lugar adecuado, nos crucifican. Nos colocan radares en largas rectas de autovías de 6 carriles donde a alguien se le ha ocurrido poner un 80 dios sabe por qué, y nos venden coches de una potencia mínima de 100 CV.

Y llega el pijo madrileño, y decide ir más allá. En una perversión dialéctica sin precedentes (a pesar que la credibilidad de este ministrillo ya está por los suelos) para proteger al comercio y vecinos del centro de Madrid (zona privilegiada para vivir y para el comercio donde las haya en España) se descuelga con restringir el derecho a manifestación, intentado eliminar las convocatorias espontáneas de manifestaciones a través de las redes sociales.

Se ve que aún están dolidos por aquellas manifestaciones espontáneas frente a la sede de Génova con el famoso "queremos saber" que no nos quisieron contar.

Y nada, para proteger la integridad y buen nombre de las FSE pretenden prohibir que se grabe a la policía haciendo "su trabajo" en las manifestaciones.

Se cierra el círculo. Han expoliado las cajas de ahorro. Están podridos hasta las cejas con nuestro dinero. Nos han traspasado el agujero que han creado nacionalizando la deuda de la banca. Vuelven con el dinero robado a comprar a precio de saldo nuestro patrimonio, y para que no protestemos nos restringen el derecho a manifestación y dan carta blanca a la policía para que se explaye.

En fin, pilarín...

Nos quedan unos añitos de aborto, matrimoño gay y divorcio, aupa Gallardón!!

Aupa, Txomin, otro txikito, que hablamos de Gallardón

txikiterosindignados.blogspot.com

Ahora que Rajoy ha arrojado la toalla y se va a dedicar el resto de la legislatura a verlas venir, es el turno de desviar la atención, es el turno de Gallardón!!!!

*A*l parecer el ministro de economía ha firmado cheques en forma de emisión de deuda que el ministerio de hacienda no puede pagar en base de impuestos.

Después del anunciado fracaso de las políticas económicas de austeridad sólo ha llegado paro y más paro.

La ministra Bañez ha despedido a la Virgen del Rocío por no echar el tan ansiado capote y ha potenciado el departamento de estadística, que se ha quedado pequeño para contar tanto parado.

La economía no va a arrancar por la falta de circulante. La banca rescatada está pendiente de un hilo, ya que toda la liquidez que se le ha inyectado se ha destinado a comprar deuda, y si hubiera una quita en la deuda española inmediatamente supondría una merma en los depósitos de la banca, invertidos en esa deuda.

Tenemos un panorama desolador que se va a agravar en el caso del paro a partir de junio, cuando los convenios colectivos no renovados pasen a ser guiados por la mano invisible de Adam Smith en base a la reforma laboral, y un presidente que se ha rendido y que ha decidido que es mejor no intervenir más y que con un poco de suerte, como ningún mal dura 100 años al final de la legislatura igual se ve algún brote verde, una vez hayamos llegado al fondo.

Y sentado en su poltrona, evitando pensar en su miseria moral e intelectual, ha decidido que es el turno de Gallardón. Hay que desviar la atención sobre la realidad y a crear enfrentamiento. Y para crear enfrentamiento hay que utilizar temas por los que enfrentarse, ya que en economía al parecer toda España está de acuerdo en que lo han hecho mal (es más, el otro día en el bar de la Felixa veíamos Intereconomía y parecía la Sexta, con sesudos contertulios pidiendo una quita en la deuda y la salida inmediata del euro).

¿Y en qué temas habrá enfrentamiento y los votantes del PP se podrán volver a sentir arropados por el partido?

Pues deja a Gallardón solito un rato y verás como lo consigue: Reforma de la ley del aborto, limitación de los derechos de huelga y manifestación, reforma de la ley de divorcio, reforma de la ley del matrimonio gay.

Y si a esto le sumamos alguna visita que otra del Papa (queremos ver comulgar juntas a Barcina, Cospedal y Sáez de Santamaría vestidas de góticas y con peineta en el Castillo de Javier) y algún enfrentamiento con los nacionalistas vascos y catalanes, ya tenemos el resto de la legislatura entretenida.

Y como después de lo visto en las campañas vasca y catalana, nadie tiene cojones de hablar de economía en público no sea que le pregunten, a verlas pasar, gobierno y oposición.

Gallardón nos trae la posibilidad de cadena perpetua para enfermos mentales

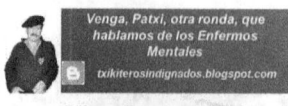

Con la nueva reforma de la justicia, aparece la figura de la cadena perpetua, en este caso para los enfermos mentales

Con la demagogia propia de Alberto Ruiz Gallardón, se nos vende la posibilidad de que la sociedad viva más segura, ya que se podrán internar de por vida y alejados de una sociedad a la que se podría hacer daño a los enfermos mentales que cometan un delito.

Concretamente, se estipula un internamiento por 5 años, una vez cumplida su pena en el psiquiátrico, si se considera que el enfermo mental es potencialmente peligroso para volver a cometer el delito, prorrogable indefinidamente en períodos de 5 años.

O lo que es lo mismo, de una forma demagógica encerramos a los estigmatizados enfermos mentales para que no molesten. Y se les encierra para que no cometan nuevos delitos, una especie de prisión preventiva. El siguiente paso será encerrar a todos los enfermos potencialmente peligrosos, hayan o no cometido un delito.

De esta manera la sociedad sacia su ansia de venganza, ya tenemos una excusa para poder encerrar a los delincuentes, a aumentar las penas, ya podemos respirar tranquilos porque el sistema se endurece para aquellos que cometen delitos, que nos antisociales. Nuestros fantasmas, los abusadores de niños, los terroristas, los asesinos sangrientos, ya pueden ser encerrados de por vida, pueden ser retirados de la circulación.

Porque no hay que olvidar que entre el 25 y el 40% de la población reclusa española tiene algún tipo de trastorno mental, y que la determinación de ese tipo de trastornos es subjetiva, dependiente no solo de un informe forense, sino de la valoración de un juez.

Se abre un camino muy peligroso ya que hasta ahora lo que era un eximente (la enfermedad mental) se convierte en un agravante (se puede aplicar una condena superior a la de un recluso normal simplemente por tener esa enfermedad). Ahora para solicitar una liberación de un preso mental se deberá presentar un informe psiquiátrico, mermado de cara a la defensa, por la dificultad de acceder al confinado, encerrado en un centro, lo cual hace que los carceleros tengan un poder muy importante sobre el preso, ya que serán realmente los que decidan, independientemente de la justicia, si sigue preso o no, por sus informes sobre la evolución de la enfermedad del preso, y por tanto, olvídate de reinserciones ni curaciones... porque... ¿qué funcionario de un centro psiquiátrico firmará un alta de un violador, por ejemplo, que lo ponga en la calle, aunque considere que está rehabilitado y curado?

Gallardón el populista y su concepto extraordinario de la justicia...

Las activistas de FEMEN dan un "zas en toda la boca" a Gallardón

La primera acción de FEMEN en España ha sido en el congreso al grito de "Aborto es sagrado". La imagen de las tres activistas posiblemente haya recorrido el mundo consiguiendo lo que pretendían, darse a conocer y en un marco inmejorable, en el Congreso de los Diputados del Reino de España.

El efecto conseguido ha sido impresionante. Lo primero, a pesar de todas las multitudinarias manifestaciones por las más variadas protestas contra este gobierno, has sido tres activistas la que han conseguido el máximo protagonismo, ante las cámaras y ante todos los diputados.

Y además de pillar a todos descolocados, y con el pie cambiado, con una frase muy simple que mezclaba feminismo y religión de una forma antagónica, coge el ministro, que no tiene muchas luces, y cae en la trampa con un "… es un grito imposible mezclar aborto y sagrado en la misma frase…", corroborando que la ley del aborto responde a principios religiosos del gobierno.

Doble "zas en toda la boca" al ministro, que dio imagen de país regido por principios religiosos, en vez de un estado laico moderno, algo que acabó rematando con una reprimenda a la oposición por aplaudir a las activistas, dejando claro que con una mayoría absoluta puede hacer lo que le salga de los cojones.

El PP gobierna y emite discursos únicamente para los suyos, para mantenerse en el poder gracias a sus votantes, sin tener ni el más mínimo sentido de estado. Y el ministro Gallardón y su mezcla de lo sagrado y lo humano, de la ley laica adaptada a la ley de Dios es buena muestra de ello.

Son cadáveres políticos.

Segundo bloque: José Manuel Soria

José Manuel Soria, el insigne canario, tiene su destino firmemente ligado a las eléctricas, con las que comparte una serie de intentos de regularización del sector y una impresionante reforma eléctrica que le escribió Iberdrola un año antes.

Y no solo se la escribió sino que la había presentado en la feria Genera del año 2012, por lo que se le deberían haber sacado los colores al becario de industria.

Pero Soria es especial. Es un ser inútil que se cree el más inteligente de la clase. Alguien que no sabe si el meridiano 0 o de "grimlis" pasa por su comunidad autónoma natal, y ni en qué año se estableció el convenio que lo creaba, pretende regular un sector para acabar con algo que se llama déficit de tarifa.

Y a día de hoy, después de una superreforma que ha puesto la viabilidad del sistema eléctrico español al borde del abismo, y que ha multiplicado el déficit de tarifa que pretendía finiquitar, el ministro más listo del gabinete ha desaparecido, por si las moscas.

¿A quien se parece con su actitud chulesca de perdonavidas y su bigote mal afeitado?

Que nos cierran las nucleares!!!

Aibalahostiapues que han cerrado Garoña, y que paice que es porque les han puesto un impuesto del 6% a la producción y les van a cobrar tasas por la producción de residuos.

¡¡A ver si va a resultar que la energia nuclear no es tan gratuita y tan limpia como nos venian diciendo!!

Siempre diciéndonos que la energía nuclear es barata y limpia, y resulta que ahora no lo es tanto. Un pequeño impuesto, del 6% (que no nos equivoquemos, que no sólo afecta a la energía nuclear, que afecta a toda la producción, desde el gas hasta las renovables) y una tasa de basuras y van estos y dicen que se ven obligados a cerrar.

Y esto casualmente (en este país hay demasiadas casualidades) en vísperas de la subasta eléctrica que marcará los precios de la energía el próximo trimestre. Lo que deberían hacer es dejarnos de engañar de una vez. Y yendo por partes, para que nos entendamos todos.

Primero. La estructura de costes de la factura eléctrica, esa que nos llega a casa es (según UNESA, la patronal eléctrica, para que nadie piense que desde Pozas engañamos) una parte debida a los costes de producción, otra a los de amortización, otra a los de distribución, y una última debida a impuestos.

UNESA nos explica unas cosas, pero se le olvida decirnos otras. Nos dice que los costes de impuestos son debidos a los impuestos directos a la electricidad y las primas de las renovables, pero se le olvida decir que el paquete de renovables limita los costes de producción y reduce en igual medida las tasas por emisión de CO_2, y que en esa prima y los costes de producción están incluidas las amortizaciones, que en el caso de las fuentes convencionales de energía se sacan fuera. O lo que es lo mismo, que las primas a las renovables NO afectan al precio de la energía.

También se le olvida comentar que en los costes de amortización de incluyen amortizaciones de centrales de producción de energía, fundamentalmente pequeña y mediana hidroeléctrica que se encuentran abandonadas, y que se incluyen unos costes de amortización por contabilidad ficticia de elementos cedidos a las compañías eléctricas a los que se les da un valor contable aunque no hayan costado nada, como por ejemplo toda la infraestructura eléctrica de barrios y polígonos industriales construidos durante la burbuja inmobiliaria, que se cedía gratuitamente a las compañías, y que éstas asignaban un valor contable por el que justifican un gasto de amortización que se cobra de la factura eléctrica.

Otro detallito del que se olvida hablar es del pool, o subasta eléctrica, en el que el más caro marca el precio de la energía. Por ejemplo, si son necesarios 50.000 MW de potencia, primero entran las nucleares, luego las de carbón, luego las renovables, algo de hidroeléctrica (poco, que no conviene) y por último el gas, que es la energía más cara. No importa que las nucleares tengan un coste debido a las subvenciones de 10 el MW·h y que sus amortizaciones se cobren aparte, ni que el carbón esté subvencionado, lo que importa es que el gas, al ser caro, y además estar muy penalizado por sus costes de amortización, entre a 70 el MW·h ya que ese precio es el que marcará el precio de la energía.

Así que mientras en otros países similares a España en su sistema energético el coste del MW·h es de alrededor de 30 /MW·h, aquí nos "cuesta" a 70 /MW·h Y ahora viene el redondeo de la trama. El gobierno fija la tarifa a 50 /MW·h y les avala a las eléctricas créditos par a compensar los 20 /MW·h restantes, eso que llaman "déficit de tar ifa" y ahora les debemos a los bancos, que no a las eléctricas, esa diferencia, mientras que las eléctricas no pagan impuestos de beneficios.

Y ya volviendo al cierre de Garoña, motivado por la subida de la prima de seguros debido a que es igual a Fukushima y a Doerl, por las reformas que les obligan a hacer para seguir operando, y gracias a la jugada perfecta que supone cerrarla antes de la subasta eléctrica en plena moratoria de renovables, para sustituir su producción por gas y subir el precio de la subasta, y achacar esa subida a su cierre, debido a los "fuertes" impuestos a la que se le somete y a los "insolidarios" ecologistas, lo que dejen de ganar con su cierre lo compensan con creces con el resto de las nucleares, mientras que el desmantelamiento y la gestión de residuos se carga al bote de la cuadrilla.

Y las eléctricas siguen subiendo el precio de la electricidad, robo descarado

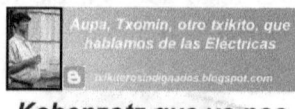

Kabenzotz que ya nos habíamos acostumbrado a que nos subieran la luz a principio de año... y ahora con tantas subidas entre el año se está perdiendo la tradición!!!

*O*tra subida más de la electricidad y los sufridos consumidores a tragar en un sistema monopolista de dudoso servicio público.

Y cuando decimos monopolista, lo decimos con cabeza. Si el precio de la energía eléctrica se fija en la subasta eléctrica y de ahí ya sale un precio común para todos los consumidores, y todos los productores cobran igual, es que es un monopolio, se disfrace como se disfrace.

Someramente: Precio de subasta. Esto viene de aquellos tiempos en los que Hidrola, Saltos del Duero y Saltos del Ebro crearon primero Iberduero y luego Iberdrola y se fueron comiendo a las productoras eléctricas rentables, mientras que las que no eran rentables las cogía el estado en ENDESA. Se inventa el precio de subasta.

Se saca todo el consumo que vaya a haber en un período y se hace una subasta. Las nucleares entran a precio 0 y producen tantos MWh, luego las de carbón también a precio 0 y producen en ese período tantos MWh. Luego todo el régimen especial y la' hidroeléctrica que quieran las eléctricas meter. Y entonces empieza la chispa del asunto. Los últimos MWh necesarios los cubre el gas (esas maravillosas centrales de ciclo combinado que son la rehostia y que todo lehendakari de cualquier comunidad autónoma que se precie inauguraba dotando de autosuficiencia energética al proyecto de país) y esta energía es cara... y va subiendo el precio de la subasta hasta que se casa la producción con la demanda a determinado precio, que suele rondar los 70 /MWh.

A eso se suman los costes de amortización de las centrales de producción de las Eléctricas y de las infraestructuras de distribución.

Posteriormente se suman los costes directos de distribución, o sea, los costes de mantenimiento de líneas y demás.

Y por último, impuestos y primas a las renovables.

Y aparece el meollo del asunto. Resulta que sumando sumando, el coste de la energía es muy caro, muy superior a cualquier país europeo, tanto que el gobierno fija un precio de tarifa inferior a ese coste y avala a la eléctricas para que pidan créditos para compensar esa diferencia, que es lo que se llama el "déficit tarifario", dinero que el gobierno debe A LA BANCA POR LOS CRÉDITOS QUE HAN PEDIDO LAS ELÉCTRICAS AVALADOS POR EL GOBIERNO. Y el gobierno decide que se debe acabar con el déficit tarifario y nuestros politiquillos, esos que al acabar se van a ENDESA (Aznar y Salgado), a Iberdrola (Marín entre otros) o a Gas Natural-Fenosa (Felipe González, por ejemplo) dicen que la culpa es de la prima a las renovables y paralizan completamente en sector, permitiendo subidas adicionales de la luz, y además nos dicen que el sistema eléctrico está sobredimensionado y que no hay que instalar más producción (y menos en renovables, por supuesto)

Pero analizando, analizando, txikito a txikito, que nos libera la mente, vemos unos detallitos que se deberían tener en cuenta.

1) El precio de subasta ya es la hostia. Las nucleares, carbón o hidroeléctrica (subvencionadas y con costes trampa, y base de las eléctricas) tienen un coste de producción de alrededor de 15 el MWh, producen gran parte de la energía del país... y cobran a 70 el MW. ¡¡¡¡Vaya márgenes comerciales, la hostia!!!! Y además... casualitalmente, a esas fuentes de energía convencionales se les computan las amortizaciones aparte, mientras que las que marcan el precio, las de gas, explotadas por empresas privadas, resulta que imputan el coste de amortización en el precio de subasta. Anda, no me jodas!!!

2) Sumamos los costes de amortización, que no se han tenido en cuenta en el precio anterior, por lo que las eléctricas los cobran aparte... y además aparecen dos detalles. Las eléctricas imputan costes de amortización de pequeñas centrales hidroeléctricas que se encuentran abandonadas, sin explotación, pero como tienen un valor contable... pues nos lo meten aquí. Y también nos meten amortizaciones ficticias procedentes de la burbuja inmobiliaria. Explicando, Patxi, que es gerundio, Cuando se hacía una nueva urbanización (o barrio entero) el promotor inmobiliario realizaba toda la infraestructura eléctrica de esa urbanización y se lo cedía GRATUITAMENTE a la compañía eléctrica, que le asignaba un valor contable para imputar las amortizaciones de ese nuevo activo a la factura eléctrica. Con dos cojones.

3) Y nos meten los costes de distribución. Todo muy clarito... ay, no, que este coste nos lo vuelven a cobrar a través de lo que se llama Término de Potencia de la factura eléctrica, ese que incrementa el precio de la factura en un 30%

4) Y llegamos a lo que realmente parece que es según las eléctricas lo que sube la factura de la luz, las primas a las renovables. Ay, pero no, que parece que tampoco es así, ya que si no hubiera renovables, se necesitaría más gas para producir electricidad y subiría el precio de la subasta. Fíjate que al subir el precio de la subasta ganarían más, ay, pillines. ¿Y se reduciría el precio de la tarifa? Pues no mucho, porque se imputarían los costes de CO_2 y además aumentaríamos la deuda al tener que comprar más petróleo y gas. ¿Y se podría reducir ese coste? Pues sería fácil, aplicando la ley. O sea, mandando al régimen ordinario a toda central adherida al régimen especial que pertenezca a una eléctrica.

Desde el último bar hacemos la siguiente reflexión. Si se liberaliza el mercado desapareciendo el pool, nos encontraríamos con que el precio de la energía disminuiría, las renovables podrían expandirse sin prima. Si se quitan los costes fantasma, se meten el en régimen ordinario (como legalmente debería ser) a gran parte de la energía renovable y se potencia la comercialización de energía destruyendo el monopolio, se abarataría el precio de la energía. Dos detalles, en países en los que el mercado es libre, la energía es más barata que en España con un mix energético similar o incluso más caro. Y no nos vale el ejemplo de Francia, que allí la energía nuclear, como en el resto del mundo, está muy subvencionada. ¡¡¡A ver si alguien piensa que las eléctricas se hacen cargo de los residuos o del desmantelamiento de las centrales!!!

La situación actual ha perpetuado un régimen de monopolio (no existe apenas mercado libre) ha ahogado a las renovables y hace una apuesta clara por el gas, ya que quemando gas sube mucho el precio de la energía y se gana más en la subasta.

Y aquí en Euskadi no nos hagamos ilusiones que mientras el IVA de Petronor e Iberdrola mantengan los presupuestos del Gobierno Vasco ni Dios les va a toser.

Soria y Suiza, cada vez más cerca, el becario de industria parece que tiene cuentas ahí...

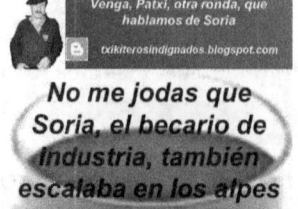

Venga, Patxi, otra ronda, que hablamos de Soria

txikiterosindignados.blogspot.com

No me jodas que Soria, el becario de Industria, también escalaba en los alpes suizos como Bárcenas!!! Gobierno de deportistas tenemos...

Soria y Suiza cada vez más cerca, pero no nos referimos a ambos paraísos naturales, sino a José Manuel Soria, el becario que nos pusieron de ministrillo en Industria y la banca suiza, donde parece ser se realizaban algunas transacciones comerciales en cuentas del clon de Josemari el Irrepetible.

Lo que no llegamos a visualizar es cual era el producto que vendía este señor para recibir esos pagos (ya nos tragamos la palabra supuestos) de un millonario empresario amiguete suyo.

Y no nos lo explicamos ya que este señor es un inútil integral, que ha hecho buenos a los imbéciles de sus predecesores, y estamos hablando de Montillas o Migueles Sebastianes, que parecían insuperables en su capacidad mental.

Los principales logros de este señor se enumeran muy fácilmente. Ha parado no tan solo la expansión, sino siquiera el mantenimiento de las energías renovables en España, destruyendo miles de puestos de trabajo directos e indirectos, y no sólo de trabajadores que irán a engrosar las listas del paro a cargo de los presupuestos generales del estado, sino de miles de cabezas pensantes, personal técnico que se lleva su conocimiento fuera de nuestras fronteras, en una sangría tecnológica peor que la fuga de capitales.

Se ha bajado los pantalones de tal manera con las eléctricas que ya se ríen de él, y se la han metido doblada con el déficit tarifario, aumentando la demanda de gas a pesar de la caída de la producción eléctrica, y encima le cierran Garoña demostrando que no sabe ni por donde le da el aire en ese sector.

Y nos preguntamos... ¿Cual es el cupo que establece la Ley de Hidrocarburos de Montilla para las importaciones de gas natural por países? Porque parece que importamos de Argelia el 40%...

Ha provocado con su ineptitud la deslocalización de empresas. En nuestro entorno tenemos CEGASA, CAF, GAMESA y otras que al ver como se ha destruido el mercado interno, responsabilidad de este inepto entre otros se van del país, llevándose capital, activos y tecnología, y dejando paro y una industria auxiliar tocada.

¿Y su mayor logro? Pues exactamente la misma gilipollez que sus antecesores en el cargo, un plan de subvenciones para la venta de coches, con el fin de "reactivar el sector".

A ver, imbécil. Si subvencionas a corto plazo no consigues nada, ya que las empresas, como saben que es a muy corto plazo, no invierten en mejora de su actividad, por lo que lo único que se consigue es sacar a la venta vehículos en stock como mucho, y destrucción de empleo de calidad. ¿Sabes por qué? Porque en la punta de trabajo, durante la subvención, se contrata a gente en precario, con sueldos bajos, y al finalizar el período se utiliza la reforma laboral como excusa para echar a la calle a los que tienen antigüedad o sueldos altos o en su caso, obligándoles a renegociar el contrato hacia la precariedad.

Soria, vete para Suiza, pero a esquiar, y no vuelvas, que aquí te estas pasando. No puedes sacar una moratoria de primas a las renovables para toda España... excepto para las canarias, donde se sigue pagando la prima. Y no te puedes escudar en que hay más capacidad de producción que demanda... y que te suba el consumo de gas... y no puedes justificar el que se mantengan en Canarias las primas por el alto coste de la energía por ser una isla... y no aceptar lo mismo en Baleares... y no puedes implantar un impuesto a la nuclear del 6%... y a la fotovoltaica del 7%... y no puedes aplicar ese impuesto a la fotovoltaica en toda España... menos en Navarra... y suma y sigue, inepto y ladrón.

Más medidas urgentes para paliar la subida de la luz. Que se vaya Soria de una puta vez, hombre

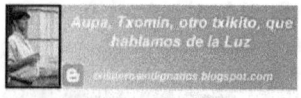

Mucha medida de urgencia para que no suba el recibo de la luz, pero quien pone el precio son las eléctricas!!

*E*l viernes otra reunión de urgencia del consejo de ministros para tomar medidas para que no suba la luz, y otra vez machacando a las renovables, esas malvadas que hacen que se nos encarezca el recibo trimestre a trimestre.

Otra vez el inepto Soria sin ideas y atrapado en su inoperancia, más bien. Las eléctricas están demostrando su poder y este gobierno timorato no tiene los cojones suficientes para actuar en consecuencia.

¿Por qué sube la luz? Porque las eléctricas fijan el precio y tienen agarrando de los huevos al gobierno. Ya en su día explicamos cómo se genera la factura eléctrica, pero hoy vamos a dar otro punto de vista.

Las eléctricas fijan el precio del pool, o sea, la base de la factura eléctrica, en una subasta manipulada. Y decimos manipulada de forma clara y rotunda, sin tapujos. En enero de 2012 el imbécil de Soria sacó una ley que acabó con las energías renovables en este país. La excusa era que había caído la demanda de energía y que teníamos el doble de capacidad de producción. Pues bien, esta MENTIRA se demuestra muy fácilmente.

¿Cómo es posible que si cae la demanda como en realidad está cayendo, cada vez se consuma más gas, la energía primaria más cara, y la que marca el precio de la energía eléctrica? O bien no tenemos tanta capacidad de producción, o bien se están parando centrales más baratas (toda la hidroeléctrica y la renovable) para dar entrada al gas e hinchar el precio del pool o subasta eléctrica, precio base de la energía.

Y como éstos son imbéciles y el problema viene de atrás, siguen con el déficit tarifario, o lo que es lo mismo, que ponen un precio de tarifa inferior al coste total del KW·h, coste hinchado desde el inicio por culpa del pool. Y les dan a las eléctricas un aval en blanco para que financien esa diferencia con bancos.

Pues esa gracieta nos está costando más de 20.000 MM de en financiación pública a las eléctricas que pagaremos religiosamente a la banca. Para que luego digan que las energías renovables están subvencionadas, no te jode.

Hasta que no entre un gobierno con dos cojones, con un ministro en condiciones, el globo seguirá hinchándose.

Y aviso a navegantes. Podemos perfectamente subsistir sin Iberdrolas, ENDESAS y Fenosas. Y también sin políticquillos que acaban su inútil vida útil en estas empresas.

Unas nociones de Fracking, ese que nos va a solucionar el futuro

Anda no me jodas que la virgen del Rocio va a obrar el milagro del gas en España!!

*T*enemos un becario en Industria, el canario Soria, obsesionado por la autosuficiencia energética. Y lo pretende lograr no mediante lo que sería lógico, que es la integración de las energías renovables en la generación distribuida sino con la energía nuclear y el gas.

Y el chaval ha leído por ahí que España es la rehostia en depósitos de gas pizarra y gas esquisto, que se obtienen por las avanzadísimas tecnologías procedentes de Norteamérica denominadas fracking o fractura hidráulica.

Brevemente. El fracking consiste en hacer un agujero la leche de profundo (5.000 m, más o menos) y luego unos agujeros laterales. Se cubre la tubería que se inyecta con cemento y se introducen explosivos en el agujero que fracturan la roca y liberan el gas, que se extrae por el agujero.

Se llama fractura hidráulica porque hay que complementar las explosiones con adicción de agua a alta presión con una serie de aditivos. Y cada pozo es muy limitado, por lo que se hacen cientos de pozos para poder sacar de cada uno un poquito, con la infraestructura necesaria.

No vamos a analizar los problemas medioambientales del sistema, que son muchos, y no acabaríamos, sino los económicos. El gas que se obtiene es muy caro, por lo que hay que hacer un truquito para abaratarlo.

Aparece una empresa de fracking. Esta empresa tiene un valor en bolsa pequeñito, por su baja rentabilidad. Durante dos o tres años compra aditivos y extrae gas, que como es un proceso carísimo, entra en pérdidas.

Cuando esa empresa lleva unos añitos en pérdidas, aparecen desde los mismos accionistas otras empresas de segunda generación, que se dedican al fracking, con sus pérdidas correspondientes, mientras que la primera adquiere la tecnología suficiente para fabricar y vender los aditivos necesarios para la fractura hidráulica.

Esa empresa empieza a dar beneficios porque no solo vende gas (deficitario) sino también aditivos a las otras empresas que acaban de nacer alrededor. Su valor bursátil aumenta y se vende el capital, recuperando los beneficios, después de unos pocos añitos, tras los cuales, habrán nacido otras empresas de fracking de tercera generación, y nuestra empresa, que da beneficios, y de la que nuestros avispados inversores han vendido el capital, traslada sus conocimientos para fabricar aditivos a las de segunda generación, éstas que andaban en pérdidas, que por un milagro de la virgen del Rocío, funcionaria del Estado, empiezan a dar beneficios por la venta de los aditivos a las de tercera generación... aumentando su valor bursátil, y generando pingües beneficios a sus promotores antes de desaparecer.

Negocio perfecto... si no fuera porque se trata de una burbuja y que cuando el gas se acabe o se sature el mercado como ha pasado en EEUU y caiga su precio, el sistema revienta, dejando como siempre, miles de muertos detrás... muertos financieros a rescatar por el estado y a pagar entre todos, por supuesto.

¡¡¡Pero el gas el es futuro, y como es natural, parece que no emite ni CO_2 ni CH_4 ni NOx, responsables el primero del efecto invernadero, el segundo de la destrucción de la capa de ozono y el tercero de la lluvia ácida... coño, que nos confirman desde la UPV que sí, que el gas natural sí que tiene esas emisiones!!!

¿Cómo será el sistema energético del futuro?

El modelo eléctrico actual está caduco, el futuro pasa por la generación asistida y las redes inteligentes interconectadas

En estos momentos España está en una encrucijada energética. Se va a realizar una nueva regulación y valga la redundancia, sobre un mercado regulado, cada vez más complejo y con un futuro económico que genera muchas dudas.

Al margen de le legislación que va a sacar el ministerio, posiblemente fallida ya que no ha contado con nadie para elaborarla, queremos esbozar lo que será en el futuro el sistema energético.

En la actualidad tenemos un sistema con grandes centrales de producción, ya sean centrales nucleares, hidroeléctricas o térmicas, unidas entre sí por importantes redes de transporte, a las que vierten grandes complejos eólicos y desde esa red de transporte cuelgan diferentes subestaciones que generan redes de distribución hasta nuestras fábricas y hogares.

El mallado de la red se produce en el transporte y es menor entre diferentes redes de distribución, entendiendo por redes completas las que distribuyen desde una única subestación.

A principio de siglo, gracias a la inoperancia de las comunidades autónomas, se inauguraron decenas de centrales de ciclo combinado que usan el gas como fuente de energía, potenciando subredes de transporte que de repente quedaban saturadas por esas centrales de producción de energía eléctrica.

Pero en la actualidad, la construcción de grandes centrales de producción de energía se encuentra muy cuestionada. Nadie quiere una central de carbón o una nuclear en su municipio. Tampoco se desea que una línea de transporte de alta tensión pase por ese municipio, y mucho menos que se coloque una subestación.

A esa contestación social se une la posibilidad de autogenerar su propia energía que poseen muchos usuarios usando pequeñas cogeneraciones o fuentes de energía renovables, en dos modalidades posibles, producción con autoconsumo y vertido de excedente a la red y generación asistida con almacenamiento.

El futuro pasa por generar nuestra propia energía interaccionando con la red por un lado, y la potenciación de la generación asistida con almacenamiento, creando microredes en baja tensión relacionadas con las adyacentes por la red de distribución. Las reinas de la producción en autoconsumo serán las microcogeneraciones de calefacción y la solar fotovoltaica.

Y el papel de la generación asistida será la eliminación de puntas de consumo. Un sencillo ejemplo. Para poder tener los dos ascensores de casa operativos es necesario que la red pueda ofrecernos puntualmente 15 KW, aunque no los estamos utilizando, ya que sólo los usamos una media de 30 minutos al día. Pero es necesario pagar por poder disponer de esos 15 KW. Si almacenamos en baterías la energía necesaria para que los ascensores funcionen esos 30 minutos al día, resulta que sólo necesitaremos de la red 5 KW. Los centros de transformación pueden ser más pequeños y las perdidas en distribución menores, y por tanto nuestra energía más barata. Y las baterías sólo deben trabajar en paralelo con red durante los minutos de funcionamiento del ascensor.

El mallado de las redes de distribución es más efectivo que las grandes redes de transporte, y se realizará de dos maneras: mediante redes de distribución al uso en media tensión y mediante el desarrollo del coche eléctrico.

Las grandes redes de transporte basarán su producción en centrales eólicas conectadas en puntos intermedios con gestión de red basada en ciclos combinados de gas y centrales de biomasa.

Hemos hablado del coche eléctrico pensando en que estamos en un primer paso de ese vehículo, en el cual la carga es estática, cuando el coche se encuentra aparcado. En el futuro la carga será dinámica mediante cargadores situados bajo el asfalto de carreteras, cargando por inducción, como por ejemplo se cargan los cepillos de dientes eléctricos, y se cargarán mientras el coche está en movimiento, necesitando por ello el coche menor peso de baterías por no necesitar tanta autonomía.

Y esas redes bajo las autopistas servirán también de distribución eléctrica entre diferentes microredes. Y permitirán un mallado más importante que el que en la actualidad permiten las redes de transporte, sobre todo cuando se deba acabar con el aislamiento de la península.

Y el coche eléctrico desplazará el uso de carburantes, por lo que el gas cobrará importancia tanto como fuente primaria de energía como almacenamiento de energía en forma de hidrógeno, ya que el gas natural admite hasta un 30% de H2 en su composición, y ese hidrógeno se podrá transportar fácilmente de uno punto a otro. Y no solo el gas natural, sino el biogás cobrará importancia como fuente de energía, por lo que la dependencia exterior disminuirá de forma considerable.

Esto no es el futuro inmediato, sino un futuro a un horizonte a 30 años. Pero es algo que veremos. Una revolución energética que será más importante aún que la producida por las telecomunicaciones, ya que aunque ahora somos simples usuarios, en un futuro seremos parte activa del sistema.

En resumen:

a) Potenciación de las microredes interconectadas con autoproducción eléctrica frente al sistema actual de producción centralizada y grandes redes de transporte.

b) Integración del sistema eléctrico y de hidrocarburos al penetrar la electricidad en el transporte y éste último en la distribución eléctrica

c) Potenciación de los sistemas de almacenamiento energético, ya sean masivos como el hidrógeno, o para actuar en generación asistida como baterías.

Este es el futuro que nos espera, un futuro con menos dependencia exterior de hidrocarburos, con mayor estabilidad eléctrica y con menor coste energético, con una red mucho más eficiente y sobre todo más limpia.

Hay que pensar que la tecnología va muy por delante de los políticos, así que será algo imparable.

El becario Soria se va a llevar por delante TODO el sistema eléctrico español gracias a su reforma DEFINITIVA

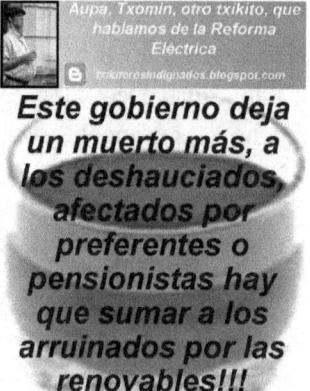

Este gobierno deja un muerto más, a los deshauciados, afectados por preferentes o pensionistas hay que sumar a los arruinados por las renovables!!!

Aviso a navegantes y navegadores. Por deferencia a nuestro espía particular en la CIA, nuestro Jhony (Juanito para los amigos) esta página necesita nosequéchorradas de scrip de nosequé. Los que vivís al margen de la ley con navegadores raros no la leéis.

Y yendo al grano, el becario de industria, el payaso de Soria, la ha liado, como el dice, de forma definitiva, con el Real Decreto Ley 9/2013. Ha hecho una reforma de la leche que se va a llevar por delante TODO el sector eléctrico español.

1°) El objetivo principal de esta reforma era acabar con el déficit de tarifa, pero en vez de hacer lo que tenía que hacer (hacer una auditoria del déficit de tarifa reduciría éste en un 25%, hacer una reforma del pool y redistribuir gastos eliminando los ficticios, amén de liberalizar el mercado eléctrico, para empezar) coge el chaval y sube el precio de la electricidad.

Habla de una subida del 3'2 % que no es real, ya que esa subida afecta a la tarifa, no al mercado libre, y no contabiliza la subida del coste el término de energía, que hace que la suba real sea de al menos un 5%. No tiene en cuenta que esa subida logrará una parada técnica de los grandes consumidores, con lo que es previsible una caída de la demanda. Y no tiene en cuenta el parón de las renovables, de las que hablamos más abajo, y que supondrá una subida importante del precio de la energía.

2º) Cuan república bananera se tratara, con efectos retroactivos, se lleva por delante las tarifas sobre las renovables al derogar el RD661/2007 y poner las tarifas que le parezcan a las eléctricas. Esto no pasa ni en Marruecos, donde mantienen un mínimo de dignidad y de seriedad, algo al que a este gobierno le falta.

La derogación de esas tarifas supone la ruina para miles de inversores, por lo menos durante 2 o 3 años, que será el tiempo en el que Estrasburgo empezará a dar la razón a las demandas contra el gobierno, lo que supondrá indemnizaciones millonarias... para los más grandes. Los pequeños a la ruina de por vida.

Pero eso supondrá también la parada de miles de MW eólicos, hidráulicos y solares. Este invierno (si es que son tan imbéciles que hasta lo publican en el decreto) el precio de la energía en origen ha estado por los suelos (hasta 17   MW·h) gracias al viento y a la pluviometría. El paralizar esa energía supondrá de facto un aumento del precio de la energía en origen por encima de los 70 /MW·h y un aumento del precio total de la energía muy muy muy superior al 3'2 % que prevé el becario de industria, lo que agravará aún más la caída de la demanda, con lo que el gobierno se verá obligado a actuar y el déficit de tarifa se volverá a disparar.

3º) Comercializadoras. Otra vez, como pasó a principios de siglo, barrido total de comercializadoras. Éstas no van a ser capaces de soportar los contratos de venta de energía, en muchos casos a medio plazo, adquiridos con los clientes y o bien les suben el precio de golpe, o bien se arruinan. Ante la subida de precio, caída de imagen, pérdida de clientes y aumento de costes financieros.

Otra gran quiebra y nuevos damnificados en un país bananero y de pandereta donde al más listo le hacen ministro de industria.

4º) Y luego vienen los efectos colaterales. El apagón renovable supondrá una nueva reestructuración de la red eléctrica, que se ha preparado en los últimos años para acoger en las líneas de muy alta tensión las fuentes renovables y que ahora hay que volver a reestructurar generando unos costes no amortizables de las inversiones previas a los que hay que sumar unos nuevos costes por la reestructuración. ¿Cómo se traduce esto? Con un aumento de los costes de peaje que o bien suben, o bien van al déficit de tarifa.

Y la sorpresa de miles de consumidores, tanto domésticos como industriales cuando cualquier día, sin previo aviso, no tengan luz en sus instalaciones, llamen a su comercializadora y les digan que han cerrado, y que no pueden suministrar, y llamen a la distribuidora y les digan que les reestablecen el servicio sin ningún problema, tan solo abonando unos costes de distribución que ha dejado a deber la comercializadora que ha quebrado y que ascienden a una burrada, y que hagan lo que hagan, por ley (por un decreto anterior, que no tenemos ganas de andar buscando) el local, vivienda o industria que tiene esa deuda se queda sin electricidad hasta que no paguen.

Genial el becario Soria, simplemente G.E.N.I.A.L

Análisis del borrador de nuevo decreto de autoconsumo.

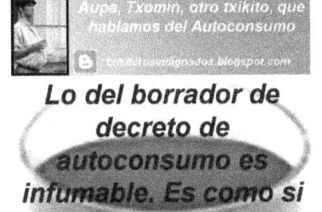

Lo del borrador de decreto de autoconsumo es infumable. Es como si en tu huerta cultivas lechugas y el de la tienda te cobra porque no te las vende!!!

*N*os ha llegado una carta del señor Nadal, secretario de estado de energía, junto con el borrador del decreto que desarrollará la actividad de autoproducción eléctrica para autoconsumo.

El decreto viene a decir que el futuro del sistema eléctrico va a ser la generación distribuida donde pequeños productores verterán su energía en redes de distribución con una reducción de los gastos de transporte.

Y viene a decir que si bien ese futuro es innegable e imparable... pues que hay que tratar de atrasarlo lo máximo posible.

Y con la excusa de que esos malvados productores de energía se aprovechan de la red general de distribución, se inventa un nuevo peaje, que le denomina "peaje de respaldo de la red".

Y coge y cuantifica ese peaje, entre 4 y 6 c /KW·h producido, con dos cojones. O lo que es lo mismo. Alguien se coloca en la cubierta de su factoría una central solar o un generador de gas para eliminar las puntas de consumo y pensaba ahorrarse entre 10 y 14 c por KW·h que ya no iba a comprar a la red... y se encuentra que por cada KW·h ahorrado deberá pagar a la compañía eléctrica entre 4 y 6 c , lo que hace inviable cualquier actuación de a utoconsumo en este país.

Y como al parecer el conocimiento industrial del ministerio de industria es mínimo, nos encontramos con las siguientes paradojas:

1) Industrias que tradicionalmente utilizan sistemas de autoproducción energética como la industria papelera, verán mermada su competitividad ya que deberán pagar por la energía autoproducida. Traducido, la aplicación de este decreto cerraría las papeleras en España. Y no solo las papeleras, sino los secaderos de madera, las fábricas de cerámica y otras.

2) Industrias que tienen problemas puntuales de energía y que deben estacionalmente autoproducir energía, deberían pagar por solucionar su problema. Esto afectaría por ejemplo a las bodegas que durante la época de vendimia utilizan grupos de respaldo para el proceso de despalillado, mientras el resto del año el consumo es mínimo.

3) Empresas que quieran disminuir la huella de CO_2 de sus productos no podrán hacerlo, ya que no será posible asumir los costes derivados de producir su propia energía usando renovables. Esto afecta directamente a la empresa agroalimentaria.

4) El peaje de respaldo supone una doble imposición. Por producir energía se debe pagar un impuesto a la compañía eléctrica, al que hay que sumar el IVA. Y es un impuesto ya que no se recibe absolutamente nada a cambio.

5) Se ataca directamente al principio de mercado de máxima eficiencia de procesos, ya que se limita el vertido a la red de excedentes, por lo que o bien se hacen procesos ineficientes, o bien se debe quemar ese excedente en resistencias. Patético, este supuesto.

6) La aplicación estricta de las razones que justifican el decreto penalizaría a otras actuaciones como las de mejora de procesos y eficiencia energética, ya que también han provocado un "sobredimensionamiento" de la red que dejarán de usar, o a los productores que se conectan en redes de distribución, como pequeñas hidroeléctricas o centrales solares, que pasarían de vender su energía a la red como hasta ahora a incluso tener que pagar por "usar la red".

7) Se atenta contra la libertad del mercado eléctrico, obligando a comprar un tipo de energía sin posibilidad de utilizar fuentes alternativas, bajo la amenaza de gravámenes o fuertes sanciones.

8) Se ponen palos en la rueda del progreso, ya que a pesar de que el decreto se basa en la realidad de que el futuro del sistema eléctrico es la generación distribuida, la impide mediante inseguridad jurídica e impuestos desorbitados (de más del 50% del coste de producción). Dentro de unos años copiaremos el modelo de otros países europeos y nos quedaremos con la boca abierta, diciendo "qué listos son estos alemanes y que tontos somos nosotros".

Este borrador de decreto es infumable, sin sentido, que devuelve al sistema eléctrico español a los años 50, donde la compañía eléctrica es la que manda y donde los demás tenemos que tragar lo que nos echen.

¿Consecuencias? Se habla de más de 100.000 puestos de trabajo destruidos en pocos meses, que total, entre 6.000.000 no se nota. Puestos de trabajo de calidad sustituidos por puestos camareros, infratrabajos de 400 y retraso estructural.

Y dentro de pocos meses nos dirán que por culpa del alto precio de la energía y del coste financiero las empresas españolas vuelven a no ser competitivas, por lo que será necesaria una nueva reforma laboral.

Bye, bye, España.

Cómo se urdió la trampa entre las eléctricas y el gobierno

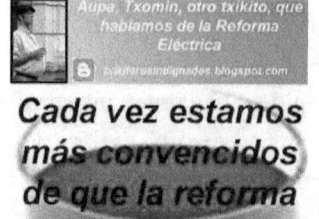

Cada vez estamos más convencidos de que la reforma eléctrica ha sido una trampa de las eléctricas con el gobierno.

Analizamos los hechos. Los últimos años de la crisis, con una demanda muy baja, las eléctricas se han quejado de que en invierno, la alta penetración de la eólica ha provocado que el precio de la energía bajara.

Para compensar esa bajada, generalmente cerraban el grifo de la hidroeléctrica y provocaban la entrada del gas para subir ese precio de la energía en el pool.

El bajo precio de la energía no influía en el déficit tarifario ya que la eólica iba a pool y cobraba la prima adicional. En cambio, el tener la hidroeléctrica parada SÍ que influía en el déficit de tarifa.

Este año ha sido distinto. El invierno empezó con una parada técnica de Garoña (disfrazada de cierre definitivo) para que la energía de esa central se substituyera por gas y aumentar el precio de la energía, pero la climatología creó unas condiciones excepcionales, con una pluviometría muy alta y con una penetración de la eólica, en un año de caída de la demanda eléctrica también muy alta.

Y el gobierno se lo puso a huevo a las eléctricas (o más bien, con su convivencia, creó la trampa). Incomprensiblemente, un año de baja demanda y con un invierno de pluviometría excepcional, saca el Real Decreto Ley 2/2013 mediante el cual obliga a toda la eólica a dejar el pool y trabajar a tarifa.

La respuesta de las eléctricas no se deja esperar y se ponen a turbinar agua, y al contrario de lo que han hecho estos años, que tenían a la hidroeléctrica parada para subir el precio del pool, al turbinar agua, con las nucleares y el carbón, dejan el precio de la energía por los suelos, hasta 18 /MW·h.

Y como las eólicas no actúan a pool más prima, como hacen tradicionalmente, sino a tarifa, nos encontramos que reciben una compensación excepcionalmente alta, disparando el déficit de tarifa en apenas 3 meses.

Y cuando el gobierno pare el RDL 9/2013, el decreto de la reforma eléctrica, justifica la eliminación de las primas a las renovables por el bajo precio del pool este invierno, comentando que la culpa la tienen la eólica y la hidroeléctrica, y aunque se le cuela (esto está escrito en el Real Decreto Ley) que ha sido un año excepcional por la alta pluviometría junto con la alta penetración de la eólica y la baja demanda, se le olvida decir que la culpa del disparo del déficit ha sido el RDL 2/2013, del 1 de febrero, que en una época de previsible alta penetración eólica y en un año de excepcional pluviosidad, publicó "desafortunadamente" el gobierno.

¿Conclusión? No tenemos ninguna duda de que se ha tratado de una trampa urdida entre el gobierno y las eléctricas. Lo que pasa es que no hay cojones en la justicia española de investigar esto. La fiscalía no lo va a hacer, y no quedan jueces que se atrevan ya a morder la mano que les da de comer.

Y en Europa ya miran hacia otro lado. España es considerada ya un caso perdido. Cómo decíamos el otro día, España vuelve a los 50. Y a Europa, mientras no moleste, ya se la trae al pairo.

Iberdrola ha publicado su reforma eléctrica en el BOE, ahora nos toca defendernos.

Bueno, estos de Iberdrola han elevado al BOE una charla que hicieron en la feria GENERA en 2012, donde ya introducían el término "peaje de respaldo" y el hacernos pagar una tarifa plana por la luz, amén de dejar caer el pequeño detalle de la "rentabilidad razonable" del 8% (el gobierno en su generosidad lo ha dejado en el 7'5%)

Además, de nada nos sirve contratar a comercializadoras la energía, ya que el término de potencia y los peajes de respaldo van si o si a la distribuidora, ya sea directamente o pagándolo a través de la comercializadora.

Pues ya que ellos quieren volver a un sistema energético de los años 50, habrá que recordarles en qué año estamos, hacia donde van las tendencias eléctricas y el por qué de esa evolución.

El sistema eléctrico planteado por Iberdrola a través del gobierno consiste en un modelo centralizado con potentes sistemas de producción que necesita de líneas de transporte de gran potencia y muy alta tensión y grandes subestaciones para distribución.

Este caduco modelo es al que hay que atacar:

1) Redes de transporte. Oposición a cualquier nuevo trazado de red de transporte, tanto a nivel nacional como de comunicación con Francia. Si se les limita la capacidad de venta a Francia, el sistema planteado se caerá en cuando aumente la demanda diurna por culpa del aumento desmesurado de los términos fijos del sistema. Si no

se hacen redes de transporte el sistema se les queda obsoleto. Exigir soterramiento de líneas por encima de los 100 KV que pasen por entornos urbanos o industriales.

2) Subestaciones. Presión contra las grandes subestaciones existentes, obligándoles a cumplir las nuevas reglamentaciones europeas de compatibilidad electromagnética. Pedir la clausura de toda subestación alimentada por líneas de tensión superior a 100 KV situadas en entornos urbanos o industriales.

3) Centrales nucleares. Aumentar la presión exigiendo normativas de recogida de aguas contaminadas en caso de accidente con fusión de núcleo, como en el caso de Fukushima. Esto obligaría a realizar reformas importantes en las centrales nuevas y obligaría a cerrar todas las de primera generación. La presión no se debe hacer al corrupto gobierno español, sino que se debe generar una recogida de firmas internacional para pedírsela a la Comisión Europea, que para algo sirve aparte de para sancionarnos con más impuestos.

4) Reducir término de potencia en ayuntamientos, sobre todo pequeños, con una factura eléctrica enorme, uniendo físicamente todas las redes de consumo a través de los trazados de alumbrado y otros de servicios públicos y comunes, aprovechando la simultaneidad de los consumos. Les reducimos el beneficio por el exagerado término de potencia. Presión a los ayuntamientos para que prioricen ese tipo de inversiones frente al presupuesto para la misa mayor en las fiestas.

5) Potenciar el autoconsumo de forma legal sin pagar peaje de respaldo, separando la red de la compañía de la interna mediante un bus de continua que permite la utilización de eólica, fotovoltaica y baterías al margen de lo legislado por la compañía eléctrica, perdón, el gobierno. Les eliminamos el derecho de pernada que supone eso del peaje de respaldo y nos permite eliminar puntas de consumo, reduciendo el término de potencia. Por supuesto, nada de "contadores inteligentes" que fiscalizan nuestro consumo y les permite realizarnos "ofertas personalizadas" y "fidelizarnos como

clientes".

6) Vigilar emisiones de CO_2, CH_4 y NO_x de las centrales de ciclo combinado. El gas natural es un combustible fósil como el petróleo, pero con un acertado nombre comercial. Al arder emite CO_2 (responsable del efecto invernadero) CH_4 (daña la capa de ozono) y NO_x (lluvia ácida). Obligaremos a pagar el coste real de la energía contaminante.

7) Pedir a la Comisión Europea mediante ILP (no al corrupto gobierno de España) una auditoria del déficit de tarifa. A cuanto asciende realmente y de donde proviene.

Se trata de aumentar los costes del sistema para demostrar que la generación distribuida y las energías renovables no son las responsables del déficit de tarifa, y cambiar este modelo energético de los años 50.

(*) Añadido. El análisis del vídeo es alucinante. El señor De La Miera, gerifalte de Iberdrola desglosa una a una todas las reformas básicas del Decretazo de la Deforma Eléctrica de Soria... ¡un año antes! Incluso utiliza los mismos términos introducidos en el Decreto, como peaje de respaldo o rentabilidad razonable de las energías renovables. Introduce el concepto de la necesidad de aumentar los costes fijos a los consumidores, dinero que va a parar a las distribuidoras, trasladando gastos que se cubren a través de los variables, o sea, por las comercializadores, o lo que es lo mismo, aumentar el término de potencia (que va a la distribuidora) y disminuir el término de energía (que es el que va a la comercializadora), que es lo que finalmente ha hecho el gobierno.

La mala baba del ponente alcanza su cenit en la patética diapositiva que aparece en el minuto 43 donde los autoconsumidores se ríen de los consumidores normales.

Rajoy a Soria: Josema, eres completamente imbécil!!!

...Josema, eres completamente imbécil!!!... Le dijo Rajoy a Soria en el último consejo de ministros de 2014...

*Ú*ltimo consejo de ministros de 2014. A él acuden Montoro, ministro de hacienda, sanidad y medioambiente, De Guindos, ministro de economía, fomento y administraciones públicas y José Manuel Soria, ministro de industria y presidencia.

Preside el consejo Mariano Rajoy en una pantalla LCD (los recortes, lo mismo que han tenido que unir todos los ministerios en 3, se han llevado el plasma) desde la prisión de Soto de Real, donde tiene que cumplir condena por unos asuntillos relacionados con la financiación del partido.

El juez ha decidido que si daba las ruedas de prensa por televisión, no costaba nada poner una cámara en su celda y que siguiera trabajando desde ahí. Total, para lo que hacía...

Los dos ministros están cabreados con Soria, que ha acudido con su lugarteniente Nadal al consejo. Montoro afirma que ha tenido que hacer ingeniería financiera basada en el tipex para poder mantener el déficit del estado por debajo del 10% después de los 30.000 MM que industria les ha colado con el desmantelami ento de las renovables y que han acabado desde los bancos en el nuevo Banco Malo Renovable o SAREB Renovables. Cuando fue a pedir pasta a Europa para financiar esos 30.000 MM le mandaron literalmente "a la merde" (es lo que tiene que los del FMI sean franceses)

De Guindos ha conseguido colocar una especie de Bono Patriótico Sssspañó (BPS en sus siglas en el mercado) entre las NNGG del PP y algún que otro pardillo. Gracias a sus conocimientos de ingeniería financiera, había convertido esos BPS en acciones preferentes del Estado Español pagaderas a 1.000 años, pero el que al adquirirlas se regalara una vajilla, hizo que se colocaran con relativa facilidad.

Soria no trae buenas noticias. Trae un radiocassette (los dichosos recortes) donde vienen grabadas las llamadas al contestador automático del SAREB Renovables. Lo enciende y se escucha una voz parecida a la de Gila que viene a decir:

- ¡Oiga!, ¿Es el saré? Mire, que acabo de comprar un pabellón a un vecino que se arruinó con eso de las renovables, y que tiene encima unas placas solares, que me dicen en el ayuntamiento que son de ustedes del saré, y que a ver cuando van a venir a quitarlas.

Y no solo eso. Había llamadas de todo tipo. Ayuntamientos que no sabían que hacer con las placas solares que les dejaban en el contenedor de basura, departamentos de montes de diputaciones que a ver quien desmantelaba los molinos de viento que se empezaban a caer y que suponían un peligro, aldeanos que presentaban denuncias porque las ventoleras hacían caer paneles solares de fincas adyacentes a sus fincas, incendios forestales provocados por instalaciones eléctricas abandonadas, inundaciones debidas a minicentrales hidroeléctricas abandonadas y que ya no se limpiaban ni los canales ni las presas.

Y resulta que lo que al principio parecía un negocio completo, pues ya no lo era tanto. Las instalaciones que entraban en el SAREB Renovables resulta que cuando se iban a revender, estaban en condiciones lamentables por los robos y falta de mantenimiento. Los dueños de cubiertas se negaban a que otro las explotara sin pagar un alquiler y exigían su desmantelamiento.

Y no solo eso. Muchos ayuntamientos en su nueva obra pública habían proyectado fotovoltaica en la cubierta. Según se entregaba la obra, llamaban al SAREB para cobrar su desmantelamiento.

Soria estaba avergonzado. Recordaba cómo había sacado pecho el año anterior al ser el primero que había publicado su curriculum en el BOE y las miradas de envidia de sus compañeros. Ahora estaba dando cuenta del desastre. De momento iban 30.000 MM de . Rajoy le preguntó en cuanto estimaba el desmantelamiento de todo lo que había acabado en manos del SAREB.

Cuando contestó que unos 15.000 MM adicionales un a interferencia hizo perder la conexión con Soto del Real.

Cuando se recuperó la conexión, Nadal dio una nueva mala noticia.

- Ayer estuve en una charla de Gonzalo Sáez de la Miera, el gurú de Iberdrola Renovables, ese que en 2012 logró predecir punto por punto lo que sería la reforma eléctrica. Vino a decir dos cosas. Que el SAREB Renovables había supuesto una prima encubierta al desarrollo solar fotovoltaica y que por tanto debería ampliarse el peaje de respaldo a las instalaciones aisladas de la red, incluyendo las calculadoras con plaquita solar, y que supondría una aberrante discriminación el no crear un SAREB Nuclear para el pronto desmantelamiento de las centrales nucleares que preveían sustituir por gas.

- Josema, ¡¡¡¡¡eres completamente imbécil!!!! - Sentenció Mariano desde su pantalla LCD.

Tercer bloque: El resto del gobierno y fauna política

El resto de ministros no han tenido tanto éxito como Gallardón y Soria. Mato, Montoso y Cospedal, junto con el jefe del plasma, mudito Rajoy, también han sido analizados en las tertulias de barra de Txomin y Patxi y la cuadrilla.

Pero no solo ellos, también Rubalcaba y alguno más aparecen en los análisis de los txikiteros.

Aparte de la crítica a ellos, políticos en activo, aparecen menciones a Rato y a algunos bocachanclas de los que cuando les dejan un micrófono delante se explayan en su estulticia.

Varios de ellos han tenido post de gloria, que reproducimos a continuación.

Roma sí paga traidores, Rato a Telefónica

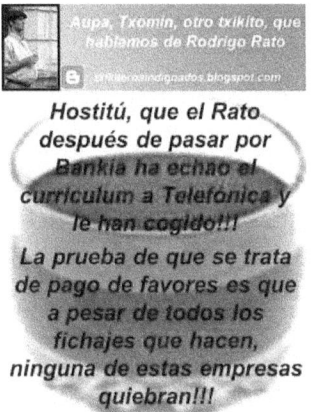

Aupa, Txomin, otro txikito, que hablamos de Rodrigo Rato

losriadosindignados.blogspot.com

Hostitú, que el Rato después de pasar por Bankia ha echao el curriculum a Telefónica y le han cogido!!!

La prueba de que se trata de pago de favores es que a pesar de todos los fichajes que hacen, ninguna de estas empresas quiebran!!!

*E*n una empresa en la que trabajó Txomin se premiaba a los más inútiles con un ascenso hacia despachos donde nada se decidía, donde nada se hacía. Era una manera de premiar a los que solo servían de figurantes en las reuniones, que tenían algún amigo político o que simplemente no se les podía echar porque era más barato esperar a jubilarlos.

Estos personajillos ya ni pinchaban ni cortaban en la empresa, y es lo que realmente pasa con nuestros políticos, a los cuales se les paga favores poniéndoles en un puesto de cobrar sin trabajar en las empresas a las que han favorecido en su época de esplendor.

Ejemplos, ejemplos... Aznar y Salgado (par de inútiles donde los haya) en Endesa, Marín, el defensor del libre mercado en las renovables... en Iberdrola. Rato y Zaplana en Telefónica. Felipe González en Gas Natural. Imaz en Petronor... y ese largo etcétera de politiquillos de poca monta, inútiles de la gestión, que al final cobran un sueldo de Roma, que sí paga traidores. Y solo hay que fijarse en las empresas para imaginarse que su crecimiento y monopolio en este país se debe a algo...

Los logros de Rodrigo Rato, su responsabilidad en la quiebra de España

Venga, Patxí, otra ronda, que hablamos de Rato
txikiterosindignados.blogspot.com

No me jodas, no me jodas que hay quien considera a Rato un genio, pero si no hizo más que seguidismo de Solbes sentando las bases del principio del fin!!!

Vamos a ver, que estamos de txikiteo de viernes y nos vamos calentando, y vamos a analizar la insigne figura de Don Rodrigo Rato, ese directivo de Telefónica.

Rato tan solo siguió las políticas de Solbes, y las potenció, apoyado en la Ley del Suelo y en la preparación de las elecciones de 2004, esas a las que iba predestinado el PP a ganarlas.

Los logros de Rato fueron dos principalmente (insistimos que todo lo había iniciado Solbes, y curiosamente fue el propio Solbes quien las acabó).

El primer logro fue trasladar la deuda pública a privada en el mercado de la construcción. Hasta entonces el motor de la economía española, la construcción, había sido pública. Desde tiempos del Generalísimo por la gracia de Dios (gracioso el tal Dios) la economía española se basaba en la construcción, desde grandes presas y pantanos, hasta carreteras, edificios de viviendas... y se les encendió la luz. ¡¡¡Aibalahostia, si modificamos la ley del suelo, fíjate tu que podemos hacer que la vivienda adquiera un valor extra, y mover el sector de la construcción, pero en vez de financiarlo desde el estado, que lo financien las familias!!! Y toma burbuja inmobiliaria.

Y luego vino el segundo logro, que fue el empresarial. Concentró y favoreció a grandes empresas (Telefónica, que se comió a la competencia de Amena y Airtel, por ejemplo, o Repsol que se convirtió en monopolio, o Iberdrola-Endesa) impidiendo el crecimiento de las pequeñas empresas, o más bien, de las "no elegidas" (sólo hay que mirar donde se nos jubilan los ministrillos y políticos similares) otorgándoles condición de monopolio, y favoreciendo que gracias a beneficios extraordinarios (la cantidad de ingresos que tuvo Telefónica por venta de sus sedes en el centro de las ciudades e inmuebles varios) crecieran por latinoamérica, con un crecimiento basado en la compra de filiales.

Pero los dos logros estaban envenenados. El inmobiliario, ya que estaba creando una riqueza especulativa, que ahora está desapareciendo y nos la estamos comiendo con patatas rescatando bancos. Por cierto... ¿donde está el dinero especulativo? En los paraísos fiscales de las Islas Caimán, Suiza o Alemania.

El segundo logro, no se baso en la creación de riqueza, en la competición en el mercado ganando cuota gracias a la tecnología, no. Se basó en la compra de cuotas de mercado a base talonario y adquisición de empresas del sector en otros países. Y ahora nos las están merendando, como se ha visto a Repsol con YPF, o a Iberdrola en Bolivia. ¿Alguien se cree que si YPF hubiera sido una empresa puntera y con un diferencial tecnológico la Cristina se hubiera atrevido a nacionalizarla? No, pero la YPF que nacionalizó no se diferenciaba en nada de la YPF que compró Repsol años antes. ¿Nacionalizaría Apple Bolivia para controlar el I-phone 5? Ni de coña.

Pues estos dos son los logros de Don Rodrigo, ese que comparte el nombre con el Cid, y que según las memorias de Josemari I el Irrepetible, estuvo en la libretita aquella de la sucesión.

Esta pava de la Mato, mejor que se largue de sanidad

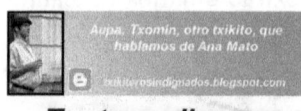

Tanto pedir que hable la chica del confeti, que ya ha hablado dos veces y se quiere cargar las vacunaciones y los transplantes!!!

Ya ha hablado la pava, y aparte de seguir en sus mentiras, esas de que la Sanidad Pública sigue siendo universal y gratuita, y de seguir negando que huele más a corrupta que un cadáver puesto al sol, ha hecho dos declaraciones, y esperemos que sigan siendo igual de mentira que el resto de su vida, obra y milagros.

La primera, que va a hacer un calendario de vacunaciones único y por supuesto reducido.

La segunda, que las comunidades que no reduzcan el déficit, se quedan sin derecho a trasplantes.

Señora Mato, no haga honor a su nombre. Está jugando con fuego, con la salud de la gente. Sabemos que detrás de las vacunas hay un negocio inmenso, y que privatizarlo va a dar enormes beneficios a las farmacéuticas, ya que nadie juega con la salud de sus hijos y se gastará el dinero que haga falta en la triple vírica o en la que toque.

Y que la sanidad privada está detrás de hacerse con el negocio de los transplantes, donde se puedan subastar los hígados y corazones de la gente al mejor postor entre los que los necesiten, es demasiado goloso como para dejarlo pasar.

Pero está jugando con fuego. Para poder tener un país productivo necesitamos un país sano. Y sin sanidad... esa salud no está asegurada, con lo que la productividad disminuirá. Y luego a llorar cuando se afilen las guillotinas.

Y a esto hay que sumar la desaparición paulatina de la cobertura a cada vez más colectivos. La colega de la Mato, la Bañez, acaba de dejar en el limbo administrativo (pero con una pierna en el infierno) a los parados de más de 55 años. ¿Se les sacará de la sanidad a la vez que del subsidio de desempleo y presumiblemente de las pensiones?

Se buscan fabricantes de purificadoras guillotinas.

Rubalcaba no es alternativa a Rajoy y Rajoy no es alternativa a nada.

Venga, Patxi, otra ronda, que hablamos de las Alternativas Políticas

txikiterosindignados.blogspot.com

Así que Patxi López anda jugando sus bazas... de Guatemala a Guatepeor!!

*T*enemos dos líderes completamente quemados. Las dos R, Rubalcaba y Rajoy, son incapaces no solo de resolver el problema de la crisis, sino que nadie en este país les da el mínimo voto de confianza de que lo pudieran hacer.

Rubalcaba apuntaba maneras. Desde el Ministerio del Interior consiguió arrinconar y desarmar a ETA, dando y quitando. En el propio PSOE manejó a su antojo a Zapatero y dentro del partido eliminó a todo aquel que pudiera rivalizar con él. En la sombra eliminó uno a uno a todos los barones del PSOE clásico, desde Maragall hasta Ibarra, desde Bono hasta Chaves, no dejó a ninguno.

Pero mientras su trabajo en la sombra dio sus frutos, se reveló como un incompetente político, lastrado por el fracaso de Zapatero, estigmatizado por la segunda peor gestión de un país que se recuerda, incapaz de transmitir nada a la sociedad, de reflejar que pudiera ser una solución al agujero en el que nos han metido, ya que se le identifica como uno de los culpables del desaguisado.

Y además, no solo no da la talla, sino que el mediocre Rajoy, ese que perdió uno tras otro todos los debates en los que se enfrentó al populista Zapatero, le barre en cualquier debate sin ningún tipo de argumentación seria a Rubalcaba.

Y claro, en el PSOE lo saben y muchos espabilaos intentan aprovechar la oportunidad. Pero la verdad, Patxi López no da la talla. Si Rajoy no hace nada por arreglar los problemas y esta a lo que le dicen, Patxi ni eso. Venderá su bagaje como el que acabó con ETA, como el que supo negociar con el PNV y el PP y ser el primer lehendakari no nacionalista. Pero la verdad es que ETA le toreó como quiso y colocó a EH Bildu como segunda fuerza política, y ni el PP ni el PNV contaron con él durante su legislatura, siendo el verdadero lehendakari Urkullu en la sombra negociando directamente con Zapatero y dejándolo con el culo al aire.

Ahora imaginamos que después de lo de UPN el PSN asomará por fin la cabeza después de humillación tras humillación desde el caso Urralburu, más que nada porque Miguel Sanz, Barcina y compañía se han esforzado en zambullirse en el fango de la corrupción que lastraba al PSN, y es posible que al fin den a luz a un nuevo líder.

Y en el gobierno las cosas no es que anden mejor. La inmensa mayoría de los españoles, incluidos los votantes no lobotomizados del PP, se están dando cuenta que Rajoy no manda nada, que hace lo que le dicen, que no tiene ninguna capacidad de liderazgo ni en su propio partido, y que está demasiado manchado por la corrupción.

No le respaldan 11 millones de votantes como dice porque no está cumpliendo su programa electoral. Si en el bar de la Felixa nos dan vinagre por tinto y nos quejamos, es inmoral pensar siquiera que la Felixa dijera que su vino está avalado por nuestra compra, cuando pedimos vino y nos dio vinagre.

Pero es que los delfines dan por culo. Se han cargado a Feijó, su delfín, y caerá (esperemos) Soria, el becario de Industria, que no vale ni para hacer fotocopias. Cospedal ya se ha ganado su exilio dorado ocupando la letra Ñ en la Real Academia de la Lengua por su esfuerzo en introducir el cospedaliano, ese dialecto manchego inteligible que ella domina a la perfección.

Y nos quedan los neocons de la Espe. Pero la Espe, por mucho que se empeñen ya está mayor, y no vende en España lo que vende en Madrid.

Así que poca esperanza nos queda. Y no creemos en los

pequeñitos. La Rosa Díez.. en fin, Toni Cantó lo dice todo sobre UPyD. E IU no tiene un programa claro, aunque hay gente que apunta maneras, pero la ideología le puede.

En fin, pilarín.

Acaba de llegar el último payaso a la fiesta, el militar golpista!!!

*Y*a lo que nos faltaba, un imbécil llamando a la asonada, y encima no es el único en los últimos tiempos, que con Zapatitos ya salieron varios a soltar su chorrada.

Hay que hacer un llamamiento al ministro Wert para que se una al de defensa, de cuyo nombre no nos acordamos, por lo que suponemos que no habrá recibido sobre, ya que por méritos propios tampoco creo que se haya ganado ninguna fama, y que nuestro ministro de educación haga una revisión de los libros de texto que se estudian en la academia militar para que no tengamos desaplicaciones mentales como la del último payaso.

Amo a vé, tenemos un ejército que da grima desde la época del minis Trillo, sin rumbo, con una deriva importante, en el cual sólo se ha apostado por un par de divisiones "para enseñar", esas que mandamos de vez en cuando a misiones humanitarias a hostias, como las que tenemos en Afganistán o las que vamos a enviar a pacificar Mali en breve sin que nadie se entere.

Tenemos un país en el cual su población está siendo sometida por dos enemigos exteriores, los denominados "mercados" y la propia Comisión Europea. Tenemos un montón de problemas estructurales, y en cuando aparecen los pardillos de ERC, ahora sumados a Mas, diciendo chorradas soberanistas para tapar sus propias vergüenzas, aparece el payaso de uniforme de turno dispuesto a llevar a sus tropas a lo más alto de la gloria militar, donde tan solo la historia les juzgará, saltándose por encima no sólo la Constitución, que a estas alturas la verdad ya solo vale para justificar los desmanes del gobierno de turno, que controla la mayoría del tribunal constitucional, ese que la interpreta como si fueran curas interpretando la Biblia, o sea, a su manera, o más bien a la manera de quien paga su sueldo, sino que pretenden saltar por encima de su propia patria, porque quizá no se dan cuenta cuando se ponen la nariz de payaso y sus medallitas ganadas en simulación de combate, que la patria la compone el pueblo, para imponer sus retrógradas y pasadas de moda y sin sentido "ideas", por darle nombre a ese batiburrillo mental con el que justifican su idiotez.

Y por cierto, ese militar, el tal Juan Antonio Chicharro, tiene cara de amargado, no nos vale para jefe de estado.

Hemos dicho, hala.

Repasando la actualidad nacional, cuadrilla de frikis

Si es que no pasa un día que alguno de los politiquillos y similares que componen el circo mediático no suelte alguna gilipollez.

Repasando:

La Cospedal

Ha pasado de ser una individua con una chulería desproporcionada para su edad a una imbécil integral. Iba de lista y a base de intentar explicar el caso Bárcenas ha inventado el cospedaliano, un nuevo idioma para idiotas diseñado para explicar las rocambolescas interpretaciones de la legislación laboral por parte del PP.

Fernández Díaz, ministrillo del interior

El integrista caballero templario o de la socarrona orden católica a la que pertenezca, que realmente nos importa un bledo, convertido al catolicismo opus deidiano en Las Vegas (de ahí vendrá el interés por Eurovegas del PP, suponemos), nos sorprende con una estupidez mayúscula diciéndonos que está en contra del matrimonio homosexual porque no garantiza la pervivencia de la especie. Joder, ni casados ni sin casar la garantizarán!!! Le recordamos que aparte de algunos homosexuales, tampoco garantizan la pervivencia de la especie las monjas y curas de su credo integrista, y si nos ponemos, también llevaríamos al campo de exterminio a las menopáusicas, a los pitopáusicos, y a todo aquel que fuera estéril por cualquier razón definitiva o transitoria.

Alfonso Alonso, portavoz del Gobierno o algo así

El ex alcalde de Vitoria, preguntado por Bárcenas, viene a decir que ya está bien de insistir desde ya hace más de un mes por ese señor, que ya está cansado de la pregunta y que no va a contestar nada más del tema. No te jode el tío... pero si aún no ha contestado a la primera vez que le preguntaron!!! Estará dando clases de cospedaliano para poder responder!!!

José Manuel Soria, becario en el ministerio de industria

En su afán por acabar con el déficit tarifario, ha conseguido aumentarlo. Apostando por la energía nuclear, le cierran Garoña. Justificando el fin de las energías renovables por el exceso de capacidad de producción eléctrica, le aumenta la dependencia del gas. El clon de Aznar no es más tonto porque no se ha entrenado. Y además, parece que debe tener alguna cuenta poco aireada en Suiza, otro que tal!!!

Iñaki Urdangarin, el duque em palma do

Lo de la cuadrilla esa es para mear no echar gota. Otra rubia entrañable del Rey, a la que precedieron otras rubias (los caballeros parece que las prefieren asín) como su tocaya la Bárbara o nuestra simpaticona Ane, que tantos viajes al parecer hicieron al Landa en las afueras de Burgos. Pues eso, la Corinna ésta, que le ofreció trabajo al Iñaki, e hizo servicios a Ssssspaña, organizando cacerías de elefantes en Bostwana... y hasta ahí hemos podido leer, que estamos por decidirnos por el Hola o por El Mundo para informarnos. Y al Iñaki, que me le embargan una casa, y que debe tener más deuda con la hipoteca que valor, que dicen que están peleándose el juzgado y el banco para ver quien la embarga antes... vamos a pedir que nos embarguen también nuestras hipotecas!!! Y nos preguntamos, ¿qué le puede mover a alguien que lo tiene todo a aspirar a más y a conseguirlo de forma ilícita? Sólo que su ambición es superior a su estupidez.

Ana Mato, El Bigotes, el de la peineta y el ex marido del confeti

Esta parte de la cuadrilla nos recuerdan a la que formaron en su día Paco Porras, Tamara y su madre Seisdedos, el Arlequín, Loly Álvarez y el del baile del pañuelo, y tendrían gracia a no ser que mientras los primeros se ganaban la vida haciendo el imbécil y tenían su público, estos se la han ganado robando y saqueando cuentas públicas, trapicheando obras en B y financiando sobresueldos con ese dinero procedente de negocios ilícitos. Y eso no es lo más trágico. La idiota que no se enteraba supuestamente de lo que hacía su marido, es la misma que está dirigiendo al desastre a la sanidad pública. En fin.

Juan Antonio Chicharro, General en la reserva

Más que reserva, sería tinto peleón. Otro payaso que no tiene otro pito que tocar que llamar a la asonada porque al Mas, que ya no sabe como salir del cristo en el que se ha metido, se le ocurre hacer una consulta popular. Por cierto, el colega se debió beneficiar de la "desamortización de Trillo", esa por la que un buen número de inmuebles de Defensa se vendió a militares al 50% de su valor en el mercado y se permitió el pago posteriormente a la escrituración, por lo que sin haber puesto un euro, tenían unos pisos por lo que sacar una jugosa plusvalía, allá por 2004, cuando España jugaba en la championlig de la economía mundial.

Artur Mas y los catalanes

Ya les hemos perdido la pista, pero entre cuentas en Suiza, reuniones secretas y tramas de espionaje a la chica del botox, esa pepinilla que lidera el partido en Cataluña, no ganábamos para disgustos. Por cierto, tienen la llave de la salvación de España, ya que suponemos que cuando Duran i Lleida dimita por tener cuentas en Suiza de seguido lo hará toda la plana mayor del PP con Cospedal al frente por coherencia política.

La Fundación Ideas, del PSOE

Debe estar en horas bajas, porque ideas, lo que se dice ideas... no es que aporte muchas, pero eso de que la ex mujer del director escribiera artículos a pastizal por wordescrito con otro nombre y que financiaran la chouza del campeón gallego, el entrañable (no en el sentido de Corinna) Pepiño, la sacan a la palestra. Más les valdría aportar discursos al PSOE que vergüenza les debería de dar, que con la que está cayendo, el espabilao de Rubalcaba perdiera por goleada contra Rajoy en el Debate del Estado de la Nación, dice mucho sobre las Ideas del PSOE, ahora entretenido también en liarla con la Chacón y el PSC y su deriva federalista-independentista.

Toni Cantó, el lector

Otro que pa qué. A este le regalan un libro de Pío Moa y al día siguiente nos regala una encíclica en twitter sobre el alzamiento en Asturias en 1934 como inicio de la guerra civil, y si se lo regalan de J.J. Benítez nos inunda de #TT sobre si los extraterrestres tienen o no derechos. Señalar su estupidez supina cuando ha tocado temas como el maltrato animal o la violencia machista. Rosita, de donde no hay, no se puede sacar... Y es que lo de UPyD, esa mezcla entre progresismo avanzado y rancio patriotismo, no trae más que una mezcla irisada de estupidez galopante.

Wert y ex señora, Edurne Uriarte

Esto es un no parar. Una reforma educativa que da por culo, en la que se intentan tapar los recortes desviando la atención hacia un centralismo y uniformidad en el contenido educativo propio de los tiempos del Catón. Y a esto hay que sumar que su "ex" o no "ex", que tampoco lo sabemos, la politóloga radical, ficha por la 1, donde tendrá un púlpito desde donde predicar su minoritaria idiotología.

Montoro y su echar balones fuera

Alucinante ministro, clavadito al Gorum ese del Señor de los Anillos. Su cagada con la regularización fiscal ha sido alucinante. Y pillado mentira tras mentira, después de negar a su Dios Bárcenas 3 veces como San Pedro, el judas de la economía se dedica a echar balones fuera. Que si los actores (sobre todo los que trabajan en Estados Unidos) no tributan en España (tributarán en Estados Unidos... ¿o en Suiza como los de su partido? No sabemos...) que si sus señorías no hacen bien la declaración de la renta, pero luego lo niega. En fin... otro para la cuadrilla.

Luís de Guindos, ministro de economía

No sabemos si es ministro o simplemente es la cara de la troyka compuesta por el FMI, BCE y OCDE capitaneando a la comunidad europea. Recorte tras recorte ha hundido la economía destruyendo el mercado interno. Y no solo eso, sino que esa destrucción del mercado interno ha llevado a la desaparición paulatina de la clase media, esa que daba estabilidad y sensatez al país. Y ahora se nos descuelga diciendo que su objetivo era la mejora de la balanza de pagos mediante las exportaciones. En fin... ¿y la financiación a la I+D+i y al circulante de las empresas? Y ahora nos dice que estamos mejor que el año pasado. Se pondrá como ejemplo él mismo, que ganará más que cuando estaba en la oposición, no te jode.

Marianico el corto, Rajoy, director de orquesta

Lo de este individuo es de tesis doctoral. Toda la puta vida escondiendo la cabeza y negando la evidencia. Desde los tiempos de los hilillos de plastilina hasta la actualidad su saber hacer ha sido ignorar los problemas y hacer lo que le mandan, en la esperanza de que los problemas se arreglarán solos, y si no se arreglan, con buscar un culpable es suficiente. Sin embargo, señalar que esta vez los problemas no se van a arreglar solos y nos importa una chorra que busque un culpable, porque el país se va de cabeza al garete.

Mariló Montero, en TVE

A esta la colocamos al final como anécdota. Esta chavala nos sorprendió en su día con el tema tan manido en ciertas películas de ciencia ficción americanas sobre si los órganos que se trasplantan tienen o no alma. Quizá sea un ejemplo de lo que está pasando en este país, donde se mezclan la estupidez, la ambición sin límites y el integrismo mesiánico.

Para la Cospedal, ESTO ES NAZISMO, SEÑORA!!!

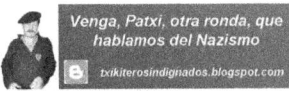

Estos que no mezclan peras con manzanas sí que mezclan indignación con nazismo!!

*E*n una casa de un pepinillo afectado por un escrache, después de hacer los deberes

- Papá, papá, ¿quienes son esa gente que chillan en la puerta?

- Son nazis, hijo mío.

- ¿Y qué es un nazi?

- Alguien que quiere tener que con dinero público les den educación, sanidad y hasta un piso, y como eso no es posible, vienen a casa de papá a ejercer la violencia.

- Pero papá, mi colegio inglés, la clínica privada de mamá y este piso... ¿no lo pagas con tu sueldo de político que es dinero público?

- No, hijo, tu mamá que también trabaja también lo paga.

- Sí, pero en el cole dicen que mamá en ese ente público donde trabaja no hace nada y el puesto se lo dieron gracias a ti, y sin aprobar ninguna oposición.

- Aún así, hay que respetar la intimidad de la vida privada de los políticos.

- En el cole me dicen que tu puesto es un servicio público, no un trabajo cualquiera, y que ya que tienes jubilación de por vida y otras ventajas, tu vida privada debe ser un ejemplo...

Amo a vé, señores "nazis". El fascismo es una doctrina en la cual se marcan una serie de objetivos desde el gobierno al pueblo, que el pueblo debe cumplir, y se castiga a quienes no colaboran. Ha habido tres ideologías fascistas principales en el mundo, y han sido el nazismo en Alemania, el fascismo que da nombre a la ideología en Italia y el Falangismo en España.

El triunfo del fascismo y del nazismo fue el marcar unos objetivos patrióticos de expansión y potenciar una industria militarista para llevarlos a cabo. Esa rápida expansión permitió un crecimiento económico muy rápido en poco tiempo. El fracaso del falangismo fue unir a la idea de patria la muy "espiritual" idea de Dios, por lo que la cuadrilla de meapilas fascistas españolas nunca llegaron a nada.

Los métodos del fascismo es usar la violencia y la exclusión social contra los que no seguían su doctrina, y fíjense que hablamos de doctrina, no de ideología, y quienes se rebelaban contra esa situación eran criminalizados y encarcelados.

En este nuestro país se está condenando a la exclusión social a los siguientes grupos de personas:

- Afectados por el sistema hipotecario que por cierto, el partido del gobierno dio por bueno hace unos años y el genio de las finanzas Don Rodrigo potenció hasta unos límites que son los que han provocado el desastre actual. Se les condena a la exclusión social echándolos de su casa y dejándoles una deuda de por vida que nunca podrán pagar y que les impedirá volver a acceder a un trabajo legal, a una pensión o a un subsidio.

- Parados de larga duración a los que se les retira el derecho a la sanidad. Y a estos se suman los mayores de 55 años, que jamás volverán a conseguir un trabajo y se les deja sin subsidio de desempleo ni pensión.

- Inmigrantes a los que se les condena a vivir en la clandestinidad, entre cartones y condenando a quienes les ayuden a penar de cárcel incluso.

- Afectados por la gran estafa de las preferentes, un colectivo formado por miles de personas en su mayor parte jubilados a los que les esquilmaron todos sus ahorros en una estafa por la que el gobierno mira a otro lado.

- Inversores en energías renovables, un montón de gente que invirtieron bajo el respaldo de leyes estatales en un mundo más limpio a los que con efectos retroactivos propios de repúblicas bananeras se les limitan los ingresos que garantizaba la ley mientras que los pagos se mantienen.

- Pensionistas a los que se les sube el coste sanitario y se les bajan las pensiones, condenándolos a buscar en la basura comida, con multas por cierto de 750 por parte de algunos ayu ntamientos como el de Madrid.

Ya hemos visto quienes son los excluidos, y ahora vamos a ver sobre quienes se ejerce la violencia y la criminalización.

- Contra todo aquel que se manifiesta en contra de esta situación, mediante la represión policial y la modificación de la justicia para imponerles penas de cárcel, penas de las que por cierto deben estar exentos los miles de criminales corruptos que campean a sus anchas por el sistema político español, por la banca y por las grandes empresas de este país.

Y nos dirán que en España no hay ultraderecha, no es que no la haya, es que está integrada en el PP. Y sólo hay que rebuscar un poco para buscar ejemplos, desde el tal Sigfrido Soriano o el alcalde de Badalona, entre otros muchos.

Y es más, nos atrevemos a decir que el poner de nombre FaEs a su fábrica de ideas, siglas de Falange Española, y denominar a la corriente liderada por la Espe Café Party, siendo Café el saludo entre falangistas en la época de su "clandestinidad" (Camaradas, Arriba Falange Española) no es algo casual.

Así que no hablen de nazismo, que no cuela. Desde aquí no solo apoyamos los escraches sino que abogamos por el escrache a través de las redes sociales, haciéndonos oír en los twuitteres, los facebookes, en los mailes de los políticos que nos insultan, y que aunque no se lo crean, tienen la responsabilidad de arreglar este desaguisado, de defender a las personas, no a los mercados, porque este país como los países vecinos lo componen sus personas, esa mano de obra que menosprecian con reformas laborales, esos pensionistas que aíslan, esos parados a los que insultan, esos empresarios que crean empleo y reparten riqueza y no la banca que nos arruina, la iglesia que nos miente e intenta adoctrinar a la gente y las empresas corruptas acostumbradas a la cultura del pelotazo.

Hoy estamos hasta los cojones de tanto hijodeputa suelto

La verdad que estamos un poco hasta los cojones de la Cospedal y compañía, se están riendo de nosotros y dan ganas de liarse a hostias con ellos!!!

*H*oy vamos a hacer un inciso en la descripción de las medidas para salir de la crisis, para centrarnos en nuestra mierda de partidocracia.

Mira, la verdad, estamos hasta el gorro de tener un golfo por rey, que en cuanto se marcha su mujer mete en su casa a su amiga entrañable para que le haga algún trabajo oral, cara mamada a cargos de los presupuestos generales del estado.

Estamos hasta las narices de que en Europa se descojonen de nosotros, que vaya el imbécil de Rubalcaba a ver si le aprueban la reválida con un presunto plan de acción contra la crisis, y que encima se lo echen para atrás... y que la caterva de Mariano y compañía saquen pecho porque a ellos sí que les han aprobado su plan, bueno, que les han aprobado que hayan aplicado el plan que les han impuesto... ¡DONDE HOSTIAS ESTÁ NUESTRA SOBERANÍA!

Estamos hasta los cojones de que la hija de puta de la Cospedal se ría en nuestra cara, diciendo que todos los que se quejan se presenten a las elecciones, cuando sabe la muy cabrona que tal y como está todo de atado y bien atado es imposible que podamos hacerlo. La muy tahúr juega con ventaja y encima esa puta corrupta aparte de insultarnos día sí, y día también llamándonos NAZIS, se ría de sus votantes con la chorrada de que prefieren no comer que no pagar la hipoteca, y que se ría de nosotros todos los días sabiendo que es una corrupta patética y mentirosa.

Y cuando no somos NAZIs, somos proetarras, ya sea la PAH o ya la última ocurrencia del hijodeputa de turno, el integrista Fernández Días, que dice que ETA tiene algo que ver con el aborto, aunque matiza que "no demasiado". En fin, otro que tal.

Ya no aguantamos que una niñata como la Talegón se permita ver ultraderechistas y enemigos del "socialismo autentico" en todos los que creemos que el PSOE es una mierda pinchada en un palo, y que no es alternativa al PP.

No vemos alternativa a esta mierda ni en subnormales como Toni Cantó, ni en la amalgama de IU. No creemos que los nacionalistas en estos momentos aporten ninguna solución. No creemos en las "políticas de izquierdas" basadas en teorías económicas trasnochadas ni que la política de colaboracionismo vaya a arreglar el país. Estamos viendo que han hundido tanto unos como otros este país y que falla la base, falla la democracia, porque hemos despertado en mitad de un sueño y vemos que esto no es democracia, sino una patética partidocracia en la que inútiles sin escrúpulos sólo piensan en su propio beneficio y están destruyendo el país a marchas forzadas.

La mayor tragedia de este país es que tal y como están montadas las minidictaduras de la partidocracia el pueblo no puede ejercer su derecho democrático y una corrupta hasta la médula como la Barcina volverá a ganar las elecciones en Navarra porque la alternativa en esa partidocracia son otros corruptos como los herederos de Urralburu.

La clase obrera ha sido sometida en una regulación laboral esclavizante, las clases medias están siendo desmanteladas y acosadas, la juventud está siendo alentada a emigrar del país, tenemos más de 6.000.000 de tragedias en forma de paro, tenemos unos pensionistas que han trabajado toda su puta vida a los que se les quiere joder sus últimos años, miles de afectados por las preferentes, millones de personas que ya no pueden acceder a la sanidad. Nos están vendiendo a cachos y nos están destruyendo el país, un país que ha perdido su soberanía y que es controlado por unos cerdos que viven a miles de kilómetros de aquí y a los que les importamos una mierda.

Sabemos que algo pasa en Grecia y que nos lo están ocultando. Sabemos que en Portugal están aireando la amenaza de echarlos de la eurozona si no se someten a la dictadura. Sabemos que Europa está siendo sometida y que estamos en manos de un gobierno colaboracionista. Sabemos la realidad, so cabrona, por lo que no estamos para aguantar hijoputeces como las que nos sueltas día a día, corrupta de mierda.

Porque no estás hablando con niños, estás hablando con gente con un coeficiente intelectual muy superior al tuyo, porque los que ya estamos hartos de tus chorradas sabemos qué es lo que está pasando, y porque esto está a puntito de reventar, y cuando lo haga no habrá piedad para nadie.

Detrás de cada gran mujer hay un gran hombre. Va por ellas!!

Venga, Patxi, otra ronda, que hablamos de los Maridos de Ellas
txikiterosindignados.blogspot.com

La mujer católica tradicional no pregunta ni se interesa por las actividades de su marido, en el que confía ciegamente!!

*H*oy vamos a hacer otro pequeño inciso en nuestra muestra de recetas anticrisis para hablar de ellas.

Se suele decir que detrás de cada gran hombre se encuentra una gran mujer, y al parecer es así. Vamos a analizar a un montón de prohombres de la actualidad nacional, y descubrir que grandes mujeres se esconden o más bien aparecen detrás de ellos.

Empezamos por Urdangarín. ¡Qué decir sobre él que ya no se sepa! Pues nada. Es el marido de la Infanta Cristina, la hija del Rey, el amante de Corina.

Seguimos por Jesús Sepúlveda, alcalde de Pozuelo de Alarcón, e imputado por el caso Gurtel... marido de la ministra de sanidad, Ana Mato.

Estos dos son muy conocidos, pero... ¿alguien conoce al marido de Alicia Sánchez Camacho, pepinilla, jefa de la sección femenina del partido en la colonia catalana, que se descolgó en televisión con unas irrefutables declaraciones en las que decía que un niño necesitaba ser educado por un padre y una madre, claramente en contra de la adopción por homosexuales? Pues no, porque no tiene. Pero sí que tiene un hijo concebido por inseminación artificial... un niño que se criará sin la referencia paterna.

Vamos al señor Francisco Aguilar Viyuela, un arquitecto atrapado en la crisis inmobiliaria, que desgraciadamente tuvo que cerrar su empresa, dejando pellas conocidas por valor de 350.000 y no indemnizó a un trabajador de los que despidió y al que le debe

40.000 . Sentiríamos profundamente su tragedia, a no ser por el dato de que se trata del marido de Cristina Cifuentes, la delegada del gobierno en Madrid que maneja con destreza la fuerza policial contra todo aquel que se queja en la capital.

Otro que de repente ha entrado en el olimpo del exilio dorado de los dioses, en la empresa monopolística que dirige César Alierta, nuestra bienamada Telefónica, ahora Movistar ha sido José Iván Rosa Vallejo, que entró en la empresa en 2012, casualmente poco antes de que su esposa, Soraya Sáez de Santamaría nos apareciera semillorando en rueda de prensa hablando del drama de los desahucios. A ver si saca más puestos de trabajo Telefónica para los desahuciados, que con una ficha de 120.000 an uales el marido de Soraya seguro que podrían pagar sus hipotecas.

Y fue precisamente Soraya quien vetó el fichaje por parte de Red Eléctrica Española del señor Ignacio López del Hierro, aunque éste recabó finalmente en otra eléctrica, concretamente en Iberdrola Ingeniería.

Pero es que este señor, que aparece en un informe policial como presunto donante secreto del PP, tiene un impresionante curriculum. Consejero en Caja Castilla la Mancha hasta prácticamente su rescate, impuesto por su mujer al entonces presidente de la caja, Juan Pedro Hernández Moltó, por cierto, en el congreso del partido que se celebró en 2008, y que tenía en su haber el haber sido consejero en Metrovacesa, empresa que dejó un cañón de 6.200 MM en una de las quiebras inmobilia rias más sonadas de España, aunque al parecer consiguió la dación en pago en esa quiebra, y siguió comiendo a pesar de todo. Este señor, divorciado con 3 hijos, se casó a los 62 años con una chavalita de 43, también divorciada y como su compañera de partido Alicia, con una hija concebida mediante inseminación artificial. Y la mujer de esta fiera no es otra que la reina de la peineta, María Dolores de Cospedal.

Así que detrás de cada gran hombre, al parecer hay una gran mujer.

Otro idiota cerca de un micrófono, hoy le ha tocado al becario del Banco de España

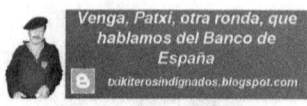

Pero se puede saber quien cojones elije a los becarios que ponen de altos cargos!! Porque vaya gilipoyez que ha soltado el del Banco de España!!!

*L*a verdad que algunos imbéciles les queda el cargo grande, y hoy toca analizar la última estupidez que ha soltado un nuevo idiota que entra en la categoría de becario, cargo que teníamos en exclusiva para Soria, el de Industria.

Pero la soberana gilipollez que ha soltado hoy el becario del Banco de España merece análisis pormenorizado.

El idiota ha soltado la siguiente frase, que vamos a resaltar:

"La reforma laboral es positiva porque ha mejorado la competitividad de las empresas"

Y luego ha añadido que no estaría de más seguir bajando sueldos.

Amo a vé, imbécil integral, que no hemos buscado ni siquiera tu nombre. Esa frase tan sumamente estúpida no resiste el menor análisis.

Ni a nosotros ni a la inmensa mayoría de lo 17.000.000 de trabajadores que aún siguen activos en este país nos importa una mierda la competitividad de nuestras empresas, si eso significa que nosotros nos sacrificamos por mejorar el rendimiento de un capital del que no vamos a catar un beneficio.

Pedazo de subnormal, no nos vengas con idioteces de que la bajada de sueldos mejora la competitividad cuando tenemos la energía más cara de Europa junto con uno de los costes financieros y de materias primas más altos.

Solo un gilipollas de alta gama es capaz de soltar semejante parida. ¿Quien hostias los elige?

Te lo vamos a explicar en una sola frase, idiota. El capital es tan fugaz que su remuneración por mejora de la competitividad no contribuye al crecimiento económico mientras que la remuneración de la mano de obra por encima de las necesidades básicas es la que activa el consumo y contribuye realmente al crecimiento económico.

Hay que ser completamente idiota al pensar que esa mejora de la competitividad de las empresas por bajar los salarios va a traer crecimiento. Que lo sepas que en Alemania la crisis se va a cronificar por la contracción del mercado interno.

Y por último, economista de pacotilla, sin mercado interno, ¿para que quieres mejorar la competitividad de las empresas? ¿Para exportar? ¿A donde? Busca un mercado que en la actualidad sea importador, cara chorra de los cojones.

Entre la Troyka, la CEOE y el PP parece que están haciendo un concurso a ver quien dice la mayor barbaridad

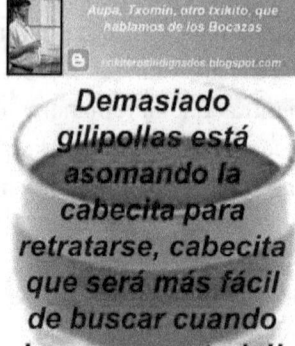

Demasiado gilipollas está asomando la cabecita para retratarse, cabecita que será más fácil de buscar cuando haya que cortarla!!

*H*an perdido totalmente la vergüenza y en algunos casos la cabeza. Al principio lo decían con la boca pequeña, pero ya alardean de su estulticia en público. Están demasiado crecidos y necesitan un toque de humildad, ya que el descaro que están mostrando va a traer a corto plazo problemas.

No puede ser que la presidenta del FMI pida austeridad a los españoles, moderación salarial y abaratamiento del despido luciendo un bolso Vuitton valorado en 4.000 y haciendo la gracieta de que va a recaudar donaciones con ese bolso.

No es de recibo que un hijodeputa del FMI se pase ayer por aquí y desde una tribuna pública nos cree inestabilidad a los trabajadores exigiendo una nueva reforma laboral después de reconocer hace apenas dos semanas que la han cagado en Grecia, que pensaban que las medidas de ajuste iban a traer un 5% de caída de la economía (ha caído un 15%) y un paro del 15% (están en el 25%). Sólo con las previsiones iniciales NO se tenían que haber tomado las medidas que se tomaron.

No puede ser que el becario del Banco de España, ese que hace apenas unos meses criticaba las medidas de ajuste por la contracción de la economía que producían, hace unas semanas pedía mayor moderación salarial en aras de la competitividad.

Ya estamos hartos de que cada subnormal venga, con la que está cayendo, a soltar su cagada, como José de la Cagada, el de la

CEOE, diciendo poco más que cuando se te muere un hijo aprovechas para irte un par de días a la playa. Hijodeputa.

Hace poco un pepinillo nos justificaba los sobresueldos. Nos venía a decir que era difícil fichar a gestores de gran calado que venían de la empresa privada con los sueldos que podía ofrecer la función pública y que el partido, en aras del bien de España, era el que complementaba de forma privada esos sueldos para poder conseguir esa ayuda. No nos supo responder cuando le preguntamos por la labor como gestor de Javier Arenas. Y la realidad es que la indignación, la rabia y el odio afloran cuando Floriano justifica esos sobresueldos a políticos mediocres en una rueda de prensa en la que pide moderación salarial a los españoles.

Nos da la impresión de que nos toman por gilipollas. En este país a miles de ingenieros, doctores, físicos, historiadores, soldadores, médicos, enfermeros, administrativos en paro con una capacidad tanto intelectual como de gestión y de trabajo muy superior a la inmensa mayoría de los petimetres que componen el gobierno y ya que decir de los patanes que se hinchan a copas subvencionadas en el congreso de los diputados, o que gestionan de forma caciquil alguna corrupta comunidad autónoma o diputación.

A estos millones de personas que han sido capaces de sacar adelante el país y que ahora han condenado por su estulticia al paro y a la resignación de no poder encontrar trabajo se les está insultando con esas declaraciones. La inmensa mayoría de los españoles sabemos que somos más inteligentes y más capaces que ellos, y estamos empezando a perderles el miedo.

Y se están retratando demasiado.

"Lo siento, me he equivocado"
Mariano dixit

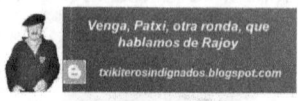

Venga, Patxi, otra ronda, que hablamos de Rajoy

txikiterosindignados.blogspot.com

Previsible la intervención de Rajoy. Todos son culpables menos yo. Y España va de puta madre. Tranquilidad para los fanboys pepinillos.

Alucinante aunque previsible sesión hoy en el parlamento. Ni el gobierno ni la oposición han estado a la altura. Rajoy ha negado la mayor, ha sacado el titular de su lado humano al "equivocarse" por haber confiado en una persona mala malísima, y que deje la oposición de hablar de este tema, que perjudica a la marca España.

Y la oposición leyendo El Mundo y El País, sin criterio propio, salvo para pedir la dimisión, elecciones y otras oportunidades políticas. Y los nacionalistas aprovechando para justificar el derecho a decidir.

Pero nadie ha analizado la realidad. Nadie ha hecho las preguntas oportunas. Nadie ha puesto en aprietos a Mariano. Se ve que o bien a nadie le interesa, o bien el nivel intelectual de nuestros políticos es muy deficiente, tanto que les deberían quitar las becas.

Amo a vé. Lo dijimos el otro día, pero lo resumimos en un par de párrafos. Bárcenas tuvo que sacar su fortuna de donaciones para conseguir favores, no queda otra. (Ya analizamos la posibilidad de la trata de blancas, tráfico de drogas o incluso los negocios legales, pero no eran posibles) Y esa fortuna en donaciones tan solo se consigue si los donantes han conseguido sus objetivos. Porque si no, no le hubieran seguido donando dinero.

Por tanto, no es que sea evidente, sino que es necesario, que el PP estuviera implicado en el cobro de esas comisiones, ya que si no, los donantes no hubieran conseguido sus objetivos y por tanto, no hubieran seguido donando dinero, hasta los casi 50 MM de que tiene confirmados Bárcenas. Así que por favor, que no se nos tome por gilipollas, que NO LO SOMOS.

Ahora bien... la pregunta del millón... ¿Es Bárcenas únicamente el testaferro de la fortuna del PP? Si es así, a las próximas elecciones va a ir mermado de fondos, que se quedarán sin los 50 MM de . O peor aún, ¿Bárcenas sisaba al partido y se quedaba con parte de la pasta? Uy, uy, uy... ¿a cuanto asciende la fortuna oculta del PP entonces? ¿A 500 MM de ? ¿A 1.000 MM de ? Aibalah ostia...

Y por comentar. Eso de que los esfuerzos del gobierno están para sacarnos de la crisis, y que se ven los resultados al bajar el paro, es más que discutible. En el debate del Estado (deplorable) de la Nación alardeaban de balanza de pagos. Les llegó de casualidad ese dato positivo y no tardaron en sacarlo a la luz y alardear de que las medidas traían sus frutos.

Pero nos dijeron que era necesario tener crecimiento para crear empleo, con la "tesis" de que cuando las empresas tuvieran beneficios invertirían sus beneficios para crear más negocio y por tanto más empleo. Pero coño, se ha creado empleo sin crear crecimiento, ¿cómo es posible esto? Simplemente porque no controlan la economía, la economía española va a la deriva, y no conocen los resultados de sus recetas económicas. La gravedad del asunto es tal que están aplicando recortes sin conocer los resultados de su política, o lo que es lo mismo, no tienen ni puta idea de lo que están haciendo. Repetimos, que no nos tomen por gilipollas, que NO LO SOMOS!!!.

Por cierto, ¿a qué se debe el silencio de la oposición en pleno a la reforma eléctrica? ¿No tienen ni puta idea o conveniencia global con las eléctricas? Mmm... PP y PSOE claramente... el PNV no va a morder la mano que le da de comer, "la eléctrica vasca" y los catalanes y la Caixa, la de Gas Natural-Fenosa están demasiado vinculados...

¿Qué es lo que pasa cuando pones a un broker de ministro de economía?

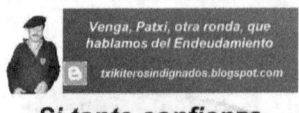

Si tanta confianza tienen los del gobierno en la economía, ¿por qué se afanan en endeudarse a un tipo de interés del 4'5% en vez de esperar a que baje?

*A*nalizando el endeudamiento de España en los últimos meses, donde se ha disparado la emisión de deuda, y viendo las maniobras que se han realizado con los fondos de pensiones, se ponen de manifiesto las tácticas empleadas por el ministro de economía, muy ligadas al su pasado de broker en Lehman Brothers.

Lo primero y más importante, señalar que la prima de riesgo no es un índice que marca el mercado sino la consecuencia de dividir la rentabilidad que hay que ofrecer por nuestro bono a 10 años para que los inversores lo puedan comprar entre la rentabilidad que ofrece el mismo bono, pero alemán, y multiplicándolo por 100, para poder añadir ese término técnico de "puntos básicos" detrás.

El bono español alcanzó máximos históricos hace un año, cuando se situaba en el entorno del 8%, mientras que ahora se sitúa en un aún inaceptable 4'5%. la bajada tan importante de la prima de riesgo se debe a la subida del bono alemán. Ahora rondamos los 275 puntos básicos, pero si el bono alemán estuviera al 1% como ha estado mucho tiempo, nuestra prima de riesgo sería de 450 puntos básicos, ¡¡¡al borde del rescate!!! En fin...

Pero ahora vamos a ver que ha hecho el broker De Guindos. Ha cogido y rascado en el fondo de la economía española y la ha reinvertido como bono a 10 años. Y de donde más ha conseguido rascar ha sido del fondo de pensiones, que según establece el Pacto de Toledo, sólo se pueden invertir en renta fija segura.

O lo que es lo mismo, el estado emitía deuda pública y él mismo la compraba con los fondos de pensiones. El exceso de demanda seguramente tendría también un efecto reductor de los tipos de interés, pero nos mete en un problema peligroso (como todos los brokers) que se refiere a cuando haya que pagar los interese prometidos al fondo de pensiones, y sobre todo, devolver el mayor de la inversión. ¿Habrá que emitir nueva deuda? ¿Gobernará el PSOE y se habrá quitado el problema de encima?

Se trata de una jugada de libro, como la de las preferentes. En aquella ocasión se trataba de convertir depósitos en la entidad financiera, depósitos que se podían sacar e ir a otra entidad libremente, en un pasivo fijo de la entidad, en un fondo propio, ¡y qué mejor manera que convertirlas en acciones, sin derecho a voto, eso sí, de entidades tan sólidas como las cajas de ahorro españolas!

Pues cuando esas cajas tuvieron que venderse en el mercado, su valor bursátil cayó, y consecuentemente el valor de aquellos depósitos convertidos en acciones también. Así pues, después de que el broker De Guindos haya puesto todos los huevos en el mismo cesto, en el de deuda pública, y lo haya dejado apoyado en el alfeizar de la ventana del séptimo piso, con la ventana abierta en un día de viento, podemos asegurar que el riesgo de una quita de la deuda se aleja, ya que nos quedaríamos sin pensiones, por lo que España cumplirá con sus obligaciones para con los mercados si o si (siempre le quedará la posibilidad de realizar una quita selectiva sobre los "fondos propios" de las emisiones con cargo al fondo de pensiones antes que tocar el sagrado dinero de los mercados).

Y si se elimina la posibilidad de una quita en la deuda... ¿Cómo se pagaría un posible rescate? No queremos ser agoreros, pero sólo quedan los depósitos de los que no tenemos cuentas en Suiza... pero tranquilos, que no habrá rescate. El Estado va a ser capaz de generar los ingresos necesarios para cubrir una deuda de 1.000.000 MM de y pagar sus intereses al 4'5%...

Las declaraciones de Rafael Hernando (PP)... ¿simple opinión o amenaza velada?

Lo de que la república trajo un millón de muertos... ¿opinión o amenaza?

*H*a aparecido el bocazas de turno de verano del PP, el tal Rafael Hernando, que ha dado unos días de vacaciones a Carlos Floriano en eso de soltar chorradas, pero resulta que éste se ha pasado algo así como tres pueblos.

Lo primero, equipara la bandera de la república con la franquista. Amo a vé, en la II república había elecciones libres, prueba de ello es que gobernó la CEDA, una coalición de derechas. Y la izquierda estaba más dividida que ahora, entre socialistas, anarquistas, comunistas y republicanos que no comulgaban con esas tendencias, que eran la mayoría.

Lo único que no había, y que muchos círculos políticos siguen reclamando, era un Rey. En cambio, en el franquismo había una dictadura represora en la que sólo gobernaba uno, en contra de todos. ¿Casualidad que gobernara para ellos que reclaman esa bandera?

Lo segundo, en la república hubo unos 500 muertos, y la mayoría de ellos en manos de Franco en la represión en Asturias en 1934. El alzamiento militar y la guerra posterior trajo unos 540.000 muertos, a los que hay que sumar 50.000 represaliados en el bando republicano, 100.000 en el fascista y otros 50.000 en la represión posterior a la guerra civil, sin contar los exiliados muertos en campos de concentración NAZIs bajo el amparo de sus socios falangistas.

El millón de muertos solo se contabiliza en el segundo libro de la trilogía de Gironella (Los cipreses creen en Dios, sobre los años de la república, Un millón de muertos, sobre la guerra civil, y Ha estallado la paz, en la postguerra).

Lo que nos preocupa es la quitada de caretas de ciertos elementos del PP, mostrando claramente y sin complejos su ideología fascistoide (el falangismo es un fascismo cutre mezcla de patria y religión). ¿No han conseguido evolucionar?

Todos los mensajes estúpidos que lanzan estos individuos, que insultan la inteligencia del más común de los mortales, van dirigidos como un guiño a su electorado, lo cual tampoco deja en demasiado buen lugar a sus votantes.

Señor Hernando, Franco fue un traidor toda su vida, ustedes idolatran a un mediocre que tan sólo pensaba en sí mismo. Traicionó a la República alzándose contra ella, traicionó a sus compañeros de alzamiento, que desaparecieron todos durante la guerra, traicionó a sus socios en la guerra, NAZIs y Fascistas, no entrando en la segunda guerra mundial, traicionó a los ideólogos falangistas al final de la segunda guerra mundial vendiéndose a los americanos, traicionó a los españoles vendiéndolos como mano de obra barata y por último traicionó a los suyos nombrando sucesor a un rey que sabía que no iba a seguir su legado.

Y volviendo a sus declaraciones... ¿ha intentado por algún casual decirnos que en caso de pretender una república ustedes se abanderarían con el pajarraco e iniciarían otra guerra civil para matar a un millón de españoles?

Todo vuestro.

Montoro, un tahúr que hace trampas al solitario

*E*l amigo Montoro, el sheriff que amenaza a todo aquel que se atreve a desafiar su poder, ese pequeño matón de barrio más listo que cualquiera del resto de los mortales que habitan este país, vuelve a plantearse hacer trampa con el déficit, a mayor gloria de su ministerio.

El año pasado trasladó pagos de diciembre a enero para cerrar una contabilidad con un déficit maquillado, más bajo del real. Y además, no contabilizó en el déficit el rescate a la banca, con lo que el maquillaje de datos fue más alucinante aún.

Sin embargo, la realidad es tozuda, y aunque manifestó que nunca ninguna institución había puesto en duda la cifra de déficit de España, como alguna vez tenía que ser la primera, el año pasado Bruselas se armó de valor y desde lejos, no fuera que les investigaran los inspectores tributarios de Montoro, se atrevieron a corregir su cifra de déficit, y en dos sentidos nada más y nada menos.

Primero le corrigieron la cifra presentada, sumándole los gastos no contabilizados de diciembre, y en un alarde de valor, se atrevieron a sumarle el rescate de la banca, lo cual hizo entrar en cólera al sheriff.

Pues bien, este año, el pequeño gnomo va a hacer lo mismo, pero por partida doble. Una vez apagado el fuego de 2012, admite los costes no contabilizados y aumenta la cifra de déficit de 2012, aunque deja en las hemerotecas y en google una gran cantidad de entradas con el dato anterior maquillado, dejando el nuevo apenas publicitado, y vuelve a trasladar gastos de diciembre a enero del año que viene.

De esa manera Montoro ha inventado lo que pasará a denominarse el "déficit fantasma", una cifra de déficit que se mueve de un año a otro, adelgazando la cifra "oficial" de déficit, que se presenta maquillada y retocada con photoshop, por lo menos hasta que los cabrones del Cuore de Bruselas le pillan con fotos reales sacadas sin maquillar y mostrando lorzas en cualquier playa ibicenca, cuan Belén Esteban se tratara.

pero... ¿por qué hace eso Montoro? De cara a mejorar la capacidad de endeudamiento y los tipos de interés que paga España por la deuda que emite no, ya que los inversores, los que fijan el tipo de interés a pagar por la deuda, conocen perfectamente cual es ese déficit, visto en pelotas, lorciano y a pelo.

No, simplemente se trata de un maquillaje electoralista, hacia los suyos, hacia su electorado, ese que mima el PP, que se traga cualquier cosa tan sólo por comparación con los malos que son los del PSOE (otros que tal...) y que se creerá que quien pone en duda la cifra de Montoro son rojos infiltrados por Zapatero, el malvado hermano Dalton de la ceja, en Bruselas, como lo fue también el magistrado de Estrasburgo.

¿Alguno de los expertos ha analizado el papel de la mujer en el sistema de pensiones?

Estos expertos en pensiones que proponen su rebaja seguro que de expertos tienen poco, y que no han tenido en cuenta algún aspecto como el del papel de la mujer!!!

Hace algunos días que el gobierno, acojonao por el qué dirán, quiso justificar el más que previsible recorte en un derecho fundamental de los trabajadores españoles que es el derecho a una pensión digna una vez acabada su vida laboral, apoyándose en un grupo de expertos.

Y decimos derecho fundamental porque se fundamenta en un deber fundamental, que es el tener que cotizar durante toda la vida laboral a la seguridad social.

Y decimos que es un derecho fundamental porque es una de las pocas cosas que nos quedan para sentirnos personas en este capitalismo salvaje, y no una mano de obra desechable de usar y tirar.

Y decimos fundamental porque es la forma de ahorro y creación de capital principal de las economías modernas, y la última barrera a derribar antes de que empecemos a quemar congresos con sus diputados dentro.

Y al llegar a sus conclusiones la ministra Fátima Bañez convocó a los 10 expertos que votaron a favor de las tesis del gobierno para dar una rueda de prensa y mostrar sonriente el resultado de la pantomima, a la que no acudieron por la "premura de la convocatoria" casualitalmente los dos expertos que no votaron a favor del documento.

Y nos sorprendemos de que el grupo de expertos no haya analizado un problema endémico del sistema de pensiones y de difícil resolución, que es el papel de la mujer. La mujer trabaja menos ya que se dedica más que el hombre sobre todo a tareas de dependencia en mayor o menor medida (ya sea llevando la casa, cuidando de los hijos o de familiares mayores, agudizándose esta condición cuanto menor es la renta familiar, por la imposibilidad de subcontratar estos servicios) y cuando trabaja lo hace por salarios inferiores.

Por tanto, en general, la mujer cotiza menos a la seguridad social, y por contra, al tener una esperanza de vida superior al hombre, recibe la pensión durante más años.

La solución parece pasar por una mayor penetración de la mujer en el mercado laboral y un aumento de las rentas, lo cual permitiría aliviar la situación cuidadora de dependientes, lo cual favorecería el aumento de la cotización a la seguridad social.

En cambio, la situación actual es la contraria. Aumento de paro y disminución de renta, por lo que aumenta la dificultad de entrar al mercado laboral de la mujer ya que debe trabajar en casa, al no poder subcontratar a guarderías el cuidado de los hijos como la mujer trabajadora, ni poder subcontratar a centros de la tercera edad el cuidado de mayores, trabajo que realiza además sin cotizar a la seguridad social.

¿Y cual es la solución que propone el grupo de expertos? Aumentar la edad de jubilación y disminuir las pensiones.

Cojonudo para la mujer, su acceso al mercado laboral y para el sostenimiento de las pensiones.

El otro día leímos un chiste gráfico en el cual un político llevaba a una anciana del brazo y alardeaba de su buena acción, que consistía en ayudar a una ancianita a cruzar... el umbral de la pobreza.

La retirada de las becas universitarias traerá consigo una merma de la competitividad de nuestras PYMES

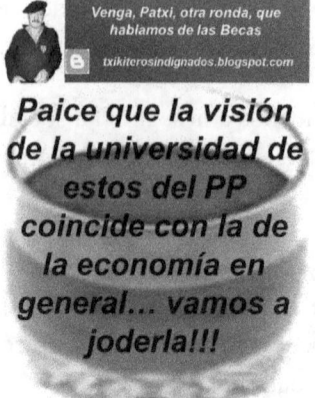

Venga, Patxi, otra ronda, que hablamos de las Becas

txikiterosindignados.blogspot.com

Paice que la visión de la universidad de estos del PP coincide con la de la economía en general... vamos a joderla!!!

*E*stos días está el ministrillo Wert en el ojo del huracán. Ha decidido que sólo los "listos" y los ricos estudien en la universidad, haciendo un recorte claro en la becas de educación a la vez que sube las tasas de matrícula, dando una nueva puntilla a las clases medias de este país.

Porque los realmente afectados por esta política no son las clases bajas, no. Desgraciadamente el hijo del pobre, del obrero que apenas llega a fin de mes ni ahora ni antes tenía una oportunidad de ir a la universidad, a no ser que lo hiciera de forma épica, como cuando no los cuentan en esas lacrimógenas películas americanas, y no tenía esa oportunidad porque las familias más favorecidas no podían permitirse el lujo de mantener a uno de sus miembros sin trabajar.

El ataque de la ley Wert ha sido una vez más sobre las clases medias de este país. Unas clases medias que cada vez tienen más dificultad para llegar a fin de mes, pero que aún podrían permitirse tener a miembros de su familia estudiando, pero que ahora no podrán pagar la matrícula.

¿Y por qué ocurre esto? ¿Por qué realmente se ha hecho este recorte? Pues simple y llanamente para favorecer a la universidad privada. Con la subida de tasas, quien puede permitirse pagar la matrícula de la universidad pública, puede hacerlo también con la privada.

Y la pública está condenada a languidecer con becarios de altas prestaciones, que si realmente destacan además serán captados por los sistemas privados de becas de las universidades privadas, con el objetivo de aumentar su prestigio.

De seguir este sistema, la universidad pública está condenada a desaparecer. Estamos en unos momentos de privatización extrema donde la iniciativa privada es la que manda, donde lo público debe desaparecer, donde las personas ya no cuentan, en un ataque dirigido a crear una élite gobernante y una destrucción de las clases medias en aras de obtener una mano de obra barata que no genere gasto social, donde se prefiere tener ricos muy ricos y pobres en guetos o que emigren. Estamos asistiendo a la destrucción del estado del bienestar, donde los derechos que supuestamente hemos conquistado en los últimos 30 años se nos muestran como un espejismo y nos dicen que nuestra realidad es otra, que nuestra realidad es trabajar en puestos de trabajo sin calificación, en tener una pensión de mierda que nos obligue a vivir de nuestros hijos como nosotros hemos tenido que hacernos cargo de nuestros padres, y de unos hijos a los que no hemos podido pagar una educación.

Están expoliando el país ante nuestras narices, y la educación es el último de los ejemplos. Y además el elitismo universitario es el peor de los errores ante el que se puede caer, ya que los universitarios que provienen de la élite, aparte de peor preparados debido a que no tienen que esforzarse por aprobar que papá paga igual, no entran en el tejido laboral de las PYMES españolas, sino que entrarán a trabajar en las grandes corporaciones españolas.

Y en este mundo globalizado donde las grandes corporaciones juegan a la deslocalización hacia los mercados donde realmente colocan producto es precisamente el tejido de PYMES el que mantiene el mercado interno español.

El efecto secundario de esta destrucción de la universidad pública es que las PYMES no podrán nutrirse de universitarios, y sacar del mercado a los miles de ingenieros, químicos o físicos que no son hijos de la élite se notará a medio plazo en esas PYMES y en su competitividad, provocando un retraimiento de la economía española.

Porque nos están llenando la cabeza con la mentira de que estamos gastando millones de euros en formar universitarios españoles que luego se van a trabajar al extranjero cuando la realidad es que ese éxodo se produce por la patética situación de la economía española.

Y el señor Wert, de expediente académico a la altura de su estulticia, va a ser el responsable de un nuevo retraimiento de la economía española, por querer favorecer a una educación privada en un nuevo ataque a las clases medias. Ya veremos cómo se mantendrán las élites cuando no tengan clientes que compren sus productos.

Vaya con el comisario Almunia, con amigos así, ¿¡Quien necesita enemigos!?

Alucinante lo de Joaquín Almunia. Ahora, como comisario europeo que está en nosequé comisión va a firmar la muerte de los astilleros españoles por declarar ilegales una serie de beneficios fiscales y hacerles devolver más de 3.000 MM de de desgravaciones que al parecer vulneraban el principio de competencia de la comunidad europea.

Pues si ha habido vulneraciones en algún tratado, se deberá corregir ese problema, pero quizá si colocamos un comisario que debe representar a España y defender nuestros intereses, se deberían estudiar mejor estos problemas y analizarlos correctamente.

Y lo de los astilleros no es la primera vez que Almunia actúa como comisario, sino que ya lleva varias, sobre todo en actuaciones de la Troyka con respecto a las medidas de austeridad.

Almunia, por su defensa a ultranza de los derechos de los trabajadores europeos, si el PSOE quiere seguir manteniendo un mínimo de dignidad, debería ser expulsado del partido y hasta excomulgado. Más o menos como los franceses se deberían haber deshecho de Strauss-Khan y Christine Lagarde.

Y Almunia, por su enconamiento quijotesco por la defensa de los derechos de España en la Comunidad Europea debería ser cesado de su cargo por parte del gobierno español e incluso pedir su extradición por alta traición como EEUU hace con los chavales esos que filtran su información supersecreta que nos afecta a todos.

Y respecto a la defensa de la competencia en Europa, quizá haya que empezar a mirar los temas respecto a la realidad mocroeconómica de cada estado. Y ni las condiciones crediticias y de acceso a capital, ni la seguridad laboral, ni el coste de energía son los mismos en España respecto a otros países de la comunidad europea, y no se está haciendo nada para mejorar esa situación, sino que desde Europa, con el traidor Almunia a la cabeza de una pata de la Troyka no se facilitan las cosas como para que estas condiciones se igualen, por lo que las conclusiones de la Comisión Europea deben ser revisadas con las alegaciones reales no sólo de los estados, sino también de los afectados, que ya vale de que lo que diga la Comisión Europea vaya a misa sin rechistar.

En otras ocasiones ya hemos puesto en duda la validez de las decisiones de la Comisión Europea y su imparcialidad, y mientras estas decisiones estén motivadas por intereses de ciertos estados respecto a otros, se debe mantener el principio de soberanía, por lo menos hasta que tengamos una Comunidad Europea real, y no este artificio económico que camina hacia su autodestrucción y rapiña.

Si realmente Almunia es el representante español en la Comisión Europea, no debería actuar por libre, sino en la defensa de los intereses españoles. Si lo que va a prevalecer es su criterio en contra de nuestros intereses deberá ser cesado de inmediato, a la vez que se pone en duda el valor de la Comisión Europea, que como el resto de la Troyka, o sea, el BCE y el FMI no representan los intereses de los estado miembros de la Unión ni de sus ciudadanos, sino de los intereses económicos del gran capital, que ni siquiera es europeo, por lo que se deben deslegitimar para tomar decisiones que afecten tanto a nuestra economía como a nuestros derechos.

Cuarto bloque: El análisis de las políticas del gobierno

Las actuaciones del gobierno, sobre todo en el ámbito de los ajustes, los recortes de las pensiones, y otro tipo de acciones han sido también analizadas por los txikiteros.

La base de su pensamiento, entre tinto y tinto, pasa por que los recortes en el sector público consiguen dos efectos negativos para la economía. El primero, se disminuye el poder adquisitivo de las personas, al privatizar unos costes para el estado, sin que haya una contraprestación de reducción de presión fiscal para los consumidores.

El segundo es que se penaliza la distribución de la riqueza entre las personas, polarizándose ésta en unos pocos, mientras la mayoría se empobrece.

El asistir a la desaparición de la clase media y a una contracción de la economía por culpa de la estulticia del gobierno les resulta especialmente duro a los txikiteros, y así lo expresan en diversos post.

Tanto recorte... para nada, seguimos con un 8% de déficit, Mariano

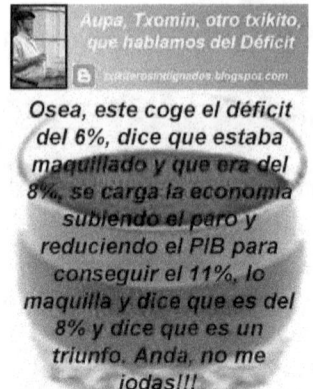

Aupa, Txomin, otro txikito, que hablamos del Déficit
txikiterosindignados.blogspot.com

Osea, este coge el déficit del 6%, dice que estaba maquillado y que era del 8%, se carga la economía subiendo el paro y reduciendo el PIB para conseguir el 11%, lo maquilla y dice que es del 8% y dice que es un triunfo. Anda, no me jodas!!!

*L*e vamos a explicar economía a este en 4 lecciones, que parece que no se entera, que es tan imbécil como el anterior:

1ª Lección. El problema de España no es el déficit, sino el empleo.

Hay dos maneras de reducir el déficit, reduciendo gastos y aumentando ingresos. Reducir gastos NO significa que los traslades a otros. Si privatizas servicios, aunque sea parcialmente, estos servicios los van a tener que seguir pagando los usuarios, o sea, que en el conjunto de la economía, NO REDUCES GASTOS, sino que por el contrario los mantienes, y te cargas la solidaridad de dichos servicios, por lo que creas desigualdades sociales importantes, que se traducen en un mayor gasto social y una merma de ingresos. ¿Quieres reducir gastos? Renegocia la deuda, que para eso eres un estado soberano.

Y aumentar ingresos NO se consigue aumentando impuestos, ya que enfrías la economía y disminuyes el número de ingresos. El ingreso es margen (el IVA de cada producto, por ejemplo) por rotación (el número de productos que se comercian). Si aumentas el IVA disminuyes las ventas, por lo que enfrías la economía sin aumentar los ingresos, y eso tiene un efecto colateral, que es el aumento del coste social, o sea, mayor número de parados y coste por desempleo. Y mayor número de desahucios con lo que aumenta el agujero de la banca.

2ª Lección. En épocas de crisis hay que aumentar el gasto público.

A ver si nos enteramos de una vez. Esto es una lección de 1º de carrera de económicas.

El efecto multiplicador del gasto público incentiva la economía. Pero si hasta los simplones de economía de los 60 lo sabían!!! ¿Por qué cree Mariano que su maestro el generalísimo inauguraba pantanos!!! Y por cierto, que no sirva como excusa la situación económica actual, porque en aquella época el país estaba saliendo de una guerra civil que acabó con lo destruyó completamente.

3ª Lección. En los países desarrollados la economía la marca el mercado interno.

Japón lleva un porrón de años en crisis, y con tsunamis y Fukushimas ahí sigue. Tiene un mercado interno sólido. Y el mercado interno se consigue mediante una fidelización del capital (reforma importante de la banca necesaria que haga que fluya el crédito a costes asumibles, desapareciendo el crédito hipotecario frente al crédito a la inversión, justo lo contrario que se ha marcado desde Europa), una estabilización del cliente (mediante reformas laborales que nos llevan a los años 40, reducción de salarios y acoso a los funcionarios no se consigue, ya que TODOS somos los clientes) protección del mercado (aranceles o acoso a los productos extranjeros, no solo chinos, que compitan en el mercado nacional) y favoreciendo las exportaciones como fuente de capital.

Y sobre todo y lo más importante, crear caldo de cultivo para el crecimiento de las PYMES, sacrificando los monopolios de Iberdrolas, ENDESAS, Movistares, Accionas, Repsoles y similares que tampoco nos están aportando nada, ya que trabajan deslocalizadas.

4ª Lección. Favorecer el crecimiento de las empresas.

Esto es fundamental. Los 5 elementos que intervienen en el coste del producto son el coste de mano de obra, el financiero, el de energía, el de materias primas y el fiscal.

Hay dos grupos de costes. Por un lado los que podríamos denominar sociales como son el de mano de obra y el fiscal, y los que podríamos llamar estructurales, que son energía y financiero mientras que se consideraría global el del materias primas.

Si se analiza la economía mundial, se ve que los países en vías de desarrollo (China, India, Brasil) los costes fiscales y de mano de obra son muy bajos, mientras que el financiero y el de energía. Y en países desarrollados con un mercado interno consolidada el coste fiscal y de mano de obra es alto, mientras que el financiero y en energético es bajo. Y ambos grupos se pelean por controlar los mercados de materias primas.

Pues bien, el nivel se vida se consigue por un coste de mano de obra alto, ya que esto hace que existan consumidores, alma mater del mercado interno, y un coste fiscal alto, que da servicios e infraestructura al país. Y los países en vías de desarrollo buscan vender sus productos en los países desarrollados, por que no tienen mercado interno.

¿Y qué han hecho estos espabilados? Reducir el coste laboral, aumentar el fiscal, pero no sobre la producción, sino directamente sobre el cliente, y subir los costes energéticos y financieros. ¡¡¡Toma ya!!! Y como se lleva haciendo desde hace muchos años, no hacer ninguna acción sobre materias primas, ni gestión de stocks ni relaciones bilaterales con países productores. Por cierto, ¿nadie sabe entre los becarios del ministerio de Industria que esta crisis en parte viene provocada por una crisis de materias primas producida por el aumento del número de "ricos" de 700 MM de personas entre norteamérica, Europa y Japón a 1.000 MM desde que se han unido los indios y los chinos?

Necesitamos más gestores y menos políticos a los que esto les viene grande.

¿Es la deuda una manera de vender el país, o sea, de privatizar sus servicios?

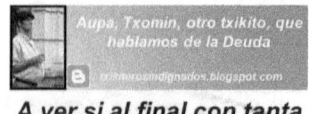

A ver si al final con tanta deuda, vamos a tener que vender el país a cachos para poder pagar tan solo sus intereses... Usease, privatizar los servicios públicos como sanidad, educación y socializar la pobreza...

Ya pagar el mayor de la deuda pública y sus intereses empieza a tener un peso muy importante en los presupuestos del estado, y lo más alucinante es la manera con la que se ha producido este desequilibrio.

De repente ha estallado lo que han llamado la burbuja inmobiliaria, que en realidad es una burbuja financiera, y nuestros políticos han asumido el agujero generado por dicha burbuja mediante 2 rescates a la banca.

Y decimos DOS rescates a la banca, ya que el gobierno de Zapatero inyectó sin preguntar 100.000 MM de euros a la banca en una primera cagada, cagada de la que ni siquiera conocemos los beneficiarios ni las cifras reales, y que permanece en el anonimato.

Y ahora metemos otros 100.000 MM de euros, y estos 200.000 MM los financiamos con deuda pública, que la propia banca nos presta sorprendentemente comprando bonos a 10 años, mediante una operación completamente especulativa, ya que no ha habido movimiento de dinero, únicamente contable, de manera que lo que debían los bancos a otros bancos o entidades prestatarias ahora lo debe el estado a esos bancos a un interés del 6%, interés netamente superior al inicial.

Y el negocio es redondo. La banca no solo ya no debe ese dinero sino que ya lo debe el estado, y a la banca además se le paga la diferencia de intereses, toma ya!!!

¿Y como se va a pagar ese dinero? Pues ya nos lo han dicho, hemos vivido, y por tanto, vivimos, por encima de nuestras posibilidades, por lo que dejamos de tener derecho a unos servicios públicos universales, y estos servicios públicos (sanidad, educación, seguros de desempleo, pensiones...) se venden para poder pagar la deuda y pasan a ser privados, y amigo, si no los puedes pagar... pues no puedes disfrutar de ellos.

A no ser que... empecemos a cortar cabezas y plantarnos como país soberano que somos... si realmente lo somos...

La mayor parte de la deuda pública proviene de la nacionalización de la deuda privada

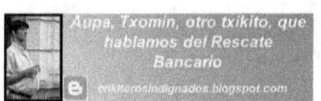

Joder, que desde 2008 ha deuda ha pasado de 300.000 MM de € a 700.000 MM actuales!!! Pero lo más importante es el detalle que de ese incremento 200.000 MM vienen del rescate a la banca!!!!

*N*o se pueden perdonar a Zapatero sus cagadas, pero tampoco a Rajoy. No es recibo que Aznar, en sus aguas tranquilas, dejara la Deuda en 300.000 MM de euros, cuando la tenía que haber disminuido, lo mismo que Zapatero entre 2004 y 2008, pero lo que ha pasado es increíble.

El techo de la deuda española se ha incrementado en 400.000 , pero hay que señalar lo siguiente:

- Zapatero rescató a la banca en 2009 con 100.000 MM de euros.

- Rajoy la acaba de rescatar otra vez con otros 100.000 MM de euros

- Estamos rescatando directa e indirectamente a las empresas eléctricas y grandes constructoras con unos valores no cifrados pero que se podrían estimar en unos 10.000 MM de anuales.

- Hemos saneado a la banca alemana y luxemburguesas a partir de lo que hemos pagado a escote en los rescates a Grecia, Irlanda y Portugal.

- Hemos saneado a la banca europea en general mediante inyecciones de dinero del BCE a tipos de interés reducido (al 1%) para que comprara Deuda Pública al 5%.

Las grandes cagadas de Zapatero nos han llevado a esta situación, pero éstas no se han corregido con Rajoy que además a estrangulado la capacidad de generar ingresos... y ahora viene lo más gracioso del chiste.

Estamos colocando Deuda supercontentos y aplaudiendo con las orejas en el mercado ¡¡¡AL 5% DE INTERÉS!!! con lo que un peso importante en la Deuda futura es el pago de los intereses de esa Deuda.

Y para más coña, nos dicen que la solución a este problema es aflojar los gastos de la Administración, o sea, privatizando las empresas y servicios públicos, Educación. Sanidad y Pensiones principalmente.

En resumen, la Deuda la pagamos a escote y los beneficios se reparten entre unos pocos. Es como cuando ponemos bote en la cuadrilla y el señor Antón y Koldo van a cubatas mientras Txomin y yo vamos a txikitos.

Cágate lorito. Y vamos por la senda de la recuperación, nos dicen estos pájaros, estos gabiotos...

Otra vez a vueltas con los recortes, aparte de no mejorar el déficit, entramos en recesión severa, tócate los cojones

Venga, Patxi, otra ronda, que hablamos de los Recortes de Rajoy

txikiterosindignados.blogspot.com

Coño, que ya no solo el FMI y la Comisión Europea dudan de la efectividad de los recortes, que el Banco de España también dice que la han cagado!!!

Ayer el txikiteo fue muy intenso, muy centrado en tres temas. Por una parte el tufillo que desprende el asunto Bárcenas, por otro lado, los paseos en halicopetero que ofrecía gratis la CAN, esa Banca Cívica, magnífica obra social, por cierto, pero nos hemos centrado en el que creemos que es el más importante, la ineficacia de los recortes de Rajoy.

Ayer conocimos varios datos. Llevamos 6 trimestres consecutivos, o sea, año y medio de crecimiento negativo, o sea, en recesión. Y a esto se suma que desde 2008 la economía ni sube ni baja, sino que ondula.

El año pasado la caída del PIB fue del 1'4% y tan solo en el último trimestre tuvimos un brutal desprendimiento de la mitad anual, o sea, del 0'7%.

Y la culpa de esta salvaje caída (un 0'7% en un trimestre es una recesión ya considerada severa) es debida a las tres medidas principales de Rajoy, reforma del mercado laboral, aumento del IVA y retirada de paga extra a funcionarios. Y encima eso no lo decimos nosotros en nuestro txikiteo habitual, lo dice nada más y nada menos que el Banco de España, al analizar los datos.

Ya aparecieron críticas dentro del FMI y de la Comisión Europea respecto a la política de recortes en su día, diciendo que el problema de España no era el déficit sino el paro, y que íbamos camino de una "greciación" del problema, y ahora se suman a ellas el Banco de España y en general la inmensa mayoría de los analistas económicos de este país y cualquier persona con dos dedos de frente. Se queda solo el Banco Central Europeo, obcecado en salvar el euro alemán a cualquier precio, y estos imbéciles del gobierno.

Y encima, el déficit sigue igual, para más cojones. O sea, las medidas hunden al país, no sirven para reducir el déficit, aumenta el número de parados y crean tensión, crispación e inestabilidad. Y para más coña, las medidas aparte de ineficaces, parecen inconstitucionales, como el recurso admitido por el Constitucional referente a la retirada de las pagas extras a los funcionarios.

Ya que ayer se descolgaron Mariano, el de Hacienda y la de empleo diciendo en el congreso que estaban contentos, que la reforma laboral había dado sus frutos, y esos frutos es que la derivada del gráfico de destrucción de empleo había invertido su tendencia, aunque seguía siendo negativa, olvidándose de que seguía siendo negativa mientras que la integral señalaba 6.000.000 de personas sin trabajo. ¿Veis ahora que sí que tienen utilidad las derivadas y las integrales? Pues bien, eso no es debido a la reforma laboral, sino que se está acabando el número de trabajadores que echar a la calle.

Estos son incapaces de reconocer un error y recapitular. Recordemos que son los mismos que aún creen que el 11 M lo hizo ETA, que siguen buscando Armas de Destrucción Masiva en Irak, que están convencidos de que no tuvieron ninguna responsabilidad en mandar al Prestige más allá de las Columnas de Hércules y que desde la tumba seguirán insistiendo que ellos no tenían la culpa de darse la hostia en la autopista, sino que era sin duda de los miles de coches que venían de frente.

La nacionalización de la deuda

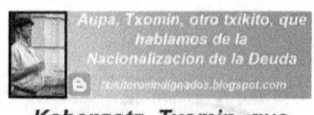

Kabenzotz, Txomin, que me da que la deuda de la banca la vamos a pagar vendiendo nuestro patrimonio a cachos. Negocio redondo, nos dan a nosotros su deuda a cambio de todo nuestro patrimonio. Y parece legal, oye, es la hostia.

Volvemos a retomar el tema de la nacionalización de la deuda, pero os prometemos que un DIA de estos reorganizaremos el blog, de verdad de la buena, pero es que andamos hoy de txikiteo distendido y recurrente.

Ya hemos visto cómo se crea el euro, el riesgo que tiene y lo caro que sale. Hemos visto el abismo de la explosión de la burbuja inmobiliaria y su influencia en el paro y la cagada de pensar que con una reforma laboral junto con la disminución de la capacidad adquisitiva de la gente se arregla el desaguisado.

Y ahora vamos a analizar al detalle cómo se forma la deuda y el porqué se nacionaliza, con mentiras y sin consultar.

Vimos que crearon un euro con una trampita para competir con el dólar y que ese euro lo hinchamos e hinchamos desde España con la burbuja inmobiliaria mientras que los alemanes aplaudían con las orejas, porque ese euro fuerte favorecía sus exportaciones. Y todos estábamos contentos.

Pero ese euro débil de repente sufrió la explosión de la burbuja inmobiliaria y España se convirtió en un sumidero de euros, mientras que los capitales huyen a Alemania como las ratas huyen a la popa del Titanic mientras se hunde, sin saber que se hundirá el barco completamente.

Y hay que apagar el fuego, y para ello se decide nacionalizar la deuda, y de varias maneras. La primera, el primer rescate bancario europeo (España aportó en silencio 100.000 MM de   a la banca). El segundo, el rescate a tres países, Grecia, Irlanda y Portugal, rescate que lo único que hizo fue un expolio de esos tres países para salvar a la banca que mantenía sus deudas.

Posteriormente el BCE inyectó dinero a la banca al 1% para que comprara deuda al 6% de los países de la zona euro, negocio redondo, ya que estos países se endeudaron en la misma cantidad que exigía el BCE.

Y el cuarto rescate, los nuevos 100.000 MM de que se han vuelto a inyectar en el rescate bancario.

Vale, ya hemos rescatado a la banca, de puta madre, ya tenemos un sistema financiero saneado, pero hostias, fíjate tú que resulta que para salvar a la banca Europa se ha tenido que endeudar, que el dinero no sale de la nada. Coño, a ver si resulta que ahora la deuda que tenía la banca la tenemos los países, países que componemos los ciudadanos, que somos los que nos vamos a tener que hacer cargo de esa deuda. ¿Y cómo la vamos a pagar? Pues tendremos que vender nuestro patrimonio, o sea, privatizar nuestros servicios públicos.

Vaya negocio que hemos hecho, ¿no?

Explicación para txikiteros. Imaginad que el del bar ha gastado por encima de sus posibilidades y tiene una deuda con el de la bodega y nos dice que tiene que cerrar, y que para que no cierre ponemos bote entre todos y pagamos al de la bodega. Y coge el del bar y nos sube el precio de los txikitos, y nos vemos obligados a vender por debajo de lo que nos costó el abono del metro, y nos lo compra el del bar. Y encima nos dice que por cojones el vino sólo se lo podemos comprar a él, no al bodeguero. Como para no hostiarlo!!!

No nos merecemos esta mediocridad política, necesitamos un cambio

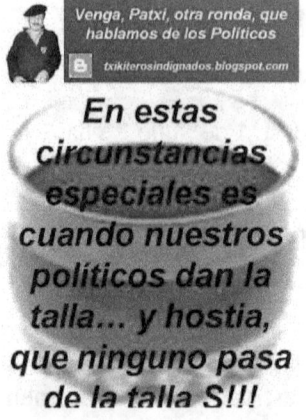

En estas circunstancias especiales es cuando nuestros políticos dan la talla... y hostia, que ninguno pasa de la talla S!!!

Sorprendente. Tenemos un gobierno al que parece que le ha tocado gobernar por la nefasta gestión de la crisis por parte de Zapatero, que arrojó la toalla mucho tiempo antes de las elecciones, quizá cuando Solbes se autoexilió del ministerio de economía.

Un gobierno, el de ZP, que vivía en los mundos de yuppi, y cuya troyka compuesta por Salgado-Rubalcaba-Sebastián que con un coeficiente de inteligencia sumados los tres que era inferior a la media de un colegio de primaria, intentó taponar agujeros y esperar a que escampara la tormenta.

Y llegan estos espabilaos y obedecen ciegamente a lo que les dicen desde otra troyka, la compuesta por el BCE-FMI-OCDE a los que les importa una mierda España y cuya única preocupación es salvar el euro, y que nos traen las medidas que ya han hundido a Grecia y colocado al borde del abismo a Irlanda y a Portugal.

La ineptitud del gobierno se traduce en números y mentiras. Han incumplido absolutamente todas sus promesas electorales haciendo exactamente lo contrario a lo que prometían, y han conseguido lo contrario de lo que perseguían. Con una caída del PIB "oficial" del 1'4% en un año, aunque las malas lenguas europeas señalan a un 2'4% en un año, con un aumento de la deuda en casi 150.000 MM de euros, con un paro del 25% en términos relativos, 6 MM de parados en términos absolutos, con un déficit "controlado" oficial del 7%, y un real cercano al 10% , nos encontramos con un absoluto fracaso de sus políticas en tan sólo un año.

Y lo peor es la deriva institucional, cambiando las reglas el juego cada viernes en el consejo de ministros, deriva legislativa que impide la consolidación de la economía, y una política sin objetivos. ¿Alguien conoce el modelo económico que persigue el gobierno? Nadie. Ahora nos dicen que vamos a tirar a ser exportadores, debido a que han aumentado las exportaciones. Joder, sin mercado interno, sólo nos quedan en marcha las empresas que venden al exterior!!! Vaya chorrada, oiga!!!

Pero aún tenemos un problema añadido. Si en estas circunstancias, a lo que sumamos la corrupción generalizada centrada en los casos Bárcenas y Urdangarín, con mareas ciudadanas día si y día también, con el drama de los desahucios, con la salida de capitales, con la fuga de tecnología, si en estas circunstancias, insistimos, en las que un Mariano Rajoy ni sale en la tele, ni explica nada, y está a verlas venir y a decir, yo solo hacía lo que me mandaban, un presidente que como su mentor hace 40 años el de la Gracia de Dios, piensa que los problemas es mejor obviarlos y que se resuelvan solos y los que no se resuelven por si mismos, se ignoran y ya está, si repetimos, en estas circunstancias el máximo responsable de la oposición sale goleado en el Debate del Estado de la Nación por este petimetre, es que no hay futuro.

Y ahora nos entretendremos con la deriva soberanista catalana, con la refundación de HB llamada Sortu, con cualquier chorrada que impida que se les ponga en evidencia, que se ponga en evidencia su incapacidad para arreglar ese desaguisado.

Se suele decir que un político es un personaje que vive de poner soluciones a problemas que no existían hasta que él mismo los crea. En este país nuestros políticos son tan mediocres que son incapaces hasta de eso.

Si alguien cree que con 6.000.000 de parados se va a reducir el déficit con ajustes, va listo.

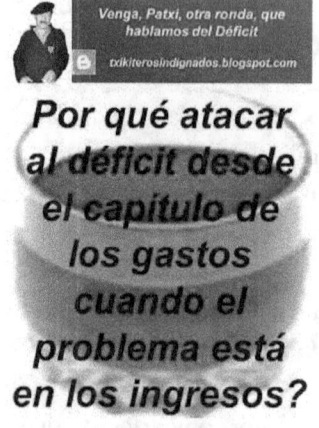

Venga, Patxi, otra ronda, que hablamos del Déficit

txikiterosindignados.blogspot.com

Por qué atacar al déficit desde el capítulo de los gastos cuando el problema está en los ingresos?

*E*n un hospital de reciente privatización de la Sanidad Pública Madrileña.

Don José es un hombre hecho a sí mismo. Es el jefe del hospital. Es un claro ejemplo de milagro español. Sin estudios, sin capacidad, con un coeficiente intelectual mínimo, de esos que no le dejan tener ni siquiera escrúpulos empezó haciendo negocios en su pueblo, con un amigo que era concejal de urbanismo, y rápidamente se montó en el euro. ¿Cómo llegó a jefe de un hospital? Con tesón y trabajo, eso pone en su biografía, escrita por un amigo del partido, ese que fue consejero de sanidad en la época de las privatizaciones.

Reúne a sus jefes de equipo todos los viernes. Toca analizar los pacientes del hospital para tomar las medidas para sanarlos, de la forma más barata y eficaz posible, como cuando hacía edificios en su pueblo.

Rafa es un joven cirujano con un curriculum envidiable. Ingresó en NNGG con 16 años y al acabar la carrera de medicina con 36 años en vez de hacer en MIR consiguió el puesto de jefe de cirugía en el hospital gracias a la ayuda de Don José, su mentor.

Manuel es un mejicano que acaba de acabar el MIR a la temprana edad de 43 años. Se le convalidó el título y debido a que su padre tiene concesiones petrolíferas en Venezuela se le ofreció el puesto de jefe de Oncología en el hospital.

El resto de los jefes de servicio son jóvenes recolectados mediante una eficiente selección de personal. Cobran 600 a l mes y gracias a la última reforma laboral no importa el tipo de contrato que se haga ya que todos los meses se evalúa su continuidad.

Se habla de un paciente con peritonitis, que presenta un cuadro febril importante. El que tiene una insuficiencia renal también presenta fiebre alta. Hay varios enfermos en oncología cuya característica común es la fiebre.

Don José, que tiene que llevar su BMW nuevo a limpiar, que tiene cena de trabajo con gente del partido en el recientemente inaugurado puticlú de Alcorcón decide cortar la reunión. Él lo tiene claro. Hay evidentemente una epidemia de fiebre en el hospital. Ordena a todos sus discípulos que traten la fiebre y que el capellán del hospital coloque velas por los pacientes en la capilla que ocupa todo el ala oeste, las tres plantas incluidas, del hospital.

A la semana siguiente Don José se encuentra un panorama desolador. Varios pacientes han muerto y en otros la fiebre sigue aumentando, y los efectos secundarios de la fiebre, denomínese peritonitis, apendicitis o neumonía, siguen manifestándose.

El becario que dirige el servicio de urgencias da la señal de alarma. La inmensa mayoría de los que pasan por urgencias presentan también cuadros febriles.

Don José se muestra preocupado. La epidemia de fiebre es más grave de lo que pensaba, ¿cómo lo resolverá? Decide aumentar las dosis de paracetamol y el número de velas en la capilla. También sacará a su familia de la ciudad a un paraíso sanitario, para evitar el contagio de esa peligrosa epidemia de fiebre.

Esto que parece una coña es realmente lo que está pasando en Europa. Tenemos un síntoma de la enfermedad que se está manifestando en todos los países. Ese síntoma es el déficit (la fiebre) que se está intentando curar con grandes dosis de deuda (nuestro infalible paracetamol).

Sin embargo en España la solución al déficit no es una política de austeridad. El coste de esta política es enorme, ya que se carga el consumo. Nuestro problema es que tenemos 4.000.000 de personas paradas por encima del paro estructural. El aumentar la edad de jubilación, el privatizar la sanidad, el hablar de prima de riesgo son chorradas y no afrontar el problema. 4.000.000 de parados significa 4.000.000 de personas que no cotizan a la seguridad social ni IRPF, significan 4.000.000 de personas y su entorno que no consumen, y significan 4.000.000 de personas a las que hay que mantener una renta básica desde el estado para que puedan sobrevivir. Y esto es un problema de HOY, no de cuando nos jubilemos dentro de 20 años.

El efecto negativo multiplicador sobre la economía que tienen 4.000.000 de parados se traduce en 900.000 MM de   (con todos los ceros, 900.000.000.000) de deuda en los coste s del estado, ya que ninguna política que no vaya encaminada a la generación de empleo será eficaz.

Son estos 4.000.000 de parados los que provienen de la explosión de la burbuja inmobiliaria, los que no pagan sus hipotecas, los que seguirán usando la educación y la sanidad gratuita porque no pueden pagársela, los que no pagan impuestos, los que cobran una renta de garantía básica, los que no consumen y no mueven la economía.

Y retirarles esa renta de garantía básica tampoco es la solución, sesudos pepinillos, porque la economía española es sostenible con 21.000.000 de personas ocupadas, y sólo tenemos 17.800.000 en esa situación, ya que los jubilados son irrecuperables... a no ser que nos los carguemos, como proponía aquel ministrillo japonés.

A ver si alguien se da cuenta que necesitamos doctores con experiencia en la sanidad pública y no becarios provenientes del mundo de la política.

Y por cierto, en Europa SÍ que hay una epidemia, que en cada país se manifiesta con diferentes síntomas, y es el euro.

Seguramente si sale la policía en las manifas de la familia también acaban a hostias... no nos lo creemos!!!

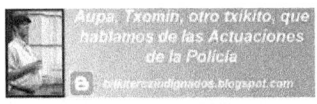

Estos de Madriz, como decía Aitite Arzalluz, que andan en todas las manifas a hostias con la poli... habrá que suspenderles la autonomía!!!

Menos mal que la historia ya nos la conocemos y ya sabemos de qué va esto, pero no está de más que lo vayan descubriendo en Madrid con hechos.

En todas las manifestaciones en contra de este gobierno ocurre algo inusual, y decimos inusual porque mira que ha habido manifestaciones en Madrid y hasta ahora no se ha dado este fenómeno.

Es el fenómeno de las broncas con la policía. Esos grupos "incontrolados" que se enfrentan a la policía en todas las manifas grandes (en las pequeñas curiosamente no).

Ahora Atocha se ha convertido en el puente de San Antón y es escenario de excesos policiales, excesos que dentro de poco no podrán ser grabados gracias al justiciero Gallardón. Y fíjate tú que al día siguiente cuando se informa de la manifestación, como la de ayer 23F resulta que se habla más de los incidentes nocturnos, con cuarentaypico detenidos, miles de policías heridos por la barbarie, etc, etc.

Pues que no cuela. Que como aquí ya lo hemos vivido, no nos la dan. Es una burda maniobra de esos que llaman golpistas al pueblo como una premonición de sus declaraciones justificatorias al día siguiente.

El problema que tienen es que tarde o temprano alguno de los policías que envían a provocar incidentes hablará, y contará. Y se montará un escándalo y esas cosas.

Pero hay un matiz que señalar, ya no nos lo creemos. Es una mentira más. Una manipulación más. Un pasito más hacia su propio precipicio.

Deberes hechos con Europa... nuestros derechos!!??

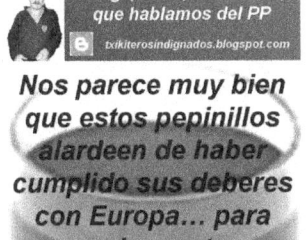

Nos parece muy bien que estos pepinillos alardeen de haber cumplido sus deberes con Europa... para cuando nos toca ejercer nuestros derechos??

*E*sta mañana han entrevistado a Alfonso Alonso en Radio Euskadi, y la verdad, estos pepinillos no tienen desperdicio.

Preguntado sobre qué tal va la economía nos viene a decir orgullosamente que hemos hecho bien nuestros deberes con Europa, pero se le ha olvidado decir si por un casual esto conlleva algún derecho, aunque nos da que no, que no hemos ganado absolutamente nada con hacer los deberes.

Y preguntado por Bárcenas, ha venido a decir algo así, con voz entrecortada presa del nerviosismo y con ciertos dejes de lenguaje cospedaliano como que es un tema del que la gente lleva hablando casi un mes y que ya no hay mucho más que decir, que ya se ha dicho todo. Con dos cojones, oiga, ni Ozores en aquellas películas de Esteso y Pajares se hubiera explicado mejor.

O sea, en resumen, llevamos un mes balbuceando y sin decir nada, y no me pregunte por eso que ya está todo dicho desde hace un mes.

Y es que la pregunta tenía su miga. Le han preguntado a ver si el PP había mentido en el caso Bárcenas, pregunta compleja donde las haya, y no ha contestado un no, no señor, ha dicho que ya se ha demostrado que Bárcenas no dice la verdad y se ha metido con él. Sólo ha faltado matar al mensajero y acusar a la prensa de airear una verdad... en fin.

Mediocres, mentirosos cuando dicen que tenemos un déficit del

6'7% cuando no cuentas la mitad del déficit, mentirosos cuando no dicen que no tenemos un rumbo definido, insidiosos cuando deja caer el tal Montoro, economista genial donde los haya, que hay actores que no pagan a hacienda o diputados que defraudan para luego matizar la mentira, y mentirosos cuando nos toman por gilipollas con las explicaciones en cospedaliano, ese nuevo lenguaje interpretativo de la imaginativa interpretación de la reforma laboral en el caso de los despidos de sus personajes corruptos, y mentirosos cuando ocultan su propia corrupción, cuando todos la conocemos.

¿Estamos rescatando por encima de nuestras posibilidades?

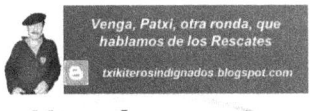

No sé que nos da que estamos empezando a rescatar por encima de nuestras posibilidades!!!

*V*amos a hacer un análisis rápido y contumaz como diría aquel sobre los rescates a la banca.

España tiene una deuda de aproximadamente 750.000 MM de Euros, de los cuales 200.000 vienen del rescate a la banca distribuidos de la siguiente manera:

- 100.000 MM de del oscuro rescate de Zapatero del que sabemos más bien poco, tan solo el montante final, ya que no nos contaron a quienes rescataron ni si lo van a devolver. Este rescate lo pagamos al 4% de interés.

- XXX MM de del rescate a la banca europea, al cu al España contribuyó con zapatero sin que nadie sepa nada.

- 40.000 MM de del cacareado rescate Mariano, pag ado mediante la colocación de deuda al 6% de interés.

- 60.000 MM de por el banco malo, de los que ATEN CIÓN, 27.000 MM los pagaremos al 15%!!! y el resto previsiblemente al 7%. Hay algún espabilao que dice que esto lo recuperaremos con la plusvalía de la reventa de los activos tóxicos que se meten al Banco Malo por parte de los bancos que ya los han considerado invendibles... con dos cojones, oiga.

Ahora haciendo cuentas: cada español ha adquirido una deuda por la nacionalización de la deuda de la banca de 4.250 , o lo que es lo mismo, una familia de 4 miembros, pareja con dos bonitos niños, tiene una deuda de 17.000 . Y paga unos intereses anuales por esa deuda de más de 1.000 . Y eso sin contar los XXX d e cuando rescatamos a Europa, esa que ahora nos atenaza, y sin contar que España con una deuda de 500.000 MM de no tendría un déficit del 10%, sería solvente y colocaría deuda al 3 ó 4% en vez de al 6%.

Nos podrían haber preguntado, ¿no? Quizá hubiéramos preferido dejar caer a la banca.

Porque siempre nos hablan del gran desastre que hubiera sido dejar caer a la banca, pero la realidad es que ni nos hubiéramos enterado, ya que simplemente se hubiera comprado por parte de la banca extranjera por su debilidad, que hubiera sido substancialmente mejor que tener una deuda de 200.000 MM de con lo s mercados extranjeros y que haya habido una fuga de capitales en España superior a los 300.000 MM de .

La partidocracia que tenemos es completamente ineficaz para sacarnos de la crisis

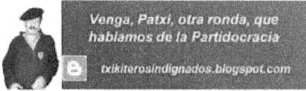

Kabenzotz, esta democracia que nos dicen que tenemos es una mezcla entre participativa y orgánica, pero inoperante e ineficaz!!

*E*n 1975 murió el traidor. Y le llamamos el traidor con conocimiento de causa, ya que traicionó a sus jefes en la represión de la sublevación de Asturias de 1934, traicionó a la república en el 36, traicionó a sus compañeros de levantamiento durante la guerra, traicionó a los nazis que le ayudaron a ganar la guerra al no entrar en la II guerra mundial, traicionó a la falange en la que se apoyó para ganar la guerra vendiéndose a los americanos a cambio de bases militares en nuestro territorio, traicionó a los españoles vendiéndolos como mano de obra barata en los años de crecimiento y traicionó hasta a los franquistas poniendo al rey como jefe de estado sabiendo que no iba a ser continuista.

Y una vez muerto el dictador apareció Felipe González que en dos tacadas reunió a la izquierda. En las primeras elecciones eliminó al PCE de escena y 6 años después ganó las elecciones.

Y apareció Aznar que consiguió reunir a la derecha, creando el PP. Y a partir de ahí disfrutamos de una partidocracia en el que dos partidos uniformes y antagónicos se disputan el poder. Decimos uniformes porque el ideario es el mismo para todo el partido, y antagónicos porque al parecer cada punto de ese ideario debe corresponderse con el contrario al expresado por el otro partido. Y esos idearios definen las líneas generales del partido, de manera que el votante dirige su voto por su correspondencia más o menos con ese ideario, no por las soluciones que un partido pueda presentar en un tema concreto.

Y el electorado se divide sin remisión entre estas dos tendencias, y las elecciones se ganan o se pierden no tanto por el trasvaso de votos como en el hecho de que los votantes de cada partido castigan a sus líderes quedándose en casa sin votar, un hecho más patente en la izquierda que en la derecha.

Y esa partidocracia tiene una serie de problemas:

1) Al no ser necesario presentar soluciones a los problemas sino que con mover al electorado basta, la mediocridad técnica de los políticos que componen las cúpulas de los partidos es más que notable, como se está comprobando con esta crisis.

2) El antagonismo político crea situaciones dantescas, como la salida del armario religioso de un tal Pepe Bono, del PSOE, que se manifiesta católico practicante, o que el alcalde de Vitoria, Javier Maroto, o Iñaki Oyarzabal, abiertamente gays militen en un partido, el PP, que muestra en muchos casos su desprecio por ellos.

3) La democracia sólo es participativa cada 4 años, cuando descienden del olimpo de los dioses para que les votemos

4) En el período interelecional se convierte en orgánica, ya que se olvidan completamente de nosotros y hacen lo que les da la gana.

5) No se dan cuenta que están a nuestro servicio y que les hemos elegido como gestores y no como gobernantes.

6) El descaro de la partidocracia crea esperpentos como el de Marbella con Gil, Comunidad Valenciana con Camps y Fabra o más recientemente el de Navarra con la corruptísima Barcina en la CAN, o incluso el del gobierno central y el caso Bárcenas, donde políticos abiertamente corruptos e ineficaces siguen ganando elecciones.

Y esta partidocracia solo es rota por una IU, amalgama de movimientos de izquierda sin un ideario fijo, un partido oportunista como UPyD y los nacionalistas vascos y catalanes que marcan las líneas de poder intercomunidades.

Pero esto no solo ocurre en España, sino que pasa por toda Europa o Norteamérica, y tiene un problema añadido, que es el que ha ocurrido en Grecia, donde ha quedado patente la inoperancia de los partidos y han crecido diferentes y antagónicas formas políticas que han hecho ingobernable el país.

Habrá que buscar soluciones...

La crisis de la deuda es una explosión cuya onda expansiva se extenderá a nivel mundial

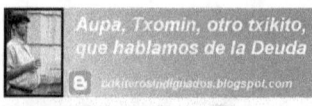

Aupa, Txomin, otro txikito, que hablamos de la Deuda
txikiterosindignados.blogspot.com

Esto de la deuda, como que paice que no acaba aquí, y que la crisis se extenderá como una onda expansiva nivel mundial...

*H*a habido una diferencia de crecimiento entre los diferentes países que componen la zona euro y en vez de optar durante los años de funcionamiento del euro por repartir la riqueza de los países con mayor crecimiento a los de menor crecimiento, se cubrió esa diferencia a base de endeudamiento.

Y una vez que ha explotado todo, en vez de corregir esos problemas del euro, se ha optado por disminuir los déficits públicos de los países más endeudados y cubrir la deuda a base de vender propiedades públicas.

Pero el privatizar y encarecer la vida de los ciudadanos a base de aumentar impuestos y disminuir derechos hace que el consumo disminuya y por tanto la economía se contraiga.

El país entra en fase de riesgo y coste del endeudamiento obviamente aumenta, por lo que no sólo no se corrige el problema sino que se acentúa. Y como las diferencias de crecimiento se acentúan, se debe aumentar la deuda para corregir esa desviación o la contracción de la economía se acentúa.

Y aparece un problema. Aumentan la deuda, aumentan los intereses de la deuda y la economía se contrae más, hasta que llega un momento en el cual no se pueden pagar esos intereses, no se puede mantener la deuda, y hay una bancarrota, una quiebra, un proceso concursal, o lo que es lo mismo, una quita de la deuda.

Y entonces la deuda se traslada otra vez a los deudores. Los bancos que han prestado dinero a alto interés a España, Grecia o Portugal ven cómo de repente aumenta su riesgo, no pueden remunerar los altos tipos de interés de sus depósitos y hay que rescatarlos, y la quiebra se trasladará a Alemania, que deberá inyectar dinero público para salvar su banca, o lo que es lo mismo, nacionalizar la deuda.

Y lo mismo que un desahuciado debe hasta la camisa al banco y no tiene posibilidad de trabajar porque si lo hace se le embargará, la banca española debe hasta la camisa al estado, que debe hasta la camisa a la banca alemana, que deberá hasta la camisa al gobierno alemán, que deberá endeudarse para poder pagar esa deuda.

O se hace una reforma económica europea global, o Europa caerá, y arrastrará al resto del mundo, porque si Europa se colapsa, la banca americana caerá, y la industria china no venderá sus productos.

Y caer Europa significa paro, desestabilización y destrucción del euro. Ni más ni menos.

En resumen hemos nacionalizado la deuda, ahora viene la fase de su internacionalización.

Viene la explosión de la mayor burbuja especulativa jamás creada, la burbuja de la deuda

Aupa, Txomin, otro txikito, que hablamos de la Burbuja de la Deuda

txikiterosindignados.blogspot.com

Hemos tenido unas cuantas burbujas, la tecnológica, la inmobiliaria... ahora viene una de consecuencias mundiales, la de la deuda

El funcionamiento del liberalismo tiene su gracia. A partir del crédito bancario se permite una multiplicación de la economía básica creando capital mediante el préstamo como motor de la economía.

Ese capital puede ser productivo, cuando se invierte en procesos creadores de riqueza física o especulativo, cuando se invierte en procesos que se autoalimentan en capital, que crean crecimientos ficticios. Y cuando el capital se invierte masivamente en un proceso especulativo da lugar a burbujas, que acaban explotando, destruyendo el capital creado.

Una burbuja económica se caracteriza generalmente por una especie de sistema vertical en el cual los que la crean obtienen rápidamente beneficios, pero esos beneficios se supeditan a los que obtienen sus clientes, que a su vez deben crear nuevos clientes para poder mantener el nivel de beneficios.

Así pues, en el mercado de capitales estos "negocios seguros" suelen aparecer de vez en cuando y se expanden y crecen. El problema es cuando ya no hay posibilidad de crear nuevos clientes y de repente el beneficio que se obtenía desaparece y el capital invertido se devalúa.

Ha habido burbujas tradicionales. Recordamos los famosos "bonos basura" en el cual se invertía en bonos de alta rentabilidad, pero cuya rentabilidad venía de colocar nuevos bonos en el mercado con los que pagar el beneficio prometido por los anteriores, hasta que hubo un momento en el que se saturó el mercado y al no poder colocar nuevos bonos, se cayó el sistema.

Pero ha habido otras como la Tecnológica, hinchándose valores en el mercado de empresas informáticas o el inmobiliario, donde el valor creciente de la vivienda se basaba en construir más y más viviendas... hasta que el mercado se saturó.

Y ahora estamos en otra burbuja aún más grave, la burbuja de la deuda. Toda la banca mundial está prometiendo a sus clientes y accionistas rentabilidades enormes, y esas rentabilidades se basan en comprar deuda de países en situación comprometida, inflando artificialmente los intereses de esa deuda mediante "sesudos análisis económicos basados en el riesgo país". Y eso unido a la estupidez de los gobiernos europeos y occidentales en general está derivando cantidades ingentes de capital para comprar esa deuda, sin destinarlo a otros fines como la capitalización de empresas.

Y esa burbuja ya es insostenible y está a puntito de estallar. Ha habido pequeñas explosiones como la chipriota, pero aún quedan las gordas. ¿Alguien en su sano juicio cree que España va a pagar su deuda? Tocamos a casi 50.000 de deuda y 2.800 de intereses al año por trabajador en activo. Va a estallar, pero no solo la española, sino la del resto de los países como Italia, Irlanda, Portugal, la desahuciada Grecia, los países bálticos... y suma y sigue. Y a ver quien rescata a la banca europea, alemana incluida cuando haya que hacer una quita del 75% en la deuda de los países.

Y a ver quien saca petróleo en emiratos árabes cuando los jeques vean que todas sus inversiones en depósitos en cuentas suizas estaban a su vez reinvertidos en deuda española y griega de altísima rentabilidad. Van a tener que alquilar los lujosos rascacielos como residencias de estudiantes.

Y ya no queremos ni contar el hostión que se van a dar los países del socialismo del siglo XXI cuando vean caer el precio del petróleo, o en qué se va a sostener la economía americana con Europa ardiendo y Japón a tomar por culo.

Y los famosos BRIC sin tener un mercado interno consolidado y con los beneficios de su rápido crecimiento invertido mediante sus famosos fondos de inversión en inmobiliarias europeas de alto rendimiento a volver al tetra brik, con la ilusión que les hacía pasar de ser tinto peleón a crianza de buen paladar.

Porque esta burbuja está afectando al capital a nivel mundial y agotado el capital corriente se están facilitando créditos a través de los bancos centrales para invertir directamente en deuda, con lo que la explosión tendrá connotaciones bíblicas, apocalípticas una vez analizada.

Peeeeero, nuestros líderes siguen ciegos a lo suyo. Veremos, digo un ciego.

La cagada del ajusticidio nos lleva a un comunismo de baja categoría

*E*n un post explicamos que la diferencia fundamental entre comunismo y capitalismo es que el primero sólo hace inversiones en capital que sean necesarias mientras que el segundo sólo hace inversiones en capital que sean rentables.

La rentabilidad es la que genera una plusvalía, que es la que se reinvierte en el sistema. La función de la banca en el capitalismo es por un lado captar ahorros y por otro conceder créditos.

En un sistema comunista, no aparece esa plusvalía, porque las inversiones que se realizan son necesarias, y al proveer el estado de todo a sus habitantes, no hay una política financiera eficaz, o sea, no hay banca.

Los sistemas comunistas son muy restrictivos y las limitaciones en la creación de capital (recordemos que el capital son las herramientas, la maquinaria de producción, etc) hace que los habitantes no reciban plusvalías aparte de cubrir sus necesidades básicas, y como éstas apenas se cubren, es el estado el que genera el ahorro para evitar ciclos económicos muy acusados.

En el capitalismo, la economía es más amplia al haber más capital, y la riqueza se reparte entre la población que es la que crea el mercado, la que compra el producto final y hace crecer los mercados gracias a las plusvalías obtenidas del rendimiento de su trabajo, que dedican al consumo y al ahorro, o sea, a hacer crecer el mercado y a crear capital.

Pero el ajusticidio actual lo que está consiguiendo es que la población no tenga plusvalías, que cubra únicamente sus necesidades básicas, lo que conduce inexorablemente a una reducción del consumo (reducción del mercado, o lo que es lo mismo, recesión) y del ahorro (dificultad para crear capital, o sea, que no hay capacidad de crédito bancario).

Y la situación económica nos lleva hacia una economía capitalista básica de países en vía de desarrollo, de muchísima desigualdad y con mercados muy restringidos.

O sea, a coger lo peor del comunismo (incapacidad de crear riqueza) y lo peor del capitalismo (incapacidad de repartir la riqueza).

Estos del PP son totalmente incapaces de reconocer un error, antes hunden el país.

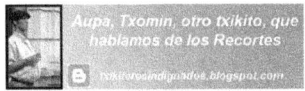

Estos son más papistas que el papa, siguen erre que erre en una política que cada vez más voces reconocen equivocada!!

*C*ada vez hay más personas (o lo que sean) de esas que toman decisiones en la Troyka que reconocen que están metiendo la pata.

Ya se dijo en su día desde el Banco Mundial y desde la Comisión Europea que las medidas tomadas en Grecia eran las que la habían conducido a la ruina, y no la situación previa en la que se encontraba.

Y estos días varios comisarios europeos insisten que esas medidas fueron precipitadas y que no se tomaron en cuenta las consecuencias.

Cuando alguien reconoce su error en un tema con unas consecuencias tan graves como la toma de unas decisiones impuestas que han conducido a la ruina a varios millones de ciudadanos europeos, entre griegos, portugueses, irlandeses, españoles o italianos es que la realidad indica que saben que las medidas tomadas han sido una soberana estupidez.

Pero estos imbéciles, lejos de sacar la cabeza, acostumbrados a hacer seguidillas y creerse sus propias mentiras hasta la extenuación, incapaces de reconocer un error, cogen y siguen con las políticas de recortes y de empobrecimiento del país. Y ayer le tocó el turno a las pensiones. La semana que viene, el 21 concretamente, saldrá a la luz la reforma eléctrica, que desde aquí ya os adelantamos que llevará a la ruina a varios miles de familias que han invertido dinero en energía renovable, esa que es limpia y que reduce las huella de CO_2 de nuestros productos y además diminuye la dependencia energética, y subirá el precio de la energía en aproximadamente 10 /MW·h (la factura d oméstica ronda los 140 /MW·h por lo que subirá más de un 7% el término de energía) además de aumentar los costes de peaje (aproximadamente repercutirá en un 5% en el término de potencia), una revisión de la TUR (Tarifa de Ultimo Recurso, la doméstica que se contrata directamente a la distribuidora y cuyo precio se marca por tarifa, que hasta ahora era por debajo de 10 KW pero que la quieren bajar a menos de 3 KW, con la trampa que como contratamos por Amperios y de 10 en 10, solo podrán acogerse a tarifa los contratos de 10 A, o sea, 2'3 KW, justo para encender la lavadora con agua fría con todas las luces apagadas) y una subida de impuestos en una clara apuesta por el gas (y meternos en la burbuja del fracking, por cierto, avisamos).

Estos idiotas ya lo hicieron con la guerra de Irak, donde insistían en la presencia de Armas de Destrucción Masiva en el país meses después de que EEUU lo hubiera desmentido, o con el 11 MM, que se pasaron 4 años diciendo que había sido ETA. Y ahora cuando hasta dentro de la misma troyka se reconocen errores, ellos siguen afirmando que es el camino a seguir.

Y sacan a la luz eso de que las medidas han tenido sus resultados en la reducción de la prima de riesgo. Pero el bono español se sigue cotizando a pesar de eso por encima del 4% a pesar de haberse reducido a más de la mitad esa prima. ¿Por qué? Por una razón sencilla. la prima de riesgo es un valor por el que hay que multiplicar el tipo de interés del bono alemán para calcular el tipo de interés del bono español. Como Alemania va de culo también, el bono alemán ha pasado de un 0'8% de interés con un precio del euro del 0'75% cuando la prima de riesgo española era de 600, o sea, el tipo de interés español era del 4´8 % a una prima de riesgo de 300, con un tipo de interés del euro del 0'5% y del bono alemán del 1'5%, o sea, que el tipo de interés español ronda el 4'5% y los inversores sacan un diferencial ya del 1% al bono alemán, en teoría más seguro que el español, por lo que lo dejan de comprar y se abarata.

En fin, se hundirá el país, nos arruinarán a todos, estallaremos, les cortaremos la cabeza, y seguirán insistiendo en que tenían razón, la razón de los idiotas.

El próximo rescate a la banca queramos o no se realizará con nuestros ahorros. Y es inminente.

Atrasamos lo inevitable, pero el euro nos va a arrastrar a todos al final...

La gran estafa de las subprimes nos trajo la primera gran crisis financiera de la historia moderna española. España reaccionó como el resto de Europa y rescató a la banca.

Aquel rescate fue sonado, ya que las condiciones del rescate fueron una auténtica bajada de pantalones de Zapatero ante la banca, y se estima que se inyectaron 100.000 MM de con los ojos cerrados, sin luz ni taquígrafos, con un secretismo absoluto, a la banca española, y decimos que se estiman porque no se tomaron apuntes de lo que se regaló a fondo perdido.

Y eso sin contar la merma que tuvimos en nuestros depósitos. ¿Quien no vio como su plan de previsión o de pensiones caía de valor? ¿Y a cuantos se les dilapidaron sus ahorros de toda la vida en esa otra estaba de las preferentes?

Pero no sólo fue España, se dice, se habla, se rumorea que Alemania inyectó a su banca 400.000 MM de , y Hola nda, Reino Unido, Italia... todos los países cubrieron las pérdidas de su banca nacional. Todos... o casi todos, porque aquel rescate dilapidó los ahorros de los estado, pero hubo estados que no pudieron hacerse cargo del agujero de su banca, como Grecia, y cayeron y tuvieron que ser rescatados por Europa después de endeudarse hasta las cejas para poder salvar a su banca.

Otros como Islandia dejaron caer a la banca, sumiéndose en una incertidumbre económica de imprevisibles resultados.

Pero aquel primer rescate sacó a la luz un problema que hasta entonces estaba oculto. Ningún insigne economista se había dado cuenta hasta entonces, pero resulta que para poder mantener una moneda como el euro, en una zona de libre comercio con un porrón de estados cada uno con una economía diferente, todos los países que compartían la moneda, deberían tener un crecimiento similar. Y tate, resulta que para poder mantener el ritmo de la moneda, los que menos crecían mantenían su estatus a base de endeudarse, y la diferencia de crecimiento el mercado la establecía en base a un nuevo término económico, la prima de riesgo, que era simplemente la diferencia entre países tomando a Alemania como referencia.

Y cuando se cambiaron las reglas del juego contable, la banca que ya había sido rescatada por la gran estafa de las subprimes, tuvo que volver a ser rescatada al hacer aflorar los activos tóxicos, o activos devaluados que tenían sobretodo provenientes del recientemente quebrado mercado inmobiliario. Una banca que por cierto, mientras mantenían sobrevalorados los activos en su contabilidad repartían sin ningún pudor beneficios inmorales por su volumen.

Y mientras el primer rescate se llevó por delante las reservas económicas de los estados, la segunda obligó a los estados a endeudarse. Y no sólo España, sino Reino Unido y otros países se han visto a inyectar liquidez otra vez a su banca, pero esta vez a base de emitir deuda de forma desmesurada y a un coste inasumible.

Pero nuestra banca, como es muy lista, ha invertido todo el dinero del rescate, aparte del dinero pintado que ha salido desde el BCE, en deuda pública de los estados, una deuda inasumible y que creará una nueva crisis, más importante que las subprimes, y esta vez no habrá dinero público para rescatar a la banca porque no es posible el endeudamiento de los estados ya que ese endeudamiento será el que se lleve por delante a la banca.

Y este nuevo rescate, que llegará en aproximadamente un par de años, lo pagaremos con nuestros depósitos, queramos o no, diga la Comunidad Europea que va a garantizar los depósitos de menos de 100.000 o no.

Y es que además sólo hay que mirar al Mediterráneo para ver lo que está pasando. Los países más débiles son los que nos están marcando el camino. Grecia no pudo rescatar a su banca en el primer embate de la crisis y tuvo que ser rescatada ella misma. Y en el segundo embate de la crisis, en el que España se ha endeudado hasta las cejas, Grecia ha quebrado y se ha llevado por delante a Chipre, que era quien había comprado la deuda griega.

Así que aviso a navegantes. El euro va a quebrar y nos va a llevar por delante nuestros ahorros.

A no ser que se haga una reforma financiera en Europa de las que hagan historia. Pero con ventitantos estados y ningún concierto esa reforma nunca llegará.

¿Por qué España no estalla con la que está cayendo?

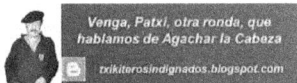

Es alucinante, las hostias que nos están dando, la corrupción, el robo de nuestro patrimonio y nuestros derechos son cada vez más evidentes, y no hacemos ni haremos nada!!!

¿*P*or qué no saltamos? Después de la que está cayendo, ¿por qué no nos rebelamos de una vez? ¿es posible una primavera árabe a la española, o sea, un otoño español?

NO, rotundamente no. Aquí no se mueve ni el Tato. Las razones de porqué esto no va a cambiar son las siguientes:

1) Aunque las clases medias están tocadas, sigue habiendo un abismo de intereses internos y entre otras clases.

2) Si hay divergencia de intereses, no hay un objetivo común, por tanto, no nos movilizaremos por algo todos a la vez.

3) Es muy difícil que entre los partidos tradicionales, con un patrón muy definido y con un corte político muy sesgado, aparezca un líder que sea capaz de aglutinar el descontento de toda la sociedad como para hacer cambiar la situación.

4) No es posible después de tantos años que aparezca un nuevo partido político con gente capaz no populista que sea capaz de mover masas.

5) La política de bloques en España está blindada. El PP en su táctica de quemar las naves y cortar cualquier relación con cualquier partido que emprendió en el año 2000 fidelizó a su electorado, y es muy difícil ofrecerles una alternativa, salvo UPyD, que al fin y al cabo, son ideologías gemelas.

6) La izquierda en este país sigue anquilosada en el pasado, y tuvo su oportunidad para proponer soluciones y ella misma abandonó el

barco en 2011. No se le perdona la sensación de dar el poder al PP en las últimas elecciones, donde partieron como perdedores y con el

7) Tenemos el desconcierto de saber fracasada la política del gasto público (plan E y similares) y la política de la austeridad, y no hay quien ofrezca una alternativa. Parece que sólo es posible una u otra.

8) La rabia y la indignación por el robo a manos llenas y a cara descubierta, con total impunidad, que estamos sufriendo está provocando que la sociedad esté perdiendo sus valores, y que aunque esté apareciendo un poder de baja intensidad basado en la solidaridad (los movimientos sociales estilo la PAH, bancos de alimentos y similares) siguen estando muy desorganizados y dirigidos por gestores más voluntariosos que eficaces.

Así pues, estamos en medio de un proceloso mar tormentoso, en un barco que se hunde, sin confianza en el capitán, y sin atrevernos a tomar una decisión. Mal rollo.

El agujero de gusano del PP, del siglo XXI a los años 50

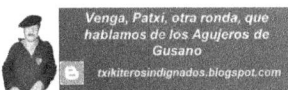

Para que luego digan que estos del PP no apoyan la ciencia, en tan sólo dos años han creado un agujero de gusano que nos ha trasladado a los años 50!!!

*L*a transformación social que está sufriendo, y nunca mejor dicho, la sociedad española, es alucinante. El PSOE sentó la base en 4 años de estupidez incontrolada en la que el más listo de la cuadrilla era el genio de las bombillas, el inútil de Miguel Sebastián, y dejó en bandeja a los meapilas del PP un país para su regresión al pasado.

Y poco a poco estamos volviendo a los años 50. Se han hecho reformas laborales más propias de un país en vías de desarrollo que en un país con un mercado interno consolidado, reformas en los estatutos de los trabajadores propias del desarrollismo de finales de los 50.

Se ha apostado por un turismo barato y cutre, con una mano de obra barata, un desarrollismo al margen del medio ambiente, con la modificación de la ley de costas, como el que diseñó el generalísimo en aquella época.

Aunque la tendencia en todo el mundo es hacia redes malladas y sistemas de producción energética en manos de los consumidores, con una alta penetración de las energías renovables, y con un coste fijo de la red mínimo porque el apalancamiento financiero corre a manos de los consumidores, a su vez productores, se ha publicado una reforma energética que apuesta por la producción centralizada, por los grandes e ineficientes centros de producción, una red de transporte de alto coste, unos costes fijos desorbitados y una penalización hacia el consumidor, y sin ofrecer nada a cambio, ya que además todos estos centros de producción están ya amortizados.

Se ha puesto un palo en la rueda del progreso, que se va a pagar a corto, medio y largo plazo. La energía y la automoción son sectores claves en nuestro país, una isla energética además, donde la necesidad de grandes mallados en distribución no sólo son necesarios, sino que supondrán un ahorro a medio plazo, pero esta apuesta energética expulsa del país a todas las empresas fabricantes de bienes de equipo en energías renovables y frena el desarrollo del vehículo eléctrico. Esto nos va a suponer que como siempre nos veremos obligados dentro de unos años a importar una tecnología que se ha desarrollado en España. Un recuerdo al "que inventen ellos" de ciertos dirigentes de los años 50.

Y no sólo eso. El retroceso en educación, en sanidad, en pensiones, es patente. El español medio se ve obligado a emigrar, cómo en los 50. Y mientras tanto, nuestra sociedad vuelve a plegarse a un catolicismo cutre y atrasado. Volvemos a potenciar chorradas morales a través de la televisión pública, a legislar en temas como el aborto, el divorcio o recientemente la fecundación in vitro en contra de los homosexuales. Volvemos al señoriíto encarnado en el banquero que nos tiene agarrados por los huevos, el monopolio de Telefónica y el control absoluto de nuestra energía por parte del oligopolio eléctrico.

Luego dirán que estos del PP no invierten en ciencia, pero han creado un agujero de gusano que nos traslada en el tiempo, volviendo a los años 50, años del desarrollismo sin control, del abuso en los derechos laborales, los sindicatos verticales, los monopolios, el turismo de las suecas, la moral católica, los señoriítos y la pérdida de libertad.

¿Y se puede cambiar? Aviso a navegantes. Franco murió en la cama a pesar de que nadie le quería, y Rajoy acabará sus dos legislaturas ganando con holgadas mayorías porque los dos se basaban en el miedo de la población de que lo que les podría sustituir era peor.

Está todo atado y bien atado.

¿Por qué sólo el PP acudió a la manifestación de la AVT?

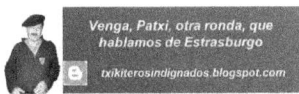

La falta de sentido de estado del PP llega hasta la manifestación de las víctimas del terrorismo

En un país normal, las víctimas del terrorismo de ETA hubieran sido tratadas con respeto, de manera que su dolor hubiera sido comprendido y no sólo eso, sino que su propio dolor se hubiera convertido en un dolor general.

Y también ese dolor general hubiera generado un rechazo colectivo y arrinconamiento hacia quienes practicaban el terrorismo, de manera que la violencia hubiera acabado hacía mucho tiempo.

Pero eso en España es impensable. ETA era simplemente un matarife de personas, cuyos cuerpos eran desmembrados y sus trozos sanguinolentos mostrados como trofeos y arrojados entre sí por políticos sin escrúpulos.

Hubo víctimas de ETA de todos los colores políticos, de todas condiciones sociales, incluso víctimas de personas que se atrevieron a discrepar de sus métodos, pero esas víctimas realmente sirvieron para justificar prácticas incontroladas antiterroristas como el GAL, para saquear los denominados fondos reservados, para criminalizar al PNV, a ERC e incluso al PSOE, para hacer un juego político en el que cada víctima, convenientemente manipulada en el matadero político, rendaba un buen puñado de votos.

Y claro está, esta manipulación vergonzosa de las víctimas, que alimentó a ETA durante tantos años, tuvo como efecto colateral la politización de sus asociaciones, y una de ellas, la AVT, fue convenientemente fagocitada por ciertos sectores del PP, que la utilizaron mostrándola en un circo macabro, en sus campañas electorales.

El domingo escuchamos a personajes de los que acudieron a la manifestación llamar "traidores" a ciertos miembros del PP, pero no a todos. Hay un sector, el sector del patriobajerismo del PP, ese que sale de vez en cuando en entrevistas en Antena3 o en algún que otro foro, que está pugnando por el poder dentro del partido, y está utilizando las mismas tácticas que otrora utilizara contra otras fuerzas políticas.

Porque no nos engañemos, esta vez no tiene no es algo cara afuera. No les va a rentar más votos ni les va a quitar votos la sentencia de Estrasburgo, que queramos o no, hay que acatarla, si queremos seguir manteniendo algo de dignidad a nivel internacional. Las chorradas de que si fue Zapatero y los nacionalistas, los malos de siempre, quienes han dictado la sentencia porque uno de los 14 jueces y cientos de asesores que trabajan en Estrasburgo tenía tendencias políticas hacia el PSOE sólo se las creen ciertos sectores de sus votantes, ya que ninguna persona con dos dedos de frente se lo cree.

Y cualquier persona que estuviera mínimamente informada, que no es el caso porque los medios de comunicación en ningún caso han informado sobre la realidad, se daría cuenta que lo que dice Estrasburgo es que no se pueden aplicar modificaciones en la justicia con efectos retroactivos. Y la doctrina Parot aplicada a presos que cometieron sus delitos antes de que fuera aplicada por primera vez, es una aplicación retroactiva de modificaciones en la justicia.

Pero volviendo al centro de la cuestión, la AVT esta vez ha sido utilizada, ha sido manipulada como siempre, para obtener un rédito político. Se han vuelto a sacar las banderas sangrientas de los cuerpos mutilados, se han vuelto a pasear los restos humanos, los cuerpos muertos por el terrorismo, un terrorismo que ya prácticamente no existe, por lo mismo de siempre, por obtener una ventaja política, para aislar, para señalar, para erigirse como paladines de la libertad y de la justicia, pero esta vez contra los de su propio partido, contra los que pugnan por el poder.

El PP acudió sólo a la manifestación de la AVT porque esta vez es una lucha política interna la que están librando.

Quinto bloque: el expolio del país

En este bloque los txikiteros alertan de cómo se está produciendo el expolio de nuestros bienes. Explican cómo lo la externalización de la sanidad supone un recorte brutal en un derecho básico que ha costado muchos años conseguir.

Hablan de quienes son los mayores beneficiados del encarecimiento y precarización de la educación: la iglesia adoctrinadora.

También el cómo está relacionada la privatización de la sanidad con la de las pensiones.

Y del resto de expolio del país.

Están expoliando España

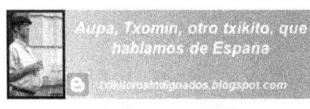

No me jodas que tenemos que endeudarnos para poder pagar los intereses de la deuda!!!
Eso se llama peloteo, y es el paso previo al concurso de acreedores, o sea, a la privatización a precio de saldo de la educación, sanidad, pensiones y demás!!!

*E*l ataque a España ha sido bien dirigido, no es una casualidad. Y el FMI es tan cómplice de lo que pueda pasar como nuestros gobernantes que con conocimiento o por ignorancia han caído en la trampa.

Sólo hay que ver lo que ha pasado con los países que han seguido los dictados del FMI y de la famosa troyka comunitaria para darse cuenta que no han mejorado, sino que al contrario ya están en el borde del abismo y a falta de un empujoncito.

Y no nos vale la chorrada esa de que se veía venir, de que se debe a una situación que viene de años atrás, porque lo que ha ocurrido ha sido un empeoramiento exponencial de la situación, o sea, que no nos tomen el pelo, hoy en España, después de las medidas de Rajoy estamos sin lugar a dudas mucho peor que hace un año, por lo que se pongan la venda que se pongan en los ojos, tienen que reconocer de una puta vez que éste NO es el camino, a no ser que se dirijan al abismo.

Lo que está ocurriendo es muy simple. Han visto un punto débil en España y se ha potenciado, de manera que han subido los intereses de la deuda. La solución NO es reducir el déficit, sino disminuir los costes de la deuda, y si nuestro gobierno tuviera dos cojones y pensara en los ciudadanos de este país, hubiera hace mucho tiempo renegociado la deuda, y por las malas, o sea, que se paga lo que se puede pagar y al que no le guste que se joda.

Pero no, lo que han hecho es idolatrar a los mercados y machacar a los ciudadanos de este país. ¿Son nuestros gestores o nuestros gobernantes? Quizá deberíamos replantearnos este tipo de democracia en la que elegimos amos en vez de gestores de nuestro patrimonio.

¿Alguien en su sano juicio elegiría un gestor de su patrimonio, un aseso fiscal que lo que hace es apoderarse de todo su patrimonio, manejarlo a su antojo, hacer lo contrario para lo que ha sido contratado y limitar el uso de ese patrimonio? Pues eso nos está pasando en España.

El primer paso ha sido aumentar impuestos y reducir servicios sociales, o sea, reducir la capacidad adquisitiva de los españoles. Por si no fuera poco, es posible que ya bajen los sueldos por decreto, limitando aún más la capacidad adquisitiva de las personas. Y cuando la deuda sea insostenible solo queda vender nuestro patrimonio, o sea, privatizar todos nuestros servicios sociales: educación, sanidad y pensiones. Y a precio de saldo.

Nos están robando.

Haz de la crisis una oportunidad, privaticemos, perdón, expoliemos el pais

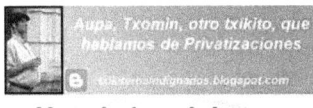

Haz de la crisis una oportunidad. Aprovéchate de la política de privatizaciones. Eufemismos para la palabra expolio, privatización, externalización...

*Y*a hemos visto cómo se ha creado la deuda y cómo se ha nacionalizado, aumentando la deuda y el coste de esa deuda.

También hemos visto que el mercado está estrangulado y que los consumidores están con el agua al cuello.

Y ahora, no se puede pagar esa deuda con lo que genera el Estado, por lo que la única manera de hacerlo es vendiendo nuestro patrimonio, y como no estamos para muchas hostias, a precio de saldo.

¿Y cómo se va a hacer?

Sanidad.

Se hacen nuevos hospitales o remodelan los ya existentes. Se hace lo que se denomina "externalización". O lo que es lo mismo, se cede el hospital a una clínica privada, con sus trabajadores y sus activos.

Esta clínica mantiene un concierto con la administración, por el cual reserva un número de camas para la sanidad pública. El Estado pagará un ojo de la cara por estas camas, pero en global será menos que lo que costaría mantener el hospital, pero es una trampa, ya que hay menos camas disponibles.

El paciente que pase por ese hospital hablará maravillas de la privatización, de lo bien que les han atendido, lo bien que ha comido y de la pantalla de plasma de la tele con 50 canales. Pero a costa de aumentar el coste por paciente y las listas de espera.

El que se ha quedado con el hospital tiene otros con los que llega al mismo concierto, de manera que la Administración reduce las listas de espera, pero a un coste superior, pero se intenta que los usuarios paguen una mínima cuota en la privada, donde se reducen enormemente las listas de espera.

Educación.

Se reduce el número de profesores, se disminuyen los medios, y los alumnos sacan peores notas.

Se reducen las plazas universitarias, aumentan las tasas y aumenta la nota exigida para el acceso.

La verdad, no queremos ir a la pública, es mejor a la privada, que seguro que sacas mejores notas y tienes más oportunidad de ir a la universidad, aunque ahora que lo pienso, por un poco más, no nos tenemos que preocupar de tener unas notas tan altas, no te van a echar en primero si no apruebas todo, y si soy bueno, parte de la matrícula nos la van a pagar con una beca.

No importa que la universidad privada en general sea inferior a la pública (por mucho que se empeñen, un ingeniero de Ñoñosti no le llega a la suela del zapato a uno de Bilbao, la primera es del OPUS y la segunda pública. Que en la primera sólo les enseñan a atarse bien el nudo de la corbata, joder), que las condiciones para entrar, son complejas. Se favorece la privada, ya sea por concierto, ya sea por desaparición.

Pensiones.

Nuestros jubilados son una generación perdida. ¡Qué más da que les bajemos un poco la pensión! Nada, que Dios aprieta pero no ahoga. Por la paz un avemaría, que nos acordamos de la postguerra y no estamos para revivirla, hijo mío, que tú no sabes lo que es pasar hambre, y además, Zapatero ha acabado con nuestras pensiones.

Y cuando le ves las orejas al lobo... contratas un plan de pensiones privado, uno de esos que complementará tu pensión, por si acaso, consiguiéndose una privatización progresiva de la Seguridad Social, ya que ese plan de pensiones, por un poquito más, también te proporciona una ayuda en caso de perder tu trabajo, y encima no te va a hacer ir a sellar al INEM... de todas maneras lee la letra pequeña, o mejor, pídela, que muchas veces no te la dan en el contrato porque se encuentra depositada en un notario, no sea que te lleves una sorpresa.

Y suma y sigue, privatizando autovías mediante "peajes blandos", aeropuertos mediante la "venta de aeropuertos no rentables", líneas de alta velocidad "para su explotación privada" etc. etc. etc.

En resumen, vamos a quitarnos los costes fijos de amortizaciones y pasarlos a costes variables, aunque sean mayores, ya que siempre podremos jugar a reducir la partida correspondiente a ese gasto disminuyendo el servicio prestado.

Y ahí andan nuestros tiburones, esos que proporcionarán el retiro dorado a nuestros políticos. Las universidades católicas (qué gran negocio en el nombre de Dios), las aseguradoras clínicas, los fondos de pensiones... todos nuestros políticos tienen un cuñado que tiene un alto cargo en ellas, y sabe que podrá renunciar a su miserable pensión de político cuando acabe de servir al pueblo por un trabajito mejor remunerado, por no aparecer por un despacho, simplemente por cobrar por los servicios prestados.

¿Qué coño es eso de la externalización de la sanidad? Los txikiteros os lo explicamos...

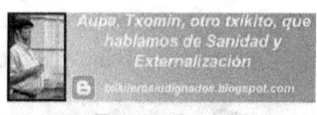

Esto de la externalización de la Sanidad... por qué no nos lo explican bien para ver si nos interesa hacerla? Quiza no nos convenza...

Nos hablan de externalización o incluso externación de la sanidad pública como una panacea, como una manera de ahorrar millones de euros, como una mejora de la sanidad y del servicio al paciente, pero en realidad no nos han explicado de qué se trata y si nos interesa.

Pues bien, desde el txikiteo de ayer os vamos a explicar más o menos qué se hace, qué beneficios tiene, qué peligros tiene, y quienes se benefician de ello, ya que al parecer todo son ventajas.

Nos dicen que se trata de una gestión privada del hospital, y que eso es lo mejor. En principio nosotros partimos de la base de que si un hospital no lo gestiona un "cargo de confianza" los funcionarios no tiene por qué gestionarlo peor que un gestor privado, cuyo objetivo obviamente va a ser maximizar el beneficio de la inversión, como es lógico.

Bueno, que nos vamos por las ramas. ¿Cómo se externaliza la Sanidad? Espemadrid nos ha dado un ejemplo muy interesante de cómo hacerlo.

1) Se construyen unos cuantos hospitales modernos, centrándose en el diseño en el usuario (habitaciones unipersonales con espacio para visitas) y orientados a las enfermedades más comunes, o sea, las de mayor uso, y enfermedades que puedan no precisar hospitalización.

2) Se contrata para esos hospitales el mínimo personal posible entre

médicos y enfermeras, pero en cambio sí que se llenan los despachos por cargos de confianza.

3) Ese hospital se cede a una empresa de servicios sanitarios privada, con todos sus activos, a cambio de reservar una serie de camas para la función pública.

4) A partir de ahí, las amortizaciones del edificio del hospital siguen siendo a cargo de la administración pública, mientras que de los costes de operación del hospital (energía, personal, material, etc) se hace cargo la empresa de servicios sanitarios.

5) La empresa de servicios sanitarios cobra un dinero pactado por paciente a la Administración, y reserva un número determinado de camas, por las que la Administración paga otro canon anual, mientras tiene el resto de las camas de libre disposición.

6) A partir de ahí la Administración tiene un coste fijo (amortizaciones) y un coste variable (coste por paciente).

Bien, el ahorro se produce porque se puede gestionar el coste sanitario de una forma eficiente, ya que se paga por paciente ingresado, mientras que en caso de la sanidad pública solo hay un coste fijo y por tanto es muy difícil la gestión ya que se necesita un presupuesto fijo anual.

Y al paciente que vaya al hospital va a hablar maravillas del mismo, ya que se trata de un hospital de lujo, habitación individual y amables médicos y enfermeras.

Pero como siempre, hay una trampilla. Si antes la sanidad nos cotaba 100 y ahora 70, si antes pagábamos 20 por las amortizaciones y ahora 30 (el hospital tiene menos camas, por lo que necesitamos más hospitales para conseguir las mismas camas) sólo es posible que si antes nos gastábamos 80 en gastos de personal, energía y demás y ahora 40 es porque nos hemos cargado el servicio.

¿Y cómo? Pues bien, ya no se tratan todas las enfermedades y se alargan las listas de espera (hay menos camas). Además desaparecen algunos tratamientos y dentro del abanico de posibilidades que pudieran existir, se utilizará el más barato aunque no sea el más efectivo.

Si alguien quiere saltarse la lista de espera sólo tiene que hacerse un seguro privado, y quien pueda hacerlo, lo hará por un módico precio ajustado a sus posibilidades, disminuyendo de esa manera las listas de espera por el pase de los pacientes a la privada.

Es más problemático el tratamiento de enfermedades poco frecuentes, cosa que deberá seguir siendo público y la calidad del servicio, ya que se deberá potenciar la hospitalización a domicilio para disminuir las listas de espera.

Por otro lado está el tema de las medicinas. La sanidad pública las financia y eso puede suponer un handicap a la hora de la privatización, ya que muchos usuarios no se decidirán a hacerse un seguro privado porque deberán pagar las medicinas íntegramente.

La solución es sencilla. Por un lado sacar cada vez más medicamentos de la seguridad social, por otro lado financiar únicamente genéricos y medicamentos especiales y por último, cobrar por receta. De esta manera se sigue financiando el sistema básico de salud, mientras que ya no hay tanta diferencia entre el coste de los medicamentos recetados por la privada respecto de la pública.

Y si además el medicamento lo compras en la propia clínica privada, te podrás beneficiar de importantes descuentos que no encontraras en el mercado libre farmacéutico.

Y aparece otro problemilla. Si en la privada te recetan algún medicamento, cuando vayas a la pública, el médico, generalmente resentido con la privada, te realizará su propio diagnóstico y con una seguridad del 99% te recetará otro medicamento distinto, por lo que no te recetará lo que te han recomendado en la privada.

¿Cual comprarás? El que te dé más confianza... y a poco que se desprestigie un poco más la pública (y la convalidación de títulos con países bananeros lo está consiguiendo) el paciente se fiará más de su médico privado.

En resumen. Los beneficios al externalizar vienen porque gran parte del gasto de salud se convierte en variable, por lo que se puede jugar con él en caso de años de contracción de presupuesto sin tener que requerir financiación para la sanidad.

Por otro lado, se disminuye el coste de la dotación presupuestaria a medicinas.

Pero eso es a cambio de un mayor coste por paciente, un aumento de las listas de espera y aparecer problemas en enfermedades de dudosa rentabilidad.

Se anima a la población en general a disponer de un seguro privado que cada uno paga en función de sus posibilidades que no le mejorará el servicio, sino que acortará las listas de espera y pudiendo acceder a tratamientos de mayor efectividad que en la pública.

Desaparece el concepto de sanidad universal por otro en el cual se mantiene un servicio básico para toda la población, y un acceso a una mejor sanidad en función de la capacidad adquisitiva de cada paciente.

Eso es ni más ni menos la externalización. ¿Y quien se beneficia? La administración puede gestionar mejor el coste sanitario, la empresas de servicios sanitarios privados crecen, y los pacientes acceden a un tratamiento mejor en función de sus posibilidades.

¿Y los problemas? Precarización de los hospitales públicos no externalizables a favor de la medicina privada, desaparición de la sanidad universal y aumento de los costes de sanidad para los usuarios.

¿Y para el personal sanitario? Ya no hay un acceso en función de méritos a los puestos de personal sanitario (aunque con la cagada de las convalidaciones de títulos en la actualidad los mejores puestos en el MIR los cubren zopencos que han comprado sus papás los títulos de medicina en su país de origen) sino que hay una relación oferta-demanda. Y la orientación del personal sanitario no es tanto el curar como el rentabilizar al paciente. Y esto no es una tontería. En función del tipo de seguro que tenga el paciente podrá acceder a unas pruebas u otras, a un tratamiento u otro, y quien toma esa decisión es el médico, y como siempre, el médico rebelde no es apartado del servicio como en la empresa pública, sino que se le despide, que es una empresa privada.

¿Y quienes son los que obtienen beneficios? Los primeros que ganan son las empresas de servicios sanitarios privados, que ven aumentado su negocio de forma exponencial. Y los segundos las empresas farmacéuticas, ya que no dependen tanto para vender sus medicamentos de la Seguridad Social. Y de rebote las empresas financieras, aquellas que controlan planes de pensiones privados, a través de las cuales se financiarán a las empresas de servicios sanitarios y gestionarán los seguros médicos.

Hay que tener una cosa clara. Los tres deseos de todo el mundo son salud, dinero y amor. Y la salud cuando falta, es lo más deseado de todo, y tendiendo dinero, se puede comprar salud.

Y por supuesto, a la hora de la privatización correrán un montón de maletines desde Bankia hasta Suiza, y desde Suiza hasta las portadas de El Mundo y El País.

Que nos lo expliquen para que podamos decidir.

Segundo bloque a privatizar, la educación...

Venga, Patxi, otra ronda, que hablamos de la Privatización de la Educación
txikiterosindignados.blogspot.com

Vamos a conseguir relanzar el cine español. Se van a hinchar a hacer películas estilo "Rebelión en las Aulas" con la privatización de la educación.

*A*hora tenemos un problema grave con la educación. Nos está costando mucho dinero y no sacamos un beneficio de ella.

Formamos demasiados universitarios, y una gran parte de ellos no utilizarán la formación que se les ha proporcionado en su vida laboral y acabarán trabajando de cajeros en supermercados, en alguna fábrica después de engrosar las listas del paro.

Otra gran parte utilizarán sus conocimientos, pero trabajarán en otros países, con lo que supondrá una fuga de capital importante, ya que se irá el valor añadido de la educación, o sea, quien se ha aprovechado de ella.

Nosotros creemos que el problema no es un exceso de universitarios o personas formadas, sino que hay que realizar una reforma importante en la industria, el mercado interno y la creación de riqueza de este país. Pero al dejar la solución del problema a políticos cuatriañeros sin la menor formación, éstos deciden por nosotros que el problema es que hay demasiados universitarios.

Y entonces aparece la ley de la oferta y la demanda. Si hay muchos universitarios, es que hay mucha demanda, y si hay demanda, el sector privado se debe potenciar. Y traspasando la formación al sector privado, matamos dos pájaros de un tiro: disminuimos el número de personas formadas, por lo que se cubrirán los puestos de trabajo demandados en el país y no tendremos el drama del filólogo que trabaja de camarero en un chiringuito de playa, y por otro lado podremos reducir el presupuesto destinado a formación.

Entonces... ¿cómo lo hacemos? El camino es claro y sencillo. Simplemente hay que disminuir las plazas ofertadas en la universidad. Para ello se deja de contratar a profesores que no tienen plaza. Muchos de estos profesores universitarios trabajan en la empresa privada, tienen otro puesto de trabajo y dan clases por vocación. Pero suelen ser los profesores claves en la universidad. Al desaparecer éstos se consiguen dos efectos: se disminuye la calidad de la formación y se disminuye la oferta ya que no hay tantos profesores para cubrir la demanda.

Pues bien, la universidad reacciona de dos maneras: O metiendo a cientos de alumnos amontonados en el primer curso y hacer una criba suspendiendo al 90% de ellos, o subiendo la nota de acceso a la carrera correspondiente. A veces se opta también por la compasión, creando carreras tontas como "ciencia y tecnología de los alimentos biodegradables" o miles de ingenierías sin sentido, aunque estas dos tendencias se están abandonando por falta de fondos y profesores.

Ya se ha creado la base de la privatización. Ahora vamos a por la educación primaria. Simplemente, hay que disminuir algo el número de profesores, para aumentar la masificación de las aulas, con lo que disminuirá considerablemente el rendimiento de los alumnos.

Los padres, que desean que sus hijos vayan a la universidad, y conscientes de que se pide nota para su acceso, velarán por su educación. Huirán de la escuela pública y se intentará llevarlos en lo posible a colegios concertados. Estos son gratuitos pero tienen un coste, ya que sin extraescolares, mal andamos. Y el niño que no se mete en las extraescolares, generalmente saca peores notas, y debe asistir a clases privadas, ofertadas por el propio colegio.

Y si se puede, para evitar que nuestros hijos se mezclen con esos mangarranes desarraigados que atrasan su formación, si es posible, y todo sea por su educación, se le pasa a la privada.

Y llegan a la universidad. Si los chavales entran en esas clases masificadas, seguramente en primero se vayan a la calle. ¿Opción? La privada.

Y con la subida de las tasas, no resulta tan cara la privada, y te ahorras el año ese de pérdida de primero de carrera, y además tienes prácticas en empresas, en el extranjero, si es que son todo ventajas.

Se juega con una necesidad muy íntima, tanto casi como la salud, la de proporcionar una educación y un futuro a nuestros hijos. Y si hay menos gente formada, más posibilidades habrá de que nuestros hijos, formados en la privada después de gastarnos un pastizal en su educación, consigan un buen puesto de trabajo.

Por cierto... ¿Alguien se ha dado cuenta qué institución religiosa controla la mayoría de los centros educativos privados de España, ya sea primaria, formación profesional o universidad? Pues eso. Y exentos de impuestos, toma ya.

Seguimos privatiza que te privatiza, ahora las pensiones

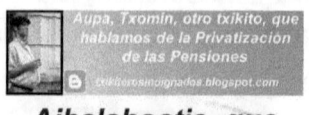

Aibalahostia, que me parece que estos jubiletas se deben estar cargando la economía con las pensiones y los viajes del Imserso!!!

*O*tro de los problemas de nuestra débil economía, el envejecimiento de la población.

Cada vez duran más los jubilados, y cada vez hay que darles durante más tiempo el dinero de su pensión, y no nos llega.

Los jóvenes no generan el suficiente dinero como para mantener a nuestros jubilados, y este problema se acrecienta en esta época de crisis, donde hay menos trabajadores y además de a los jubilados, hay que mantener a los parados.

Y aún es más, las pensiones de nuestros jubilados en muchos casos mantienen también a sus hijos, parados de larga duración sin subsidio, y a sus nietos, con lo que son necesarias.

Pero también hay que resaltar una cosa. La mayor parte del capital de los fondos de inversión lo forman planes de pensiones, y ese es un mercado virgen en España, y un mercado muy apetecible para los tiburones de las finanzas, por lo que en el ataque dirigido a nuestra economía otro de los servicios a privatizar son las pensiones y seguros de desempleo y similares.

Esos "novedosos" productos financieros que nos ofrecen nuestros bancos, con posibilidad de rescate cuando queramos, complementados con seguro médico y sobre todo, con muchíiiiisima letra pequeña.

Los productos financieros cubrirán prestación por desempleo, enfermedad y pensiones, ya que se tratan de un producto financiero único, un seguro al que aportarás a lo largo de tu vida laboral un dinero que te permitirá rescatarlo en tu jubilación, y que te cubrirá cualquier problema sanitario que tengas cuando seas mayor, eso sí, con ciertas limitaciones, que es más barata una eutanasia que mantener un Alzheimer en una residencia, por supuesto.

¿Y qué hace falta para que nos lancemos como locos a ellos? Pues un pequeño empujoncito. Simplemente un decreto de nuestro gobierno de neocons, esos para los que "las pensiones son intocables". Una bajada de las pensiones del 10% y una regularización de los planes privados de pensiones, mediante los cuales se puedan compensar las aportaciones a la Seguridad Social de trabajadores y sobre todo, de empresas cuando ese dinero se destina a planes privados de pensiones.

A esto hay que sumar declaraciones desafortunadas como el "que se jodan" de la hija de p. (papá) de la Fabra, o tontadas como la de la Aguirre II, esa que no encuentra trabajadores porque prefieren vivir del subsidio (cuando en cualquier empresa se reciben DIA a DIA cientos de CV, será que esta señora igual pretendía tener una interna a tiempo completo por 120 trimestrales, t rabajadores sí, esclavos... como que no). Estas declaraciones dan muestras de lo que piensa el partido en el gobierno respecto al problema del paro y a las necesidades de que cada uno se busque la vida, o lo que lo mismo, que nos busquemos un seguro adicional.

Marianico nos prometió que seguirían los recortes. Estos los veremos este año, sin duda.

El expolio del país, última fase de la privatización.

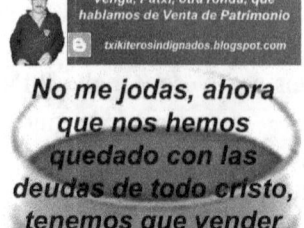

Venga, Patxi, otra ronda, que hablamos de Venta de Patrimonio

txikiterosindignados.blogspot.com

No me jodas, ahora que nos hemos quedado con las deudas de todo cristo, tenemos que vender nuestro patrimonio a precio de saldo para pagarlas!!!

Hemos analizado los tres paquetes principales del expolio, los tres más golosos, la Sanidad, la Educación y los Seguros Sociales (Pensiones y desempleo principalmente).

La privatización de esos tres grupos de gastos supondrán un ahorro importante en los gastos del estado, pero hay un gasto difícil de privatizar, que es la deuda que tenía la banca y que se ha nacionalizado.

Eso nadie lo quiere, y el estado va a tener que apechugar con ella. Y para pagarla deberá realizar una subasta del patrimonio acumulado durante estos años.

Dentro de este patrimonio hay un paquete importante procedente de los gastos estúpidos de los alcaldes con aires faraónicos que se han convertido en mausoleos sin sentido, desde aeropuertos sin aviones, hasta una mal planificada Alta Velocidad española.

Pero este patrimonio comprende también empresas públicas o semipúblicas en las que el estado tiene una representación importante. Todo este patrimonio está a la venta y a precio de saldo. Parte de él es insostenible, y ese se pagará muy barato. El jugoso, las empresas claves o rentables, al privatizarlas se llevarán consigo sus cargos de confianza, que ascenderán dentro de la empresa para que no molesten, como premio a los trabajos realizados, mientras que el personal público después de un tiempo, cuando empiece a sobrar, se irá recolocando principalmente en las listas del paro, con un seguro privado, por supuesto.

Y al final del expolio nos quedaremos con una deuda similar a la que teníamos antes del desastre, pero en vez de estar respaldada por un patrimonio público, esta vez tan solo será deuda, que vendrá de haber nacionalizado las pellas y desmanes de la banca, y haber tenido que malvender nuestro patrimonio para pagarla.

¿Y quien habrá saqueado nuestro patrimonio? Seguramente los oportunistas de los maletines de Suiza, que se han apresurado a regularizar su dinero sin necesidad de hacer que les toque la lotería.

Con lo que en definitiva hemos hecho un negocio de la hostia. Teníamos unos presupuestos del estado y un patrimonio. Nos han colado la deuda de la banca y con la excusa de convertir los gastos fijos a variables y poderlos controlar venderemos todo nuestro patrimonio, quedándonos al final con el mismo presupuesto que al principio, pero sin nada de patrimonio, y con los gastos fijos, que son los pagos de la deuda. Y nos quedamos con cara de gilipollas mirando, ¿no?

Los árboles de Bárcenas, los ERES y Urdangarín no nos dejan ver el bosque del expolio masivo.

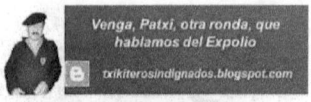

Mucho Bárcenas, mucho ERE, mucho Urdangarin, pero a la chita callando nos están robando todo nuestro patrimonio y nuestros derechos!!

*E*stamos todos los días viendo como se desmorona nuestro país, gracias a políticos corruptos hasta la médula. Tenemos para dar y tomar. El PP y el caso Bárcenas, el PSOE y los EREs de Andalucía, CiU y las comisiones del Palau, y el PNV, y UPyD, e IU, TODOS nuestros políticos están corruptos.

Y la monarquía, entre Urdangarines y Corinas da verdadero asco. El país se desmorona, pero toda esa basura son árboles que no nos dejan ver el verdadero bosque del expolio que estamos sufriendo.

Se ha hecho una reforma de la sanidad que favorece a la sanidad privada. Si no puedes pagártela, te quedas fuera. Si puedes pagártela, te vas a la privada. Se penaliza cada vez más al usuario.

La reforma educativa va camino a privatizar la enseñanza. Olvídate de ir a la Universidad mientras miras como la educación pública es cada vez más penosa.

El recorte de las pensiones es una barbaridad. Miles de trabajadores de este país se van a quedar con una pensión miserable y va a haber rebajas en los que se la han ganado tras décadas de trabajo.

La reforma laboral favorece el despido y la reducción de salarios. La precariedad laboral y la incertidumbre de los trabajadores aún no ha acabado ya que se prepara una nueva reforma y más dura que la anterior.

Acabamos de asistir a una reforma energética que favorece claramente a las eléctricas, al aumentar el término de potencia que pagamos en nuestra factura de la luz de forma exagerada de forma que el autoproducir tu propia energía o utilizar sistemas de ahorro ya no se justifican, ya que vamos a pagar una especie de tarifa plana a las eléctricas, consumamos o no energía. Esta reforma además se ha llevado por delante a los inversores en renovables y a las empresas comercializadoras de energía, volviendo a consolidar el monopolio de toda la vida de Iberdrolas, Uniones Fenosas y Endesas.

Miremos donde miremos hay desolación. Un tal Almunia, un mediocre socialista exiliado a Europa se acaba de cargar de un plumazo del sector naval español.

Pero resulta que esto no es igual para todos. Las eléctricas obtienen su monopolio. Los bancos reciben más de 200.000 MM de en subvenciones a fondo perdido que nadie les reclamará. Los empresarios sin escrúpulos esclavizan a sus trabajadores y debido al aumento del coste de la luz y del financiero, van a exigir una nueva reforma laboral para "ser competitivos".

¿Y qué hemos ganado con esto? Desde 2008 a 2013, en tan solo 5 años, la deuda española ha pasado de los 300.000 MM a más de 950.000 MM . El déficit sigue descontrolado. Las f amilias son desahuciadas por policías pagados con nuestros impuestos. Se han arruinado a miles de familias con la estafa de las preferentes, o peor aún, con la estafa de las renovables. Se han bajado los sueldos. Tenemos cada vez menos servicios públicos y los que tenemos son más precarios.

Circulaba en tiempos una chorrada de esas de internet en el que un español le decía a un americano que eran muy ricos en EEUU y que éste le contestaba que los ricos eran los españoles, que tenían sanidad gratis, pensiones gratis y otra serie de prebendas gratuitas. Sin embargo, se equivocaba, ya que no era gratis, sino que lo pagábamos de nuestros impuestos.

Ahora ya no tenemos esos beneficios que mencionaba el post, pero pagamos más impuestos y la deuda se ha disparado.

En su día dijimos que la economía española se basaba en el endeudamiento (construcción) y en monopolios (poníamos como ejemplo la predominancia de Telefónica en el mercado de telecomunicaciones). No ha cambiado el concepto, lo único que ahora el endeudamiento es obligatorio (es público) y los monopolios están en los ministerios.

¿Bárcenas? ¿Griján? ¿Mas? ¿Urdangarín? No. Iberdrola, la iglesia, Sanitas y Movistar.

Sexto bloque: Europa

Europa, el euro, el poder de Alemania, Grecia, Chipre, los rescates, traen por la calle de la amargura a los txikiteros.

Las políticas neoliberales de la troyka, unos elementos ajenos a nuestras necesidades, a nuestro presente, a nuestra realidad, que tan sólo piensan en el euro, olvidando a las personas, la nueva Europa de los capitales, son blanco de la ira de Patxi y Txomin.

Una serie de post analizan esa situación.

No me jodas que en EEUU no quieren seguir las recomendaciones del FMI

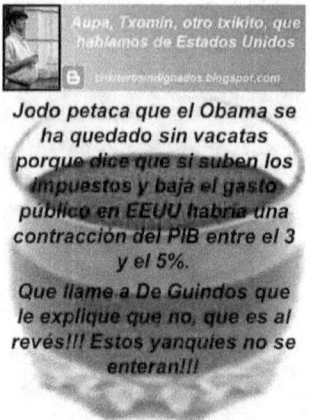

Jodo petaca que el Obama se ha quedado sin vacatas porque dice que si suben los impuestos y baja el gasto público en EEUU habría una contracción del PIB entre el 3 y el 5%.
Que llame a De Guindos que le explique que no, que es al revés!!! Estos yanquies no se enteran!!!

Amo a vé!! Resulta que estamos con la cantinela diaria del FMI de que tenemos que reducir el déficit y subir los impuestos. Esta receta se ha aplicado con éxito en Grecia, Irlanda, Portugal, España o Italia, con unas consecuencias que traerán empleo a largo plazo (para el siguiente fin del mundo de los mayas dicen las previsiones más optimistas).

Economistas de la talla de Rodrigo Rato o Strauss-Kahn han dirigido tan egregia institución y han seguido estas recomendaciones hasta el final (sólo hay que ver el caso de Bankia, entidad saneada donde las haya, por ejemplo).

Nuestro bien preparado ministro de economía, De Guindos, el único que parece que sabe distinguir un euro de un dólar de todos nuestros políticos ha anunciado además a su manera que seguirá esa política, ya que ha afirmado que vamos a asistir a una nueva subida del IVA y un brutal rescate por parte de la troyka alemana (en lenguaje pepinillo ha dicho que descarta una nueva subida del IVA y un rescate a la portuguesa).

En cambio, hoy nos sorprende que Obama regresa de hacer surf a Washinton para tratar de llegar a un acuerdo que prorrogue la política fiscal de Reagan, aquella que disminuía los gastos fiscales y aumentaba el gasto público, ya que si no se prevé una contracción del PIB estadounidense de entre el 3 y el 5%.

No sé qué me da que una de las dos políticas es equivocada.

Inglaterra se va a pasear por el desierto

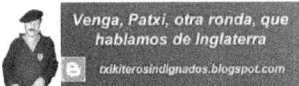

Venga, Patxi, otra ronda, que hablamos de Inglaterra

txikiterosindignados.blogspot.com

Pues que parece que Inglaterra que no está en la zona euro y que pasa de seguir las políticas de la Merkel, que se plantea abandonar el cuarto reich de la Führer Merkel, que dice que no está para gastos en Europa con tantos recortes internos.

Cameron lo tiene claro. Que se ha hartado de la comunidad Europea, que cada día le piden más desde Europa y que para poder atender las demandas de la nueva lideresa como que está haciendo demasiados recortes en su sistema social.

Y como que no, que ya vale de chorradas y que es hora de pensar en sus propios ciudadanos.

Y que desde la comunidad europea le dicen lo mismo que a los catalanes, que fuera de la comunidad su existencia será como una travesía en el desierto.

Pero me da que Cameron va por otro lado, que se ha cansado de ser solidario en los gastos, pero tenerse que comer sus propios problemas, sin que la Unión, adorando a ese becerro de oro que es el euro, quiera hacerse cargo de ellos.

Inglaterra tiene sus propios problemas, y debe resolverlos solos, lo mismo que España con su problema de paro. Pero tanto a Inglaterra como a España, los nuevos objetivos de déficit marcados por la Unión, el control bancario establecido desde el Bundesbak, le impiden resolver sus problemas. El euro-marco quizá se salve, pero los ingleses se han cansado de sacrificarse por él, y los españoles quizá debieran empezar a pensar como ellos.

El Reino Unido no está en el Euro, pero ayuda a mantenerlo. Lo que quizá se está planteando Cameron, lo que quizá deberíamos plantearnos todos, es ver a quien beneficia realmente ese Euro, y porque nos tenemos que tragar nuestros problemas de desempleo y desaceleración económica, y por qué tenemos que arruinarnos para mantener ese puto euro, que quizá sea hora de pensar en un futuro lejos de Alemania y de esa insolidaria y egoísta Europa que nos están planteando.

¿Salvamos a Alemania o nos salvamos nosotros mismos?

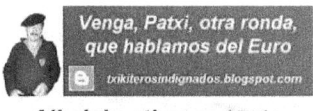

*L*as medidas que se están tomando contra España, las mismas que se tomaron contra Grecia, Irlanda, Portugal o Italia, de reducir el déficit a base de eliminar el gasto público y de limitar el crédito a base del control de la banca NO van dirigidas a que la economía española remonte.

El BCE no va a comprar deuda española, ni nadie va a correr con los gastos derivados del desempleo. España no es un mercado interesante para Alemania, porque el ÚNICO mercado interesante para Alemania es la propia Alemania.

Que nadie se lleve a engaño, a los alemanes Europa se la trae al pairo, les importa una mierda que aquí tengamos 10 millones de parados o un país en quiebra, ya que su único mercado es el suyo propio.

Han entendido perfectamente lo que significa la globalización, que es la deslocalización de las empresas. Una multinacional alemana que trabaje en EEUU no le supone ninguna ventaja al alemán medio, ya que trabajando en EEUU la empresa solo tiene de alemana la banderita. La única empresa alemana que le interesa al alemán es la que trabaja y vende en su mercado interno, Alemania.

Y ahora que controlan el Banco Central Europeo, su único interés es poder competir con el euro frente al dólar, para evitar que haya una fuga de capital, ahora que todo el capital europeo está en los NO controlados bancos alemanes. Y para ello necesita limitar el déficit de los países de la zona euro, para que no se deprecie el euro frente al dólar, y controlar el crédito privado de los países de la zona euro, con el mismo fin, ya que euro que no se pueda devolver, significa depreciación frente al dólar.

Y ahora tenemos que elegir, o salvamos el puto euro alemán a base de morirnos de hambre, o les mandamos a la mierda de una puta vez y salvamos nuestro propio mercado y nuestro propio país.

Las medidas de austeridad parece que traen paro y recesión, ahora se dan cuenta

Que resulta que hoy nos despertamos con la noticia de que tanto desde la Comisión Europea como del FMI que hay informes que dicen que las medidas de austeridad que empezaron a tomarse hace 4 años como que no eran tan buenas ideas ya que no tenían en cuenta factores como su incidencia en el PIB interno de cada país o en el paro.

O lo que es lo mismo, sólo favorecían al euro alemán y a la deuda que mantienen en euros muchos países ajenos a la comunidad europea como India o China, que han apostado más por el euro que por el dólar.

Y lo dicen ahora que han destruido sin capacidad de recuperación a Grecia, que tienen prácticamente en situación de no retorno a Irlanda y Portugal y que han situado al borde del abismo a España e Italia.

Y el único que se mantiene firme en estas medidas es el BCE.

Y nos despertamos también sabiendo que Japón va a inyectar 170.000 MM de euros a su economía en infraestructuras y recuperación de las zonas devastadas por el tsunami, aumentando su deuda (no olvidemos que Japón lleva ya varios años inmerso en una crisis financiera similar a la nuestra) esperando así hacer crecer su economía en un 2%, y que EEUU pretende aumentar su techo de deuda hasta el Billón de dólares con el fin de estimular el mercado interno.

Pero no nos hagamos ilusiones, que me temo que éstos que tenemos aquí, los mismos que aún siguen creyendo a pies juntillas que no tuvieron ni la más mínima responsabilidad en el hundimiento del Prestige, que aún hay armas de destrucción masiva escondidas en algún desierto iraquí y que el 11M lo perpetró ETA, éstos que nos gobiernan creyéndose nuestros amos y olvidando que son nuestros gestores, no van a variar sus políticas hasta que consigan hundir el país vendiéndolo a cachitos, o lo que es lo mismo, privatizándolo a sus amigos a precio de saldo.

Sólo nos queda la esperanza de que alguien con dos cojones a posteriori les vuelva a expropiar y nacionalizar el fruto de su saqueo.

El origen del problema, el euro, un gigante con pies de barro.

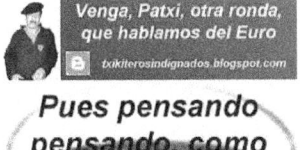

Venga, Patxi, otra ronda, que hablamos del Euro

txikiterosindignados.blogspot.com

Pues pensando pensando, como que esto del Euro es un timo que viene desde hace años, y que ahora tiene difícil solución!!!

Amo a vé. Hace unos cuantos años, al final de la guerra fría, Europa ya no es un aliado de EEUU frente al bloque soviético, sino que es un bloque económico más.

Hasta entonces el dólar dominaba la economía, y el resto del mundo se componía de pequeñas monedas, franco, libra, peseta, marco, yen, sin la capacidad suficiente como para competir con el dólar.

Y se decide crear el euro. Pero este euro no tiene la entidad suficiente como para competir con el dólar, porque aún es pequeño, no es una moneda fuerte ni tan implantada a nivel internacional.

Y para poder implantarla lo que se hace es unir una serie de economías más o menos estables, los que denominamos la zona euro, con un déficit controlado y un crecimiento similar. Se crea el BCE que en principio debería gestionar la riqueza en toda la zona euro para mantener un crecimiento similar y para potenciarlo.

Los dos secretos para mantener el euro estable son que los países de la eurozona tengan un déficit controlado, entendiéndose por déficit la parte de los gastos del país que no se pueden cubrir con los ingresos, y un crecimiento similar.

Pero aún así no llega para competir con el dólar, por lo que se hace una tercera trampilla, una inocente trampa, que es jugar con el coeficiente de liquidez. Este coeficiente es el % de dinero que tiene que tener un banco en función de los créditos emitidos, y ese coeficiente de liquidez lo fijan en un 2%, frente al 10% de EEUU.

Para entendernos, si alguien deposita en un banco 100 , en EEUU debe quedarse 10 en caja, mientras que en Europa t an sólo 2. Y claro, el banco Europeo presta 98 a alguien para c omprar un bien, y el que lo ha vendido, lo vuelve a meter en el banco, por lo que el banco podrá prestar 96'04   y así sucesivamente. Es to significa que aunque físicamente hay tan solo 100   reales, el ba nco ya tiene 198 en depósito y ha prestado 194'04, y puede repetir la operación. Y el BCE sólo ha emitido 100 .

De esta manera el euro puede competir con el dólar, manteniendo un cambio estable entre euro y dólar, y cualquier política monetaria estadounidense se puede contrarrestar rápidamente en Europa ya que por cada 10 euros (dólares al cambio) que emita la reserva federal el BCE tan solo debe emitir 2 euros. Y mantener el euro parejo al dólar favorece las exportaciones europeas y las importaciones de terceros, como los países árabes que nos surten de petróleo.

Pero esta política presenta dos problemillas:

1) Alto riesgo, ya que mientras el riesgo de una operación fallida de un banco en dólares es del 90%, en euros es del 98%. O visto de otra manera, un banco europeo tiene 5 veces de riesgo más que uno americano (del 2 al 10%) en caso de operaciones fallidas.

2) Es un sistema caro de mantener ya que la economía debe generar más riqueza para mantener al euro. Al haber más euros "ficticios" circulando, como estos proceden del créditos bancarios, hay que pagar más intereses por ellos.

Y España ha contribuido una barbaridad al crecimiento del euro debido a la burbuja inmobiliaria. Mientras esta funcionaba, nadie en Europa decía nada, ya que un préstamo hipotecario en España mantenía fuerte al euro alemán.

Pero de repente la burbuja inmobiliaria ha estallado y España se ha convertido en un sumidero de euros. La depreciación de la vivienda está provocando una falta de liquidez enorme de la banca española, ya que no se puede contraer más el coeficiente de liquidez, y además las pérdidas son superiores a los fondos de respaldo de nuestra banca.

Y ahora Alemania no quiere que se le hunda su euro, ese que ha hecho fuerte la burbuja inmobiliaria española, y el endeudamiento de Grecia, Irlanda o Portugal entre otros. Y España, Italia, Grecia, Portugal, Irlanda, Bélgica, Holanda y otros países no pueden pagar los altísimos intereses de ese euro. Y claro, el capital se aleja de los sumideros (España y demás países en problemas) y se refugia en Alemania, donde se cree seguro, ya que piensa que el euro será insostenible y de volver a las antiguas monedas la única segura será el marco alemán.

Es un problema de muy difícil solución, ya que el marrón en el que nos han metido es de aupa. Y hasta ahora sólo se está parcheando, para intentar salvar al euro. Y el euro exige controlar los sumideros, de ahí el control del déficit y que no fluya el crédito en los países en riesgo, y se está expoliando la riqueza de estos países para intentar salvar ese euro.

Pero me da que de esa manera nos están sacrificando por un becerro de euro, perdón, de oro, y que nos han abandonado a nuestra suerte. Y lo que están haciendo nos traerá problemas, ya que se ha dado el primer paso, la nacionalización de la deuda a través del rescate bancario, y luego viene la segunda, cubrir esa deuda a través de la privatización de los bienes públicos, o sea, sanidad, educación y sobre todo, seguros sociales y pensiones.

Pero el problema no es local, es global, ¿o acaso se cree Alemania que ella solita puede mantener al euro? ¿Piensa la Merkel que ahora puede salirse del Euro y recuperar el marco? No tiene el potencial económico suficiente para mantener un euro tan caro, y si se sale del euro entraría en una recesión importante junto con una fuga de capitales masiva. Europa sólo puede sobrevivir si recupera el Estado del Bienestar, y es necesario un plan Marshall a nivel europeo o la economía se colapsa.

¿Hay tanta diferencia entre Grecia y España?

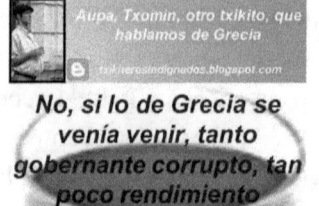

Aupa, Txomin, otro txikito, que hablamos de Grecia

txikiterosindignados.blogspot.com

No, si lo de Grecia se venía venir, tanto gobernante corrupto, tan poco rendimiento laboral, si es que han vivido por encima de sus posibilidades...

Por cierto... ande hemos oído esto!!??

Nos ponen como ejemplo a Grecia sobre lo que no hay que hacer y chorradas varias. Que si su gobierno era muy corrupto, que si el endeudamiento era muy alto, que si tal que si cual...

Pues bien. Grecia no seguía los criterios de convergencia con el euro en temas de crecimiento y de déficit, pero se la metió. ¿Por qué? Porque la deuda de Grecia hacía crecer al euro.

¿Y hay similitud con España? Pues sí, España convergía en temas de crecimiento por la burbuja inmobiliaria, o lo que es lo mismo, España no crecía, trasladaba crecimientos futuros al presente en base de créditos hipotecarios, que también hacían crecer al euro.

El Grecia el gasto público era desmesurado, provocado sobre todo por la evasión de impuestos, y al caer el PIB el déficit de repente se ha disparado.

Pues mira en España, el gasto con Zapatero se multiplicó de manera que la deuda española pasó de 300.000 MM a 600.000 MM de euros, aunque hay que decir que casi 200.000 MM de ese incremento vienen por el rescate a la banca y por los compromisos de rescate europeos, pero el resto vienen de gilipolladas como el Pan E. Y la caída del PIB por la caída de la construcción ha disparado también el déficit.

Grecia es un país que siempre se ha caracterizado por gobernantes corruptos, algo impensable en un país serio como España... salvo que TODOS los partidos políticos tienen su chorradita, hasta la casa real está pringada en casos de corrupción.

Y bueno, se han aplicado con éxito una serie de medidas en Grecia que lo han llevado a la situación actual, medidas de austeridad que han dinamitado el mercado interno, que impiden el crecimiento y que han llevado a una atomización del parlamento en forma de varios pequeños partidos que necesitan multicoaliciones para ingobernar el país.

Al contrario que aquí... con la pequeña diferencia que los más que previsibles 8 MM de parados que tendremos en las próximas elecciones no creo que les dé por votar al PP... ni al PSOE... ni a IU...

Esas medidas además al disparado el paro hasta el ventitantos por ciento de la población... al contrario que aquí, que lo hemos conseguido sin necesidad de esas medidas.

En definitiva, que esto va de culo así.

Hoy estamos de mala hostia con la OCDE y sus gilipolleces, sin más

Qué hostias hacen estos mamomes sacando pecho por la banca en Rusia el día después de la requiebra de Bankia??!!!

Vaya mañanita la nuestra con estos imbéciles reunidos con la OCDE en Rusia. ¡¡¡Si es que es normal que se les haya caído el cielo encima en forma de meteorito en los Urales!!!

Amo a vé... ¿Quien ha sido el imbécil que ha dicho que la banca española es de las más sólidas del mundo después de la cagada ayer en bolsa de Bankia?

Y eso que aún está por salir toda la mierda acumulada, que cuando los de la CAN acaben de echar mierda, empezarán los demás, que nos da que no han sido los únicos.

Y a eso se suma la OCDE diciendo gilipolleces, algo así que se debería quitar el subsidio de desempleo a quien no busca activamente trabajo... ¿Y quien juzga si se busca o no activamente trabajo? ¿Carlos Floriano?

Y acabáramos, que se sueltan con un "los sueldos se deberían adaptar a la coyuntura económica actual".

Sinceramente, si colgáramos de los cojones del semáforo de entrada de Sabino Arana a todos estos hijosdeputa que hablan gratuitamente acabaríamos con la crisis en menos que canta un gallo.

Sinceramente, hoy nos hemos cansado de escuchar idioteces.

¿Son los ajustes la solución a la eurocrisis?

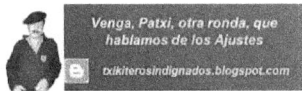

*L*a verdad que explicar este tema es un poco difícil para conseguir hacerlo ameno, pero lo vamos a intentar.

Europa tiene un problema. Tiene un euro caro y débil frente al dólar. Un euro que apenas nos ha durado 8 años, ya que se creó en el año 2000 y en el 2008 empezó a renquear.

Y Europa se enfrenta a un mercado global unida por la moneda, y en ese mercado global han aparecido una serie de países asiáticos como China netamente exportadores que inundan el mercado de productos baratos.

Y de repente ha aparecido un gurú de Baja Sajonia que asesora a la Merkel y que ha convencido a toda Europa de que la solución es convertirnos en países exportadores manteniendo la paridad del euro frente al dólar.

Pero... ¿Por qué dice eso? Lo dice debido a que no podemos competir con China, que se va a convertir en la primera potencia económica mundial, y puede aparecer una tercera moneda en discordia, el yuan chino que podría poner en peligro al euro.

Europa tiene una energía cara por su dependencia de los hidrocarburos, una financiación cara debido al alto tipo de interés que pagamos por el euro y una nefasta gestión de materias primas por la pésima política exterior, por lo que para ser exportadores sólo nos queda disminuir los costes de mano de obra y los fiscales.

La primera medida trae consigo una deshumanización del trabajo y consecuentemente una inseguridad económica en los consumidores. La segunda una disminución de la capacidad adquisitiva. Y estas dos juntas traen consigo una contracción del mercado interno y que se abra una brecha importante entre ricos y pobres, que se ha traducido en Europa en la concentración del capital en Alemania mientras que en España tenemos 6.000.000 de parados, en Italia inestabilidad política y Grecia ya no cuente como país.

¿Por qué se ha hecho eso? Por que en Alemania no se quiere ni oír hablar de una devaluación del euro ya que disminuiría la riqueza del país.

Y esa contracción del mercado interno ha traído consigo que a pesar de convertirnos en una Europa exportadora, hayamos entrado en toda la eurozona en recesión.

Por tanto, ahora somos exportadores, con un mercado interno débil, en recesión y con problemas y tensiones internas muy importantes. Pero también China es exportadora, y Brasil, y México, y la India... alguien tendrá que importar, ¿no? Pues sí, hasta el mes pasado era EEUU el mercado importador, pero con el cambio fiscal de este mes, se acabó el exportar a EEUU.

¿Y ahora qué? Pues a verlas venir.

¿Hay otra vía? Pues sí que la hay, y consiste en devaluar el euro y aumentar la deuda con el fin de reactivar la economía estabilizando la balanza de pagos. La inflación subiría en Alemania mientras que los países periféricos aliviarían su situación y volverían a la senda del crecimiento. Volvería a haber un reparto del capital y el crecimiento en Europa sería en su conjunto positivo, recuperándose países como Grecia, Italia, o España, que de otra manera están condenados a la desaparición.

En resumen: ajustes, concentración de la riqueza en Alemania y empobrecimiento paulatino de los países mediterráneos. Devaluación, reparto de la riqueza y aumento de inflación en Alemania.

Quizá en vez de pensar en salirnos de la eurozona, debemos pensar en echar a Alemania del euro.

Por cierto... ¿había pasado esto antes? Si, las teorías de este gurú bajosajonés ya las habíamos escuchado cuando Japón o Corea ocupaban el lugar que ocupa ahora China, con la diferencia que antes no se les hizo caso, y Europa salió fortalecida de la crisis. Ahora se les ha hecho caso, y dudamos que salgamos. Los experimentos con gaseosa.

Vale ya de parches, que le den al euro alemán de los cojones, es cuestión de supervivencia.

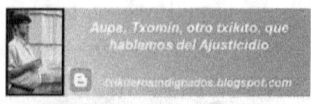

Es la hostia, están parcheando la economía sabiendo cuál es el problema y mirando para otro lado por no enfrentarse a la verdad.

Amo a vé. El problema problemorum de la economía española es el euro, ni más ni menos.

Ya lo hemos explicado varias veces, pero lo volvemos a hacer someramente. Se creó el euro y la eurozona, con países de economía dispar y crecimiento dispar. Alemania marca el ritmo y la diferencia entre Alemania y el resto de los países se cubre mediante endeudamiento y capital especulativo.

Y como tenemos un coeficiente de caja muy pequeñito, se permite un endeudamiento grande.

Y mientras en países como Grecia el endeudamiento es público en otros como en España es privado.

En 2008 por diferentes circunstancias el sistema colapsa y no solo se corta el endeudamiento sino que además se destruye el capital especulativo, en algunos casos como el griego disminuyendo el valor de los títulos de deuda emitidos, en otros como en el nuestro ajustándose el valor de la vivienda a la realidad.

Y desde Alemania se decide taponar la herida cortando la financiación a los países en problemas y contrayendo su economía, en aras del cuarto reich.

Pero se haga lo que se haga, la diferencia de crecimiento va a estar ahí latente, por lo que a pesar de los ajustes que se hagan, la raíz del problema seguirá existiendo.

¿Solución? Salir del euro, no más ni menos. Dicen que la economía se contraería un 35% y que habría una fuga de capitales de España, pero teniendo en cuenta que esta chorrada la dicen los mismos sesudos economistas que hace 10 años auguraban que estábamos en la championligs de la economía para siempre jamás, tampoco hay que hacerles mucho caso, ¿por qué?

- Porque fuera del euro se pueden hacer políticas monetarias encaminadas a la devaluación y la emisión, o sea, el endeudamiento del estado fuera de los mercados, y de esa manera reactivar el crédito al circulante y a la inversión.

- Porque el capital ya se ha ido de España y lo único que puede hacer es volver.

- Porque hay que reindustrializar el país y para ello tenemos mano de obra, cuadros de mando formados, infraestructura, conocimiento y suelo industrial a raudales.

- Porque nuestro sistema de pensiones público puede reactivar la economía al margen de los fondos de inversiones privados en cuanto se cree empleo teniendo las herramientas anteriores, y realimentarse de esa creación de empleo como lo ha hecho siempre, actuando la seguridad social como fondo de reindustrialización hacia modelos de alto valor añadido, cosa que en los años 60 no se podía hacer, pero ahora sí.

- Porque una política de transición al neoliberalismo dentro del euro con nuestra estructura de seguridad social crearía focos de pobreza enormes, ya que nuestra pirámide poblacional es exactamente la inversa que la de los países en vías de desarrollo.

- Porque dentro de nuestra balanza de pagos tan solo hay un problema para reactivar la economía, que es el alto coste de la energía, y que se puede resolver liberalizando el mercado, no como ahora, en manos de oligopolios.

¿Y cómo hacerlo?

- Regenerando la democracia pasando de partidocracia a democracia, eliminando los cargos públicos y sacando totalmente las cajas de ahorro del control político.

- Favoreciendo los focos tecnológicos descentralizados creando industria tractora de alto valor añadido en base tecnológica.

- Regulando el mercado financiero haciendo coeficientes de caja variables en función de la economía.

- Contrayendo el mercado hipotecario en aras de la financiación a proyecto.

- Mejorando las relaciones internacionales, en Europa con el fin de emitir deuda controlada en tipos de interés al margen de los mercados, fuera de Europa para abaratar las importaciones y disminuir los riegos de país.

- Cambiando la política fiscal hacia la penalización al productor frente al consumidor, colocando aranceles a la importación para proteger el mercado interno.

Ya sabemos que esto significa aislacionismo y la ruptura con Europa, pero ya lo hemos experimentado y no nos ha ido bien, y no estamos para más experimentos. la próxima vez que se quiera crear Europa será empezando por una unión fiscal e industrial primero, y luego ya se hablará de moneda.

Total, por mucho que se empeñen, al euro le quedan dos telediarios, ya que Grecia caerá, y también España, Irlanda, Italia, Portugal... y tiempo al tiempo, caerá Francia, Austria, Holanda, Bélgica... todos porque sin unión fiscal y de políticas de activación económicas comunes, la diferencia de crecimiento entre países disgregará Europa... eso sí, después de ser fagotizados por Alemania.

Aunque Alemania sin el euro, volverá a pintar lo que pintaba hace 10 años.

Así que no nos vengan con ajustes que lo único que hacen es hundir más el país y acercarlo al abismo.

Bye, bye Europa.

Atraco por butrón con alevosía y nocturnidad en Chipre

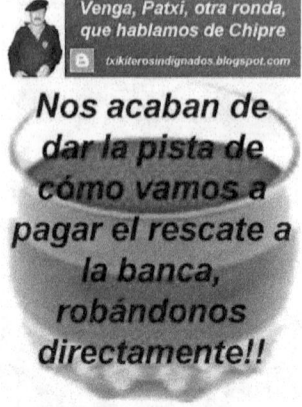

Venga, Patxi, otra ronda, que hablamos de Chipre
txikiterosindignados.blogspot.com

Nos acaban de dar la pista de cómo vamos a pagar el rescate a la banca, robándonos directamente!!

*L*a Unión Europea ha sacado su cara más radical. Después de hundir completamente a Grecia acaba de actuar en Chipre.

¿Cómo ha rescatado la troyka a ese otro país que había hundido? Muy sencillo, mediante un atraco a mano armada. Ha ROBADO directamente el 6'6 % del dinero de los depósitos bancarios para los que tenían menos de 100.000 y en un afán de socializar la deuda por t ramos, un 9'9% de los depósitos superiores a 100.000 , nos imagin amos que a los que no estaban avisados.

¿Y cómo ha hecho ese butrón? Pues con nocturnidad y alevosía, ya que hoy es sábado y para el lunes cuando los ciudadanos vayan a sacar el resto de sus inexistentes ahorros la pasta ya ha salido del país.

Como pistas, aquí estamos obligados a tener nuestros ahorros en un banco ya que cualquier transacción por encima de poco más de 1.000 la tenemos que hacer vía bancaria, o sea... o vamos al B o ya sabemos lo que nos espera.

Quizá sea el momento ya de empezar a afilar las navajas, guillotinas y machetes, ya es cuestión de supervivencia.

¿Qué pasaría si China rescatara a Chipre? Europa a precio de saldo...

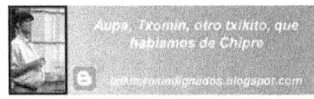

Pues pensándolo bien y viendo que les puede salir el tiro por la culata, no nos importaría ser chipriotas en este momento...

*A*mo a vé, ¿Cuánto pagaría China por un tratado de libre comercio con la Unión Europea?

Pues ahora tiene uno a precio de saldo, por 6.000 MM de puede adquirir no sólo un tratado de libre comercio, sino también un país europeo entero.

No nos estamos refiriendo a que puede comprar físicamente el país, sino que si se hace cargo de la deuda, puede llegar a un acuerdo muy cómodo con Chipre, que traería importantes ventajas para ambos.

Si China rescatase a Chipre podría convertir fácilmente el puerto de Nicosia en la puerta de Europa, que por cierto, está muy cerquita del canal de Suez, la puerta al Mediterráneo de los productos asiáticos. No tardaríamos en ver paseando por nuestras calles hombres de negocios europeos de color amarillo, pero con pasaporte chipriota.

Ni Rotterdam, ni Liverpool, ni el superpuerto de Bilbao, Nicosia podría ser el puerto de mayor tráfico marítimo de la UE, con los beneficios correspondientes para Chipre.

Y ni el Bundesbank ni el BBVA ni hostias, los ahora en quiebra bancos chipriotas se convertirían en los principales bancos para las transacciones comerciales entre Europa y China, y una importante salida de capitales hacia el gigante asiático con un control fiscal mínimo, que tampoco son tantos los chipriotas y su "enorme" sistema social se mantendría con esa fiscalidad mínima.

Y no sólo Chipre, sino que el sector del transporte griego y el de grandes infraestructuras, o sea, construcción de autopistas entre el puerto del Pireo y el corazón de la bundesalemania de la Merkel, se verían beneficiados por esta compra a precio de saldo.

¿Y cuanto duraría el 4° Reich este de otros mil años? Pues nos da que menos que el 3°. Y esa espada de Damocles con la que nos amenaza Alemania se daría la vuelta, ya que no tardarían en recibir las actas del consejo de administración de Volkswagen traducidos al alemán desde el chino por la compra de las grandes corporaciones centroeuropeas por bancos chipriotas con capital chino. ¿Cerraría Alemania las puertas saliéndose del euro? Para cerrarlas está, ¡¡¡iba a vender Mercedes en Marruecos!!!

Y no sólo eso, sino que la mayor materia prima europea, la tecnología, sería explotada y expoliada con gran facilidad por China, con la correspondiente transferencia de tecnología.

Alguien se ha dejado una puerta abierta en Chipre y hay una corriente del copón. Los menos malos que pudieran cerrarla son los rusos, porque como la abran del todo los chinos, vamos a tener que aprender mandarín para trabajar en SEAT. Y no solo China puede estar detrás, sino también el otro gigante dormido, India, con unas necesidades importantes de crecimiento.

Y 6.000 MM de parece mucho, pero es menos del 5% de la deuda que nos hemos comido los españoles de nuestra banca, toca a 6 por chino, algo menos que los 6.000 por cabeza qu e nos toca a los españoles Bankia y compañía... y poco más de los 1.200 MM de a fondo perdido y a mayor gloria de Alemania q ue vamos a poner en el rescate a Chipre.

El problema del paro no es tan sólo español, es de toda Europa

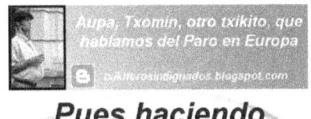

Pues haciendo cuentas, como que si en Alemania tuvieran los derechos laborales que en España... tendrían un paro parecido!!!

Como nos hemos malacostumbrado, a pesar de que hoy tocaba la segunda parte de los males endémicos de España, los patriobajeros, lo vamos a dejar para mañana, y hoy vamos a comentar el problema del paro en Europa.

En países como Alemania, con una regulación laboral puramente mercantil, el paro es muy bajo, mientras que en España, donde aún prevalecen (aunque se vayan mermando) importantes derechos laborales, el paro es altísimo, una de las tasas más altas no sólo de Europa, sino del mundo.

Esto visto por un político cortoplacista y cortomirista hace que llegue a la conclusión de que la legislación laboral alemana es algo a seguir, y que la española trae el drama social del paro.

Pero sin embargo, los resultados macroeconómicos nos indican lo contrario. En las circunstancias actuales la diferencia de crecimiento entre ambos países debería ser abismal, pero no lo es tanto. ¿Por qué?

Simplemente porque en Alemania su legislación laboral que permite los minijobs lo enmascara. El mercado laboral en Alemania es libre y se permite, para que los trabajadores no se mueran de hambre, que quienes no lleguen a unos ingresos mínimos complementar esos ingresos con ayuda social. O sea, que se puede trabajar 8 horas al día 5 días a la semana por 400 y el estado alemán te da otros 400 para que no te mueras de hambre, algo impensable en España, donde los derechos laborales aún prevalecen.

¿Y si no quieres trabajar? Simplemente no tendrás la ayuda complementaria, ni derecho a sanidad, pensión ni otros complementos sociales.

Así sí que se crea empleo, dirán algunos, y las empresas son competitivas por el bajo coste de mano de obra, pero eso tiene dos problemillas:

1) Con unos salarios tan bajos los mercados internos se resienten. De ahí que Alemania con una tasa de paro tan bajo, no tenga crecimiento y esté empalmando recesión tras recesión. Cada vez hay menos trabajadores que puedan permitirse un Audi y cuando no puedan alargar más la vida de su coche se deciden por un Kia.

2) El complemento de salarios tiene un coste social similar al español, ya que se disminuye la recaudación de IRPF y se deben pagar rentas de garantía básica.

Aquí esa gran estadista denominada Barcina, la corrupta presidenta de la Comunidad Foral de Navarra ya está planteando los minijobs (como dato, aproximadamente el 25% de los puestos de trabajo en EEUU son minijobs) en la administración pública, con la excusa del reparto del trabajo. Amo a vé, espabilada. Si a un trabajador le ofreces 400 por media jornada, das trabajo a jorn ada completa a dos trabajadores... que deben complementar esa media jornada con otro trabajo de media jornada con otros 400 . Y si sumas, cada trabajador tiene dos puestos de trabajo y cada puesto de trabajo dos trabajadores. Sumamos y tenemos, y ahí está el milagro, espabilada, de dos trabajadores en dos puestos de trabajo... tachaaaaaan!!!!

Pues lo dicho, que no nos engañen, que el problema de Europa es el euro y trae consigo la destrucción de puestos de trabajo en todo el continente, y el reparto de esos puestos entre más trabajadores enmascara la realidad.

- Antes de empezar con los minijobs, en Alemania había 5 MM de parados, ahora la tasa de paro se disimula con precariedad, ya que hay 7 MM de alemanes trabajando en minijobs y recibiendo subsidio para llegar a fin de mes.

- Lo que iba a ser provisional para el acceso al mercado laboral se ha convertido en crónico y cientos de miles de alemanes se enfrentan a una jubilación que se deberá complementar con un subsidio.

- El 65% de la juventud alemana trabaja en minijobs.

- El 20% de la población activa total alemana trabaja en minijobs

- El coste directo para el estado por la aportación de subsidios a los que sufren minijobs es de 1.000 MM de anuales.

- No se ha contabilizado el coste indirecto por la no aportación de estos 7 MM de alemanes al sistema de seguridad social, impuesto de renta y demás.

- Se ha perdido la especialización del trabajador y su formación, que era lo que se buscaba, o con lo que se enmascaró inicialmente la legislación de minijobs por le inestabilidad de los puestos de trabajo y el corto horario.

Y esto es lo que la Markel quiere imponernos... Angelita!!!

Europa camina hacia su autodestrucción

El capital alemán, ese que corrompe a la Comisión Europea y a la propia Alemania está llevando a Europa a su colapso y desaparición

A veces nos preguntamos hacia donde vamos, qué es lo que justifica esta locura europea hacia su colapso, y sólo encontramos una explicación.

El mercado chino.

El mercado chino se compone actualmente de 300 MM de chinos ávidos de gastar lo que no han podido gastar en décadas de comunismo. Unos chinos prepotentes que necesitan gastar de forma compulsiva su riqueza.

Y es un mercado que aunque aún está protegido, no dispone aún la tecnología capaz de fabricar coches de alta gama, ni otros productos de lujo.

Pero con el resto de los 700 MM de chinos como mano de obra barata para servir a los 300 MM de chinos ricos, la tecnología europea no es capaz de competir y de entrar en ese mercado, y hay que reducir los costes estructurales.

Y el capital alemán, ese que ha sido capaz de captar todo el capital periférico europeo y que controla a la Merkel es el que quiere una China en Europa, una fuente barata de mano de obra, tanto en Alemania como en los países periféricos para fabricar productos que vender a ese mercado chino.

Pero eso trae una trampa en sí misma. Cuando Mercedes y Audi consigan fabricar vehículos y entrar en el mercado chino... se deslocalizarán y fabricarán en China, siendo el mercado europeo un mercado residual, en una Europa empobrecida y descapitalizada.

Porque no nos engañemos, el capital no tiene arraigo, no tiene patria. Si no nos revelamos ahora, será demasiado tarde. Nuestros políticos ineptos no tienen la capacidad mental de ver más allá de sus narices y se producirá el colapso europeo, y cada vez que Europa colapsa, la historia nos ha enseñado que no hemos acabado bien, sino más bien a hostias.

Avisados estamos.

Vamos a hacer una serie de recomendaciones a la Troyka

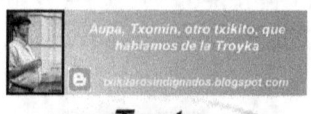

Tanta recomendación de la troyka, e igual son ellos los que necesitan recomendaciones

Estos de la Troyka, uséase BCE, CE y FMI, se pasean por Europa dando recomendaciones de obligado cumplimiento, una tras otra, y no es que se trate de moscas cojoneras que andan tocando los huevos al personal, sino que sus recomendaciones ya han hundido a varios países en recesiones económicas de las que les va a costar muchísimo salir, como el caso de Grecia.

En su día ya analizamos la Troyka ésta y ya vimos que ninguna de las tres "instituciones" que la componen está ni debidamente controlada ni tienen un aval de correcto funcionamiento detrás.

Es más, desde que están juntas han hundido a Europa en una recesión sin precedentes.

Por tanto, hemos decidido hacerles unas recomendaciones a la Troyka, viendo que se muestran bastante inútiles en su quehacer a la vista de los resultados obtenidos.

1) El BCE deberá financiar directamente a los países y no a la banca. ¿Dónde se ha visto la soberana gilipollez que estamos viviendo de que los países europeos privados de política monetaria se vean abocados a salir a bolsa? Porque no nos olvidemos que ese invento de la prima de riesgo no es más que una cotización bursátil de los países.

2) La Comisión Europea, de la que no nos cansamos de repetir hasta la saciedad que se trata de un organismo "autónomo" fuera del control de los estados y del parlamento europeo, debería

plegarse a las necesidades de los estados miembros de la unión y no a unos tratados realizados en otros tiempos y que deben revisarse conforme a la situación actual. Y no estaría de más que en sus sesudos análisis hiciera uno profundo de la influencia de los minijobs en la más que cierta futura quiebra del todopoderoso estado alemán que nos arrastrará encima a todos.

3) Respecto al FMI exigimos la disolución de la banda y la entrega incondicional de las armas.

En definitiva, abogamos por otra troyka, la formada por el BEI (Banco Europeo de Inversiones) y la COMUNIDAD Europea para la elaboración de un octavo programa marco destinado no a la eficiencia de las empresas sino a la reactivación de la economía, bajo el control del parlamento europeo y de una comisión permanente de los estados miembros que vigile que las inversiones se destinen a lo que deben.

El FMI pide una reducción de salarios del 10% pero no cuantifica el empleo que se conseguirá

Señores del FMI, si nos bajamos un 10 % los sueldos... ¿cuánto empleo se creará?

*C*omo siempre, el FMI ha hecho una de sus predicciones vacías. Ha dicho claramente que tenemos que bajarnos el sueldo un 10% para crear empleo, lo mismo que dijo que el objetivo de déficit de España era nosecual para poder crecer.

Nos dice que si no nos bajamos el sueldo, insolidarios nosotros, no se creará empleo hasta 2018 por lo menos... o más!!!

Pero como siempre, a estos chicos se les olvida el detalle de decirnos... si nos bajamos el 10% el sueldo... ¿cuanto empleo se creará?

Pues seguramente no tengan ni puta idea, como siempre. Incluso en el caso de que nos bajáramos el sueldo y como es previsible cayera aún más el mercado interno, nos hablarían de creación de empleo negativa, pero creación.

El FMI tiene en sus predicciones un porcentaje de acierto similar al calendario zaragozano, lo cual le desacredita totalmente para dar consejos. Cuando los da nos tememos que fijar en su curriculum y sus aciertos con Grecia.

Puestos a hacer previsiones, vamos a hacer nosotros una. La reforma eléctrica va a disparar el precio de la energía y el déficit de tarifa, por el cambio de la no gestionabilidad de las energías renovables por la imprevisión del precio del gas de las centrales de ciclo combinados que las van a sustituir.

Este sobrecoste, unido al aumento de los costes bancarios por el más que previsible próximo rescate a la banca por el aumento de activos tóxicos (alrededor de 30.000 MM) proceden tes de la quiebra de la fotovoltaica financiada y por la quiebra de los sistemas nacionales de pago de la deuda, que obligará a hacer una quita en los intereses va a provocar una pérdida clara de la competitividad de las empresas, junto con un aumento de los impuestos para poder mantener el sistema.

¿Y cómo se va a pagar? Con una nueva reforma laboral que nos hundirá más en el abismo de la recesión.

¿Te enteras, FMI? Los tiros no van por los sueldos, sino por los costes estructurales, deuda, banca y energía.

Listillos.

Séptimo bloque: Internacional

En este bloque se analizan, comentan, estudian o simplemente se escribe sobre diferentes actuaciones internacionales. Estados Unidos, Francia o Corea del Norte adquieren protagonismo en este mundo globalizado.

Y por supuesto, este txikito y txikito, siempre hay un tiempo para comentar sobre ello para este par de tertulianos de barra que son Patxi y Txomin.

Una americanada a la europea, la invasión de Mali por parte de Francia (perdón, misión humanitaria)

Vaya pastón que se está gastando Francia en la misión humanitaria de repartir paz a hostias en Mali... no sé que me da que algo quieren...

*U*n país asolado por los islamistas. Aplicación de la ley islámica sobre la población, vejaciones, violaciones de los derechos humanos, posiblemente el azote de occidente, Al Qaeda esté por ahí.

Nadie dice esta boca es mía, nadie comenta el tema en la ONU, la situación es insostenible, y Francia, emulando a lo txiki a EEUU se erige en garante de la paz.

Y coge y envía a su potente ejército a Mali, a salvar a su pueblo de su propio pueblo, a poner orden en tanto desmán...

Pero... ¿ande hostias está Mali? ¿Qué coño es eso de Bamako? Ajajá... la mayoría de los Franceses no sabrían responder e esta pregunta. Hasta anteayer el conflicto de Mali ocupaba un lugar muy atrasado, por detrás de otros más famosos como Somalia (ese que afecta al tráfico marítimo mundial) o el Congo (el de los diamantes).

Las malas lenguas dirán que a Francia le mueve otro motivo, como las reservas de uranio de Mali, que las están empezando a explotar los chinos, esos que se mueven por África como Pedro por su casa, esas que le son necesarias obtener desde su ex-colonia para alimentar su principal fuente de energía, la energía nuclear, esa energía limpia y barata de las cual en los mentideros se comenta que tan solo quedan reservas de uranio para unos 30 años, menos que de petróleo.

Pero por supuesto que Francia no va a rapiñar esas reservas. Lo hará a la americana. Una vez "destruidas" las infraestructuras del país debido a la crueldad de los atentados indiscriminados de los grupos terroristas (alguno se preguntará cuales son esas infraestructuras) el Banco Mundial, o en nuestro caso, el BCE magnánimo él, concederá millones de aurios para la reconstrucción del país.

Esos millones no irán al país directamente, sino que corporaciones francesas serán las encargadas (bajo riguroso concurso público, eso si) de realizar esas infraestructuras, cobrando directamente del BCE, y pasando la factura a Mali.

Y el gobierno de Mali, en prueba de agradecimiento, concederá a otras corporaciones francesas el derecho de explotación del petróleo, gas y uranio de sus entrañas, pero no recibirá un euro por ello, ya que estas corporaciones pagarán directamente esos derechos al BCE, que mira el pastón que les debe Mali por la ayuda que les han prestado los defensores de los derechos humanos europeos.

No importan los miles de muertos, los atentados indiscriminados, los asesinatos, el caos, la inoperante "democracia" que se instaurará después, porque el bien formado nuevo ejército malitarra (que no sabemos como hostias se llama a los de Mali) se encargará sobre todo de proteger las fuentes de riqueza del país, casualitalmente esas que explotan las corporaciones francesas.

Y de paso, como efecto colateral, Francia hará exhibición de fuegos artificiales durante la invasión, y esa expo on line servirá para que los traficantes de armas legales compren tecnología militar a Francia, los famosos Mirage y algún que otro misil.

¿Para cuando nos prepara una fiesta similar en el Sahara y Marruecos para derrocar al dictador Hasam Mariano? Tendrá que fichar a Trillo para que narre las hazañas bélicas de nuestros lejías por el desierto...

Kabenzotz estos norcoreanos que manera de avanzar de cabeza hacia su fin.

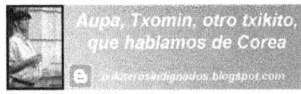

Anda no me jodas que el kinsunyun ese de los cojones quiere jugar a la playestesion con el mundo!!!

Corea del Norte ha hecho un alarde como el de los txikiteros de Irún. Ha hecho explotar un par de bombas nucleares y paice que debe tener algo asín como 3 bombitas más.

Y el líder supremo (nos da hasta pereza buscar su nombre para transcribirlo bien) ha dicho que va a empezar una guerra nuclear y va a atacar Corea del Sur y EEUU.

¿Qué hay de cierto de las palabras del gordito líder adicto a la playstation?

Pues nada.

Amo a vé. La economía norcoreana es una economía básica comunista, planificada y sin banca, por lo que la multiplicación del dinero y el juego de ahorro endeudamiento no existe. Así pues, se come lo que se cultiva, ni más ni menos.

Cada bombita le ha costado al resistente al peluquero aproximadamente 60.000 MM$ y entre las 3 que dicen que tienen y las dos que han explotado, pues como que nos salen 300.000 MM$ de gasto militar nuclear... o sea, que alguien no cobra por falta de presupuesto, y en esos regímenes económicos básicos el que no cobra... no come... o lo que es lo mismo, condenados a la hambruna.

Las bombas que tienen, como las iraníes, provienen de la tecnología pakistaní, y se trata de bombas demasiado grandes todavía como para colocarlas en un misil.

Y aún así, si fueran capaces de colocarlas en un misil, se trataría de un misil balístico, no de crucero. Para que nos entendamos, en un sucesor de las V1 y V2 nazis, incomparables respecto a un tomahawk, misil de crucero, actual. O sea, lanzan el cohete y a ver donde cae, con más o menos precisión.

Ese tipo de misiles no tienen ningún tipo de autoprotección y con la capacidad de detección vía satélite de EEUU y la potencia de fuego de cualquier caza surcoreano o americano sería destruido rápidamente antes de alcanzar su objetivo, y lo peor que podría pasar si se destruye la ojiva nuclear sería una contaminación nuclear.

Por otro lado, una respuesta nuclear de EEUU desde las embarcaciones desplegadas alrededor de Corea, ya sea cruceros o submarinos, junto con la utilización de las bases militares posiblemente convertirían la península de Corea en una ínsula al volatilizar el pen correspondiente a Corea del Norte.

Y Rusia haría una queja formal ante la ONU pero ni se arrimaría a su ex socio. Y China miraría hacia otro lado con un "ya te lo dije".

La única arma de disuasión que tiene Corea del Norte es su pegajoso ejército y que es ininvadible, lo mismo que Irán. Por lo que intentar una disuasión nuclear llevará en muy poquitos años a la caída económica del régimen comunista, simplemente porque se arruinarán.

Y otro día hablaremos de España. ¿Tiene capacidad de fabricar armas nucleares? Si. ¿Tiene capacidad de fabricar misiles de crucero y balísticos de última generación? Si. ¿Tiene capacidad de largo alcance? Pues no, tan solo mediante fragatas, pero a España le faltaría la capacidad del ataque sorpresa vía bombarderos de altura o vía submarinos.

Y también le faltaría otra cosa... el enemigo.

Las subprimes, el origen de la crisis actual, parece que se repetirá.

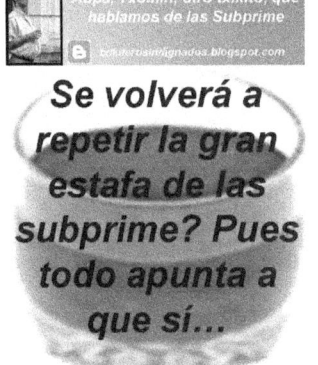

Se volverá a repetir la gran estafa de las subprime? Pues todo apunta a que sí...

Corre el año 2006. José González y Margarita García acaban de llegar a EEUU. Él ha conseguido un trabajo por el que gana 2.000 $ al mes, mientras que Rita, limpiando y trabajando, consigue complementar la renta familiar con 1.000 $ adicionales. Se puede considerar que son casi una clase media, están dentro del sueño americano.

Y con sus sueldos se compran una casa que les cuesta 350.000 $. Piden un crédito al banco local, que se lo concede al 4% de interés por 35 años, con la garantía de la casa, que seguramente aumentará su valor.

El banco local pertenece a un fondo de inversiones nacional que hace una cuenta sencilla. El primer año los González pagarán al mes unos 1.700 $ al mes por la hipoteca, que se corresponden a 1.300 $ de intereses y 400 $ de amortización de préstamo.

Y ese fondo de inversiones divide la hipoteca en 35 productos financieros. Y saca a negociación en el mercado el primer producto, con un valor nominal de 400x12=4.800 $ y ahí viene lo bueno, que producirá durante ese año la friolera de 1.300x12=15.600 $ de intereses, o sea, un 325% de intereses.

Al negociarse en el mercado financiero va pasando de mano en mano hasta llegar a Jorge Pérez, broker del Banco de Santander, aumentando su valor nominal por esa negociación en el mercado hasta un valor de 260.000 $, que producirán unos intereses de 15.600 $, o sea, un producto muy interesante que produce un 6% de intereses.

Jorge consigue que sus clientes inviertan en un fondo de previsión al 6% y consigue esos 260.000 $.

Pero Jorge, un broker posiblemente cocainómano que no tiene ni puta idea de economía a pesar de los 3 master MBA que atesora, no sabe que a esos 260.000 $ los respaldan únicamente 4.800 $.

Y ahora viene lo divertido. José González se queda en paro por la crisis y el banco ejecuta la hipoteca. Pero esa hipoteca ha sido vendida en subprimes por años y los 350.000 $ de tasación de la vivienda se han convertido en más de 10.000.000 $ después de esa partición en subprimes, y además, esa vivienda no se vende y pierde su valor y se queda en 200.000 $.

Pero claro, eso no lo sabe Jorge, que ve sin embargo que su cartera de subprimes de repente cae de valor, de los 260.000 $ a apenas 100.000 $ y bajando.

Y claro, los inversores quieren su dinero, pero ese dinero no existe, porque es ficticio. Y los depósitos de repente quedan sin respaldo, y la banca cae. Y los estados deben respaldar esos depósitos con dinero público, y aumenta la deuda de los estados, y la banca debe seguir ofreciendo productos rentables. Y la debilidad de los estados hace que el coste de su deuda aumente. Y una vez ha reventado esa burbuja, se crea otra para mantener la anterior, la burbuja de la deuda de los estados. Y esto... se va a tomar por el culo.

Y para más coña, China y EEUU vuelven a las andadas y vuelven a confiar en las subprimes para poder mantener su crecimiento.

Y esto... se irá de nuevo a tomar por el culo.

El nuevo arte de la guerra, espionaje y drones

Primero y como va a ser costumbre desde ahora, un afectuoso saludo a nuestro espía particular, ¿que tal tiempo hace hoy por Pennsylvania?

Hoy vamos a hablar de ti. ¿Cómo te llamas? Jonny Gonsáles? Juanito para la cuadrilla. Te pongo en antecedentes, para que sepas por qué estás ahí.

Todo empezó en el año 2001. En la fatídica fecha del 11 de septiembre unos terroristas cambiaron el mundo estrellando 4 aviones, dos contra vuestro poder económico, el Word Trade Center, otro contra vuestro poder militar, el pentágono y el último, que iba dirigido contra vuestro poder político, presumiblemente la Casa Blanca, fue abatido.

Vuestro país reaccionó rápidamente e inició la gran feria de muestras militar a la que estáis acostumbrados. Primero se actuó sobre Afganistán, enseñando al mundo vuestros aviones invisibles al radar y vuestros tanques que eran la hostia, pero las ventas fueron escasas, ya que los ceñudos talibanes no tenían un ejército al uso.

Hubo que buscar un nuevo ejército, algo más potente, y se optó por Irak. Ahí el muestrario de misiles tomahawk, aviones invisibles, tanques superinteligentes y demás armas fue espectacular acompañado de un gran espectáculo de fuegos artificiales. El otrora todopoderoso ejército iraquí fue aniquilado en cuestión de días. Y si se tardó algo más fue por la dispersión de ese ejército.

Todo fue chachi piruli esta vez y se vendieron un montón de armas supermegatecnológicas, pero de repente las ventas cayeron. ¿Por qué? Porque toda esa tecnología no valían una mierda ni en Afganistán ni en Irak, donde la guerra se encasquilló con una guerra de guerrillas donde el enemigo era invisible, estaba armado por un AK47, tecnología de hace 60 años, indetectable para los aviones invisibles, que dejaba pasar a los supersofisticados tanques y que atacaba al muy visible ejército invasor con atentados con bombas para las que el chaleco antibalas era inservible.

Y nuestros sesudos analistas militares vieron asombrados que estaban matando moscas a cañonazos. En la guerra moderna no valían las bombas nucleares ni los tanques. No había épicos combates aéreos y los misiles cogían polvo. El enemigo era muy difícil de identificar y el riesgo de las tropas era muy alto. Se volvía al arte de la guerra de hace 500 años, al cuerpo a cuerpo donde el enemigo cobraba la ventaja de la invisibilidad.

Y se empezó a gestar la guerra del futuro. El enemigo no iba a atacar con tanques nuestro territorio, sino que iba a colocar bombas en trenes. El enemigo en nuestro territorio no iba a atacar objetivos militares sino realizar atentados terroristas contra nuestra población civil, ajena a los intereses militares de nuestros gobiernos.

Y las técnicas de espionaje empezaron a cobrar fuerza. Todos nuestros correos electrónicos y nuestras llamadas telefónicas son grabadas y espiadas. Y no nos tratemos de esconder, ya que los caminos más ocultos, las webs más alternativas son los principales objetivos.

El espionaje es muy efectivo. Lo mismo que google utiliza algoritmos de control para facilitar nuestras búsquedas, nuestros espías usan algoritmos similares para localizar las conversaciones sospechosas o lo que dejamos escrito en la red que pudiera ser una amenaza. Y como llevamos un chip de localización en nuestro bolsillo en forma de teléfono móvil saben donde estamos.

Además, desde los atentados de Boston, donde la opinión pública "echó en cara" a la Administración Americana que hubiera espiado a los terroristas y no hubiera actuado, se justifica más aún la actuación.

¿Y cómo se actúa? Pues una vez localizado el presunto terrorista hay que obtener la información que almacena en su disco duro interno, o sea su cerebro. Y ya no se tortura arrancando uñas y dientes, sino que se utilizan nuevas técnicas que no dejan huella. Horas y horas de música a todo volumen, privación del sueño y otras técnicas denominadas tortura blanca que una vez cesadas no dejan huella. Pero que cantas seguro.

Y ya tenemos localizados a los enemigos, en algún país lejano, actuando con impunidad. Lo de arriesgar tropas se complica, por lo que se manda un dron, un vehículo no tripulado e indetectable por radar por su tamaño, silencioso y con visión nocturna, prácticamente indestructible, que localiza al "comando enemigo" y lo señala de manera que desde un avioncito situado en aguas internacionales se envía un misil que acabará con las vidas de los enemigos de la libertad.

¿Cómo avanzará esa guerra moderna? Sólo hay que pensar que la decisión humana es cada vez más escasa. Un ordenador con un algoritmo de control puede localizar la presa y dar la orden al dron correspondiente para que actúe directamente... ¿o no? ¿Y de quien es la responsabilidad en caso de error? ¿De un programa informático?

El caso es que todos y cada uno de nosotros somos presuntos enemigos... ¿no es cierto, Juanito?

Ya está anunciada la nueva feria armamentística mundial. En próximas fechas en Siria

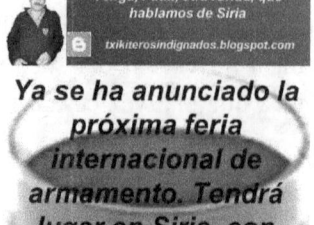

Ya se ha anunciado la próxima feria internacional de armamento. Tendrá lugar en Siria, con demostraciones en vivo retransmitidas en directo por TV

Una de las más potentes industrias norteamericanas y en general, a nivel mundial, es la industria armamentística.

Cuando se realizan pedidos de armamento, estos suelen ser muy jugosos y traen consigo grandes márgenes comerciales, dan trabajo a mucha gente, se reactiva la economía, y el I+D funciona de manera que de estos desarrollos se beneficia la industria civil en general.

Mover la industria militar significa una reactivación económica segura. Pero últimamente esta industria estaba un poco de capa caída.

No hemos asistido a una feria mundial armamentística que estimulara las ventas desde el bombardeo de Serbia por parte de la OTAN, donde aparecieron los modernos aviones espía, los misiles de todo tipo, las bombas de grafito y otros adelantos que aplastaron la obsoleta defensa ex-soviética serbia.

Luego tuvimos dos ferias mundiales más, la de Afganistán y la de Irak, donde la industria de los tanques y de los misiles tomahawk no tuvieron demasiado éxito, ya que las mayores ventas las obtuvo el kalasmikov ruso, ese fusil de asalto de los años 40 duro y resistente con el que se ha mantenido a raya al invasor.

Hubo una feria local en Mali, donde Francia fue a mostrar su poderío, pero que apenas ha registrado visitas, ya que no contaba con la cobertura televisiva de EEUU al tratarse más que nada de una feria local.

Pero la feria que se avecina, la de Siria, promete ser muy interesante. Todos los ministerios de defensa a nivel mundial van a enviar a la zona a sus ojeadores, ya que en esta feria no sólo presenta sus novedades EEUU, sino que al parecer Rusia va a competir claramente con la organización desplegando sus propias soluciones de contramedidas enfrentadas al poderío americano.

Las mayores novedades al parecer van a ser por parte de Rusia los sistemas antimisiles S-300, que de funcionar supondrán un incremento de ventas de este tipo de tecnología y que puede dar un fuerte impulso a la maltrecha economía rusa, sobre todo porque puede llevar asociada una venta de sus propios misiles.

EEUU se arriesga mucho, ya que debe mantener su hegemonía con los tomahawk y no sabemos si hará nuevas presentaciones en misiles, pero su producto estrella sin duda serán los drones, esos aviones no tripulados, que si consiguen realizar ya no tan solo labores de rastreo sino también acciones militares ofensivas de asesinatos selectivos, por ejemplo, pueden tener un buen futuro en países como Israel.

Y no sólo eso, en stands más locales al parecer Francia va a presentar novedades, no sabemos si compartidas con Inglaterra. Sólo se va a echar en falta la presencia de España, que por la crisis apenas mostrará su industria naval con un par de fragatas, pero que sin el Príncipe de Asturias y con el submarino que no consigue emerger, va a tener una presencia justita, a ver si se consigue algún pedido para la naval.

Esta vez el país anfitrión va a ser Siria, que correrá con todos los gastos y pondrá a disposición de los expositores todo su territorio y a sus habitantes. A ver si nos saca de la crisis esta feria.

Este mes se decide gran parte de nuestro futuro económico en Fukushima.

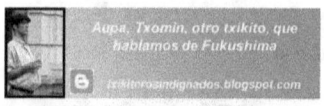

Nos es preocupante pensar que si en más de dos años cientos de ingenieros de un país como Japón no han sido capaces de resolver el problema de Fukushima, que puediera no tener solución

Ya llevamos dos años y medio con el problema de la central nuclear de Fukushima en el aire, y recibiendo datos cada vez más preocupantes. Vamos a intentar explicar de forma sencilla qué es lo que ha pasado y cual es el problema al que nos enfrentamos.

En primer lugar. Una reacción nuclear de fisión, que es la que se utiliza normalmente, consiste en coger unos átomos que tienen cierta inestabilidad generalmente algún tipo de isótopo de uranio o plutonio, y controlando la reacción, hacer que se partan, creando átomos más pequeños.

Esta reacción emite calor, que se aprovecha para hacer hervir agua que mueve una turbina y produce electricidad, pero también emite una serie de elementos subatómicos, lo que denominamos radiación.

Uno de esos elementos son los neutrones, que se utilizan para "gestionar" la reacción nuclear, ya que estos neutrones, al chocar con los átomos a fisionar, provocan esa fisión o ruptura.

Cuando no existe ningún control y el isótopo de uranio o plutonio fisionable tiene una gran concentración, la reacción es prácticamente instantánea y la liberación de energía se produce en muy poco tiempo. Es lo que se conoce como una bomba atómica de fisión, como las de Hiroshima o Nagasaki.

En las centrales nucleares existe un control, que es el grafito, que actúa como moderador, ya que absorbe neutrones. También influye la riqueza del mineral, que se presenta en una concentración muy pequeña, y el agua, que absorbe calor y mantiene la reacción a una temperatura moderada.

Y la central nuclear básicamente consiste en unas barras de uranio o plutonio de baja concentración del isótopo fisionable, unas barras intercaladas de grafito, que actúan como moderador, unos tubos de acero por los que circula agua que es la que se calienta y obtiene la energía del reactor, todo ello sumergido en una piscina de agua que se recircula para mantener la temperatura óptima.

La mayor parte de los accidentes graves, como Chernobil o Fukushima, se producen cuando por una u otra circunstancia el núcleo queda al aire. Entonces se descontrola la temperatura del núcleo y ésta empieza a subir descontroladamente.

Y con la reacción descontrolada y sin evacuación de energía, se empiezan a fundir los materiales. Primero el acero que soporta el núcleo, después los materiales del núcleo y estos materiales caen al fondo de la vasija, y empiezan a fundir el hormigón de la vasija.

En teoría, el núcleo, que se encuentra a unas temperaturas muy altas, de alrededor de 5.000 °C avanzaría fundiendo todo a su paso, cada vez más profundamente, atravesando la tierra. Es lo que se conoce como Síndrome de China, que se hizo famoso en una película hace años.

Sin embargo, la realidad es que reacciona con el hormigón, y aunque funde parte de él, parte de los elementos presentes en el hormigón moderan la reacción del núcleo fundido (donde el uranio, plutonio, acero y grafito se han mezclado sin control) y hace que se solidifique.

Los peligros de un accidente nuclear como los comentados de Chernobil o Fukushima vienen del hecho de que cuando el núcleo se queda al aire y aumenta su temperatura, se produce hidrógeno, en parte procedente del agua del tanque, en parte creado como residuo nuclear (no nos olvidemos que el hidrógeno no es más que un átomo con un protón) y ese hidrógeno al reaccionar con el oxígeno, explota como explosión química, pero que es capaz de destruir las vasijas donde se contiene la reacción nuclear, quedando el núcleo fundido al aire, esparciendo el material radiactivo al aire.

Y el material radiactivo es peligroso ya que emite radiaciones que provocan mutaciones celulares y quemaduras. Y uno de los más peligrosos es cierto isótopo de yodo, ya que este elemento es vital para la vida y se almacena en el páncreas, por lo que llevaríamos el elemento radiactivo dentro de nosotros. Es por eso que se da yodo a la población, porque este elemento es rápidamente sustituido dentro del organismo, y además su isótopo radiactivo tiene una vida relativamente corta.

¿Y qué tenemos ahora en Fukushima? En el reactor 4 un núcleo parcialmente fundido, en reacción, que tiene una temperatura moderada porque se está refrigerando bombeando agua de mar, que como se contamina de elementos radiactivos, se almacena en tanques en el exterior. Esta solución tiene un límite, que es la cantidad de agua contaminada que se puede almacenar, que no es indefinida, y luego, qué hacer con ese agua. Pues bien, se están vertiendo al mar cerca de 300 toneladas de agua diarias.

Lo preocupante es que una cantidad importante de ingenieros y científicos tanto japoneses como de otros países llevan dos años y medio buscando la solución al problema, y no han dado con esa solución. y aquí no vale el decir que los japoneses no tienen capacidad para solucionar el problema, ya que tienen una capacidad de conocimiento muy grande y además están en contacto con los diseñadores de la central, los americanos, potencia amiga, y que puede verse afectada por el problema.

En este mes se va a intentar retirar el material fisionable que sea posible del núcleo. El riesgo es muy alto. No se va a producir una explosión nuclear como algunos agoreros han anunciado, porque el material no tiene la concentración suficiente para crearla, pero sí que pueden producirse fusiones parciales, y la provocación de explosiones químicas producidas por hidrógeno que esparcirían el material a retirar.

Y cuentan con el handicap de que no pueden utilizar demasiadas herramientas robotizadas, ya que la alta radiación contenida en el núcleo estropea inmediatamente cualquier elemento electrónico, por el efecto de la ionización de los materiales conductores de la electricidad.

Y aún así, queda el núcleo fundido, que sigue reaccionando, que se está manteniendo a una temperatura controlada bombeando agua de mar sobre él, y que no se sabe cómo desactivarlo, y que pudiera alcanzar el fondo de la vasija y contaminar los acuíferos circundantes.

El problema es muy grave, y de consecuencias a corto, medio y largo plazo impredecibles. Se sabe ya con certeza que si el núcleo acabara en el océano afectaría a todo el Pacífico Norte, y sus efectos se notarían en la costa Oeste norteamericana, así como a gran parte de Asia (Japón, China y Rusia principalmente) y aunque los efectos llegaran diluidos, serían constantes en el tiempo.

Y lo peor de todo, no se ha determinado aún la solución al problema.

Lo único que se sabe es que el mayor riesgo de accidente nuclear se produce debido a errores catastróficos en el sistema de refrigeración del núcleo (ya sea por error humano como en Chernobil, un desastre natural como en Fukushima o un atentado terrorista, guerra u otro tipo de problema no gestionable en condiciones normales) y que cuando el núcleo se funde, se produce hidrógeno que es el que mediante explosiones químicas, destruye el reactor liberando la radiactividad.

Hay quien sugiere que se podría contener los efectos del núcleo fundido modificando los fondos de las vasijas del reactor, creando en ellas laberintos recubiertos con material moderador como grafito, de manera que cuando el núcleo funde y llega al fondo, se dispersa y se controla la reacción, pero nadie en la industria nuclear va a realizar esos cambios en las centrales en funcionamiento, ni va a plantearlos en la nuevas para no arrastrar a realizarlos en las antiguas.

Estos días se decide el futuro de Japón y gran parte de la humanidad, inmersa en una crisis económica sin precedentes, en Fukushima. A ver que pasa, ya que un error en la extracción del material, y una reactivación de la fusión de ese núcleo provocaría una restricción importante en el comercio mundial, de productos japoneses y chinos principalmente, afectados por la radiación, con las consecuencias económicas de restricción de capitales asiáticos que ello contraería.

Octavo bloque: La banca

Si por algo se ha caracterizado esta crisis ha sido porque su origen ha sido fundamentalmente financiero. Se ha rescatado a la banca dándoles miles de millones de , pero esa banca se ha comportado de una forma muy desagradecida, ya que a pesar de que cada uno de nosotros está destinando una parte importante de nuestros ingresos a pagar sus desmanes, ésta por el contrario está abusando de su posición de poder, cebándose sobre todo en los más débiles.

Y la banca ha pasado a ser un blanco importante de las iras de la cuadrilla en sus tertulias del txikiteo de tarde.

Un nuevo IVA privado, el que se tiene que pagar a la banca por cojones

Son la rehostia, nos obligan a pagar por el banco, ponen límite a los intereses que pueden darnos y liberalizan las comisiones!!!

*B*ueno, bueno, que vamos a salvar a la banca por decreto. Esto es alucinante. Les han dado por la patilla más de 200.000 MM de , o sea, 5.000 por cabeza (una familia de 4 miembros la friolera de 20.000 , que se dice fácil).

Además, para regalarles esos 200.000 MM de lo que hemos hecho es pedir un crédito al 6%... a la propia banca, con dos cojones.

O sea, que ellos debían 200.000 MM y ahora los debemos nosotros y los intereses se los lleva la banca, aibalahostia!!!

Pues eso no es todo. Nos sacan un decreto que cualquier pago que hagamos por encima de poco más de 1.000 debe real izarse a través de transferencia bancaria, con sus comisiones correspondientes. O sea, que salvo para comprar el pan, tenemos que pagar por transferencia todo lo que hagamos, pagando el derecho de pernada a la banca.

Y sume y sigue, ahora que nos obligan a tener una cuenta bancaria, limitan la remuneración que nos pueden dar por ella. O lo que es lo mismo, si tienes pasta, tienes una razón más para sacarla de España, por decreto, claro.

Y lo que no se limita es la "legítima" necesidad de cobrar comisiones por cualquier operación bancaria.

Si teníamos en nuestras operaciones el IVA, esa pasta que por la patilla se llevaba el estado, ahora también por decreto tendremos que pagar un impuesto privado a la banca.

Hasta cuando vamos a aguantar a estos hijos de puta!!!!

La banca está demasiado crecida, es hora de pararles los pies de una vez.

Es alucinante, la cantidad de estafas que nos ha hecho la banca y aún tenemos que aguantar su chuleria

*L*a verdad que a veces no entendemos a este país. Debemos ser gilipollas o el que murió hace más de 30 años es cierto que dejó todo atado y bien atado.

Vamos por partes. La banca en la crisis ha dado créditos por encima de sus posibilidades. Ya era arriesgado el 2% de coeficiente de caja, pero empezaron a dar crédito sin avisar al Banco de España, y con el consentimiento de éste, con riesgo por encima del coeficiente de caja. Esto se sabía y ni dios dijo nada.

Daba crédito con un riesgo altísimo a constructores mediocres por el solo hecho de ser cuñados de algún concejal, riesgo que ha precipitado a gran parte de la banca al abismo, y ni dios dijo nada.

Concedían créditos a la compra de vivienda con una letra pequeña que cada vez que se denuncia los jueces la declaran ilegal, de forma generalizada, y ni dios dijo nada.

Estafaron a miles de familias en un intento de recapitalizar las cajas de ahorro vendiendo acciones preferentes a jubilados, quedándose con todos sus ahorros y sin avisarles de los riesgos, riesgos de los que quienes las vendían disfrazándolas de sistemas de ahorro de pintorescos nombres, y ni dios dijo nada.

Como aquí se lleva la amortización francesa, en la que al principio se pagan muchos intereses mientras el mayor de la deuda se paga al final, y los intereses son los que reportan el beneficio, repartieron miles de millones de beneficios aún conociendo que tenían un riesgo altísimo, o lo que es lo mismo, se descapitalizaron a marchas forzadas, y ni dios dijo nada.

A través de las obras sociales de las cajas de ahorro se repartían millones de euros entre los políticos que controlaban el consejo de administración de la caja y ni dios dijo nada.

Se jubilaron a los consejeros ineptos de las cajas de ahorro en quiebra con indemnizaciones millonarias, y ni dios dijo nada.

Se nacionalizó la deuda de la banca debiendo para ello destruir el estado del bienestar, y ni dios dijo nada.

Se creó un IVA privado obligando a realizar todas las transaciones comerciales por encima de poco más de mil euros a través de la banca, con las comisiones que ellos quisieran, y ni dios dijo nada.

Están desahuciando a miles de familias, arruinándolas de por vida, especulando con las viviendas requisadas, y ni dios dijo nada.

El día que pensemos que dios está demasiado callado quizá sea cuando los mortales debamos tomar cartas en el asunto.

Estamos absolutamente en contra de la dación en pago, que cada palo aguante su vela!!

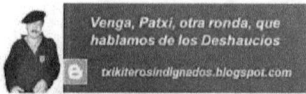

O sea, que se te quedan con la casa, la subastan por un valor mínimo a una sociedad suya y luego te siguen cobrando la hipoteca y con más intereses!!!

Amo a vé, recapitulemos. Una persona normal y corriente pedía una hipoteca, ahora no la puede pagar porque ha perdido su trabajo, y el banco ejecuta la hipoteca, le desahucia, subasta el piso, y si con el dinero no da para pagar lo que debe al banco, éste le exige que pague el resto.

Y estamos pidiendo, suplicando, que una vez estamos en paro y en la puta calle, que el banco no siga exigiéndonos la deuda.

Pues no, ni hostias, que cada palo aguante su vela.

1)   Revisión de las condiciones de la hipoteca.

La inmensa mayoría de los préstamos que da el banco tiene lo que popularmente se conoce como letra pequeña. El banco se escuda en que las hipotecas se hacen ante notario y que el cliente queda enterado de esa letra pequeña, pero eso es simplemente MENTIRA.

Para que el cliente se quede enterado de esa letra pequeña, estas condiciones deben DECIRSE y EXPLICARSE a la hora de hacer la oferta, con todas sus implicaciones, y debido a que el banco actúa en posición predominante y haciendo un servicio público, ajustadas a la ley. Es ILEGAL que sólo se explique la letra pequeña con las condiciones draconianas a la hora de firmar ante notario.

2) Asunción de riesgos.

En la hipoteca de una vivienda hay una tasación previa del bien a hipotecar, que en muchos casos no sólo es la vivienda, sino terrenos anejos que pertenecían al hipotecado y otros bienes. Pues bien, si alguien ha hecho una tasación y el BANCO LA HA ACEPTADO como buena, ese debe ser, y no otro el valor de la hipoteca. Por tanto, si un banco quiere ejecutar una hipoteca, deberá abonar al desahuciado el valor de tasación del bien ejecutado, y como mucho descontar la devaluación NATURAL, no de mercado, de ese bien. No nos vale la milonga esa de que el bien se ha devaluado en el mercado, y menos malvender el bien, ya que la vida de la vivienda son muchos años, y el mercado puede lo mismo que ha bajado, subir.

3) Restitución de intereses

Entendemos que si un banco da una hipoteca a 40 años, es que está convencido de que el valor del bien hipotecado, o sea la vivienda en este caso, va a tener un valor superior a lo que quede por amortizar del préstamo durante esos 40 años. Entendemos que si se ha dado un valor de tasación al bien, este bien responde como garantía de hipoteca durante ese tiempo. Y entendemos que el banco cobra por los intereses del dinero que presta, y en este caso, al utilizar la amortización francesa, al principio de pagan muchos intereses y se amortiza poco. Por tanto, si se produce un desahucio, se deberán calcular los intereses reales cobrados hasta el momento del desahucio por el valor del préstamo amortizado, y se deberá devolver el montante que resulte superior al interés pactado.

Y ahora todo el mundo a decirnos que estamos locos, que eso es imposible, que de qué vamos, e incluso algún gilipollas dirá que somos comunistas o algo incluso peor!!!

Pero no, señores, esto es capitalismo puro y duro, desde el punto de vista del cliente. El socialismo por el contrario es el que busca el bien común, y nacionaliza la deuda privada de la banca causada por sus desmanes.

Así que mendigar la dación en pago, como que no estamos por la labor.

Pero que esto no sirva para acusarnos de desestabilizadores de la economía y otras chorradas. Quien tiene una deuda la tendrá que pagar, tendrá que negociar con el banco cómo pagarla, no vale eso de que ahora como mi piso vale poco, se lo doy al banco, no.

Lo que queremos es mantener la situación contractual existente, en la que ambas partes tienen derechos y deberes. Y queremos evitar que la devaluación de la vivienda la paguemos todos a través de un rescate.

Si evitamos los desahucios poniéndoselo difícil a la banca, y evitamos la picaresca del fraude, obligamos a renegociar en estos tiempos de crisis. En estos tiempos de crisis lo último que necesitamos es la picaresca de la banca convirtiendo activos en líquidos a través del FROB, y que esa liquidez se la proporcionemos todos mediante deuda pública.

Porque eso es lo que hay detrás de los desahucios, el que la banca consigue liquidez a través de declarar activos tóxicos al FROB. Porque lo primero que se hace con el desahucio es devaluar inmediatamente el valor de la vivienda, y declarar esa devaluación, apuntándola como pérdida al valor a declarar al FROB para que se inyecte a la ayuda correspondiente en líquido.

Y recordemos que el FROB se financia a través de deuda pública y la deuda de la banca es la responsable de los recortes.

Hemos dicho, hostias!!

¿Banco Malo? Qué hostias, si con una remuneración de capital anual del 15% es cojonudo!!!

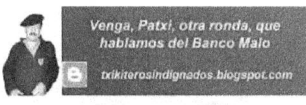

Viendo las características del SAREB estamos seguros que si presentamos una propuesta similar a un concurso público nos descartan por temeraria!!!

*H*emos analizado en el último txikiteo qué es eso del banco malo. En principio no es un banco, no es una inmobiliaria, no es nada, salvo quizá un pequeño gran agujero negro en nuestra economía.

A grandes rasgos, pretende comprar activos tóxicos inmobiliarios a un 53% de media de su valor en balance de bancos con un tope de 90.000 MM de (para que os hagáis una idea, ni en día de par tido del Athletic ponemos nosotros tanto bote) y financiarlo con un 45% de capital público y un 55% de capital privado.

Al capital privado se le pretende remunerar con un 15% de rendimiento anual y con una amnistía fiscal de manera que tributarán tan solo un 1%.

La vida de ese banco malo será de 15 años.

Y ayer hacíamos cuentas. Si se cumplen las previsiones del gobierno y tan solo se compran 62.000 MM de de ac tivos tóxicos, el 55% de capital privado es de 34.100 MM de . Un 15% de rendimiento de ese capital anual es de 5.115 MM de , lo cual en 15 años supone 76.725 MM de , sumándolo a la de volución del capital nos encontramos con 110.825 MM de .

O lo que es lo mismo. Una vez explotada la burbuja inmobiliaria, se compra lo invendible por 62.000 MM de y lo ten emos que vender dentro de 15 años máximo por 138.725 MM de (hay que sumar la pasta que pone el estado) y eso sin ganar absolutamente nada.

Y nos dicen que van a venderlo por paquetes y algún que otro invento, aunque el cómo se van a vender esos activos no queda para nada claro, así que lo que no se saque de la venta de pisos invendibles, se sacará de nuestros bolsillos.

Y eso del banco malo se nos dice que es imprescindible para sanear la banca. Y nos falta un 47% de dinero que nos imaginamos que irá directamente a la banca como subvención directa, unos 55.000 MM, cifra muy cercana al cálculo del gobierno del rescate a la banca.

El banco malo es para dotar de liquidez a la banca, pero esa liquidez NO va a servir para dar crédito, ya que nadie se fía de nadie, y el destino del dinero va a ser acceder al capital de ese banco malo, a un rendimiento del 15% anual más desgravación fiscal, o sea, a nacionalizar la deuda y a intereses desorbitados.

O somos gilipollas o somos gilipollas.

Lo de la respuesta del gobierno al tema de los desahucios es de vergüenza, que se vayan de una puta vez

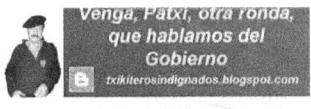

Esto ya es de traca. Al día siguiente de que el imbécil que tenemos por presidente dijera que no iba a admitir la dación en pago nos encontramos con una sentencia europea sobre los desahucios.

Y rápidamente actúa la justicia española, diciendo que la próxima legislación al respecto se corresponderá con la sentencia mencionada... y nos sorprenden con que "limitarán" los intereses de demora y que "será necesario que haya tres impagos" para poder ejecutar un desahucio.

Pero bueno, ¡estos hijos de la gran puta nos toman por imbéciles o qué!

Por partes. NO NOS VALE la excusa esa de que no correrá el crédito. YA NO CORRE, hostias.

¿Y no va a correr el crédito porque los bancos no se fiarían por que tuvieran que quedarse con pisos? Anda, no me jodas, si es el negocio del siglo, los pisos que "requisan" los colocan rápidamente en el Sareb, manteniendo la deuda y recibiendo líquido para poder rápidamente comprar deuda pública.

Estos cabrones nos sobran, ya no nos representan, no representan a los ciudadanos de este país. Se creen que porque hayan ganado unas elecciones tienen carta blanca para hacer lo que quieran, olvidándose que les hemos elegido para defender los intereses de España, los intereses de sus ciudadanos, no los intereses de políticos corruptos, de un euro condenado a muerte, de intereses económicos extranjeros.

Por todos aquellos que no pueden pagar su hipoteca, por esos 6.000.000 de parados convertidos en un problema que con estas políticas económicas no se van a colocar ni en 15 años (alguien se cree que con este euro y sin posibilidad de financiación, con el mercado interno herido de muerte se van a crear 500.000 puestos de trabajo al año? Y una hostia), por todos los jubilados que han sido estafados por las preferentes CUYO CAPITAL NO SE RESCATA, por nuestros jubilados que se van a quedar sin pensión, por todos nuestros trabajadores de más de 55 años condenados a vivir entre cartones, por todos ellos, hay que empezar a hacer algo.

Prometemos iniciar recogidas de firmas para solicitar el indulto a todos aquellos que empezarán a quemar sucursales bancarias, a disparar indiscriminadamente en ayuntamientos y diputaciones, a todos aquellos que antes de tirarse por la ventana deciden llevarse a quienes le han condenado a muerte por delante.

Imprescindible una reforma integral del sistema financiero

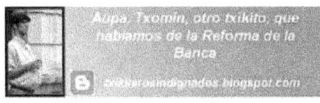

Bueno, paice que ya hemos dado todo lo que pedía la banca, ahora habrá que ponerles las reglas del juego para recuperarlo y que no vuelva a pasar!!

*B*ueno, ya tenemos a la banca contenta, ya la hemos saneado y según De Guindos tenemos el sector financiero más saneado de Europa, más o menos lo que decía Zapatero después del primer rescate.

Al margen de las reformas que hay que hacer en Europa para que nos podamos quedar dentro con garantías, o largarnos como los ingleses, que ya lo han visto claro, a nivel local hay que hacer una serie de reformas en las reglas del juego del sector financiero, o sea, mal que le joda a los ultraliberales de extremo centro, poner puertas al campo.

Lo primero y más importante, hay que volver a privatizar la deuda. A la banca hay que obligarle a crear un fondo de reserva destinado a amortizar la deuda que han creado y sus intereses.

Lo segundo, hay que buscar responsabilidades. Los responsables del desaguisado, juicio rapidito y a pagar con sus bienes y su libertad la que han montado. Tanto de la banca privada como de la banca pública. Estas dos medidas deben dar confianza al ciudadano.

Ahora vamos a hacer crecer el crédito. Hay que modificar los coeficientes de caja, hacerlos variables en función del destino del crédito. Así pues, el crédito hipotecario debe tener un coeficiente de caja alto, de alrededor del 10%, mientras que el crédito a la inversión puede bajar a un coeficiente de caja del 2%.

Con esto se deben conseguir dos objetivos claros. El primero, potenciar el crédito a la inversión, un crédito que trae empleo y crecimiento frente a de la construcción, que no sirve para traer dinero del futuro sin crecimiento.

El segundo, que la banca gane en eficiencia y profesionalidad, ya que dar un crédito hipotecario es fácil, mientras que el crédito a la inversión requiere de un plan industrial serio.

Esto se debe reforzar con una política fiscal adecuada, en la cual el fondo de reserva que se ha comentado debe venir de los beneficios generados por el hipotecario. Esta gestión de impuestos y de reservas debe complementar el sistema típico de amortización francesa que se utiliza en el crédito hipotecario. Este tipo de amortización de cuotas fijas hace que al principio se paguen muchos intereses y menos al final, por lo que al principio el banco reparte muchos beneficios y según pasa el tiempo el beneficio disminuye aumentando el riesgo. Mediante esta política fiscal y de fondos de reservas se disminuye ese riesgo.

Y nos queda el Sareb, el famoso banco malo que ha prometido que pagará a la inversión privada intereses del 15%. Bueno, aparte de revisar esa burrada, la parte pública se traspasará a la banca rescatada en función de su rescate, y deberá ser ella la que pague esos intereses y se haga cargo de la deuda generada en el tiempo.

¿Y la parte del rescate? Pues sencillo, constará como deuda a amortizar constituyéndose el ya comentado fondo de reserva, pero además, el estado (que no el gobierno, vamos a ir cambiando conceptos de una vez) se reservará el derecho de vender esa deuda en forma de participaciones a terceros. (Deuda más intereses, por supuesto).

En resumen:

- Entidades rescatadas.

a) Creación de fondo de reserva para amortizar la deuda nacionalizada.

b) Reservado el derecho de venta a terceros la deuda por amortizar más los intereses creados en forma de participaciones de la entidad rescatada.

c) Auditoría interna de los últimos 30 años (no debe haber prescripción de delito en este caso) de la banca rescatada para dirimir responsabilidades económicas y penales.

- Activos en Sareb o banco malo.

a) Revisión de la rentabilidad prometida por no poderse cumplir

b) La parte pública se debe traspasar a las entidades que han liquidado activos de riesgo en función del volumen de activos intervenidos.

- Toda la banca

a) Endurecimiento del crédito hipotecario, con un coeficiente de caja del 10% sobre depósitos para disminuir riesgos.

b) Endurecimiento de la fiscalidad del crédito hipotecario, creando reservas sobre los intereses iniciales para cubrir riesgos futuros.

c) Facilitar el crédito a la inversión, mediante menor fiscalidad, con menor creación de reservas y menor coeficiente de caja, de alrededor del 2%.

¿Cómo gestionar esto? Si desde el BCE no hay acuerdo, potenciando y recuperando los poderes del Banco de España.

Al margen de todo ello, hay que modificar la ley hipotecaria, de manera que no se hagan ni desahucios ni dación en pago. Quien tenga una deuda que la pague, pero sin permitirse abusos de la banca. Creación de un fondo de intermediación durante la época de crisis que pueda ayudar a los hipotecados, y no a la banca. Es mejor pagar durante los años de la crisis desde el estado parte del crédito al cliente para elegírselo después que devaluar el bien y mandarlo al banco malo para tener que pagárselo entero a la banca dejando familias en situación de desamparo.

Y también hay que facilitar la entrada de los fondos de inversión en el capital de las empresas, pero limitando el poder de decisión de éstos en el consejo de administración de las mismas, con el fin de evitar situaciones de compra para liquidación.

Todo esto al margen de la necesidad de una renegociación de nuestra permanencia en la UE. Si no hay mayor poder en el BCE de los países mediterráneos y no se aplica una política de crecimiento en los países endeudados, casi mejor es llegar a un tratado de libre comercio con Inglaterra y empezar a mirar a otro lado, protegiendo nuestro mercado mediante una fiscalidad emuladora de aranceles a los productos que vengan de fuera. E incluso nos atreveríamos a realizar emisiones controladas de euros como política monetaria parcial si se sigue en el euro y el BCE no quiere ceder su cuota de poder.

Nos sumamos a la PAH, también somos proetarras

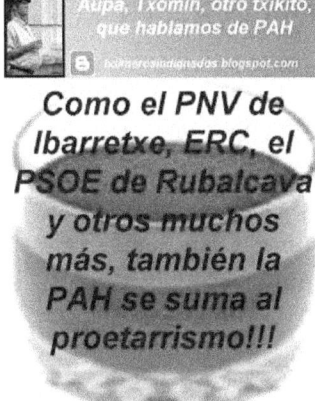

Estos del PP, con Cifuentes a la cabeza y respaldada por Basagoiti y otros, junto con asimilados como Rosa Díez no se les ocurre otra cosa que hacer cuando pierden la razón que matar al mensajero.

Ya le tocó en su día al PNV de Ibarretxe, a ERC, al PSOE con el 11 M, y a víctimas como Pilar Manjón, y hoy le toca a Ada Colau.

Cuando se pierde la razón, se pierden los papeles, y se criminaliza a las víctimas.

Hoy es Ada Colau una proetarra, mañana nos desayunaremos con que los desahuciados se lo han buscado solitos.

¿Y si no tenemos razones? Nos las inventamos, que a fuerza de repetir una mentira enseguida se encuentra a un imbécil que se lo cree y hace de esa mentira bandera.

Nos dirán que es que se han dado créditos a gente por encima del valor de tasación del piso, y que con la hipoteca se han comprado el coche y los muebles. Nos dirán que se han dado créditos a personas que venían con una nómina de 1.000   y pen saremos que es normal que les pase eso, sin darnos cuenta que es mentira, que para darnos una hipoteca en muchos casos nos pedían el aval de los padres, y que es ilegal, ya que las cajas debían dar créditos por un valor máximo del 80% del valor del piso.

Nos dirán que la burbuja inmobiliaria ha sido la culpable del desastre de la banca de este país y que no se puede agrandar, pero nos ocultan que lo que ha provocado la caída de la banca no ha sido el crédito hipotecario sino el crédito promotor, o sea, el que tomaban las constructoras para hacer pisos antes de venderlos, y que vencieron sin poder venderlos, pasando la pelota a la banca, y por el que SÍ SE HA PRACTICADO LA DACIÓN EN PAGO.

Nos dirán que si se institucionaliza la dación en pago, no fluirá el crédito hipotecario, pero se callan el hecho de que hay cientos de miles de pisos vacíos en España que pertenecían a la banca, que los ha adquirido el estado a través del banco malo, y que han destruido la oportunidad de crear un mercado hipotecario por la necesidad de la banca de sacar esos pisos a la venta.

Y aparte de eso, en estos momento NO HAY CRÉDITO HIPOTECARIO ni lo habrá en el futuro, pero no por la dación en pago, sino porque la banca está sin un euro que prestar, y porque se ha modificado el mercado inmobiliario al caer su motor, la construcción.

Y se han seguido todos los cauces legales para ayudar a las víctimas de los desahucios y nos hemos encontrado con que hasta las sentencias de la UE, esa UE cuyas decisiones económicas en contra de los ciudadanos se aplauden con las orejas, pero que cuando sentencia a favor de ellos se recurren esas sentencias con dinero público, nos encontramos que se hace "ingeniería judicial" para saltárselas.

Y llegamos a un momento en el cual el pueblo estalla, y se le criminaliza.

Señores hijos de puta: Un desahuciado no tiene derecho a una ayuda pública para salir adelante, se queda con una deuda de por vida y sin el bien que la respaldaba, se queda en la calle, no tiene ayuda jurídica y si quiere protestar tiene que pagarse su abogado contra la banca (batalla igualada donde las haya) y las tasas judiciales correspondientes, precisamente alguien que generalmente no tiene ni para comer. Se le condena al ostracismo social ya que jamás volverá a cotizar a la Seguridad Social ya que si lo hace se le embargará el sueldo, no tiene derecho a sanidad ni ningún tipo de ayuda. No tiene derecho a una ayuda psicológica ni siquiera.

Señores hijos de puta: Un violador de niños tiene más derechos que un desahuciado. Y mientras el primero ha cometido un crimen conscientemente el segundo está pagando el crimen que ha cometido la banca, que además ha sido premiada por hacer ese crimen.

Así que Cifuentes y compañía, dejen sus cargos públicos, ya que si se creen sus mentiras es que son imbéciles y eso les inhabilita para sus cargos público, y si no son conscientes realmente de lo que están haciendo son unos hijos de puta en el sentido más peyorativo y personal de la palabra lo cual también les inhabilita para seguir ejerciendo.

El gobierno español parece que quiere que los ancianos se den prisa en morir

En vez de vincular las pensiones a la esperanza de vida de los jubilados, se debería vincular la esperanza de vida de los políticos a las pensiones!!!

*Y*a nos han aprobado la reforma de las pensiones, esa que no se iba a hacer. Y van a suponer un quebranto para el bienestar de nuestros jubilados.

Lo primero, les sube el coste sanitario. Lo segundo, al ser ya en muchas familias los únicos que no sólo ingresos, sino también vivienda en propiedad, deben repartir esa pensión entre hijos y nietos.

Y ahora encima, se recorta la pensión que reciben. Pero, ¿Quién es realmente el gobierno para recortar esa pensión?

Has trabajado toda la vida cotizando en un marco regulado que te garantiza que cuando dejes de trabajar puedas recibir una pensión, que no es más que el dinero que te han ido quitando año a año, mes a mes, nómina a nómina, y que han gestionado por ti, diciéndote que el día de mañana ese dinero te revertiría, y te encuentras con que no es así, que a mitad de partido te cambian las condiciones del juego.

Y primero, te restan paulatinamente según aumenta tu edad poder adquisitivo, disminuyendo el valor real de tu pensión.

Y segundo, vinculan tu pensión no a lo que hayas trabajado, sino a algo peor, a la bonanza de la gestión de la economía por parte de unos políticos que no conoces y que posiblemente no estés de acuerdo con su gestión, por la que no te van a preguntar además.

Da la impresión de que han seguido las pautas marcadas por aquel ministro japonés de finanzas que pidió a los ancianos que se dieran prisa en morir, y han decidido ayudar a morir a los ancianos, no por eutanasia, por Dios, que eso es pecado, sino de hambre y por falta de cuidados.

Pensionistas, funcionarios, sanitarios, educadores, jueces, trabajadores, parados, inmigrantes, inversores en renovables, preferentistas... ¿Cuál es el siguiente objetivo?

Noveno bloque: Comunidades autónomas, ayuntamientos y demás fauna

El mundo gira alrededor del txikiteo del fin de semana. Y políticos hay en todas partes, en ayuntamientos, en diputaciones, en comunidades autónomas.

Además, en ocasiones los medios de comunicación han realizado manipulaciones de una forma tan burda que han salido a colación en algunas de las conversaciones, sobre todo porque ha coincidido ver el telediario en el bar de la Felixa cuando se estaba en plena tarea txikiteril.

Ya vale de gastos municipales estupidos

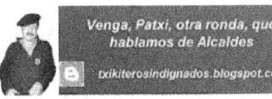

Santa manía que tienen todos los alcaldes de dejar su mausoleo en la ciudad, ya sea estación de autobuses, museo o palacio de congresos. Si fueran enterrados al acabar su mandato en ellos no se gastarían el dinero tan a lo tonto!!!

*R*ecortes en sanidad, recortes encubiertos además en forma de copagos justificados para evitar el abuso del servicio, tontería suma que dirían los romanos, porque lo que van a provocar es el los hipocondríacos ricos sigan abusando del servicio mientras que los enfermos pobres sufran las almorranas en silencio.

Recortes en educación, bajando la temperatura de las aulas para ahorrar en calefacción en colegios construidos en la década de los 60 del siglo pasado, masificando las aulas sin realizar una reforma que evite ralentizar el aprendizaje.

Recortes en I+D, limitando la actividad de centros de prestigio como INTA o CIEMAT, la actividad (pequeña pero actividad) de la universidad y eliminando toda subvención a las empresas para invertir en desarrollo de tecnología que las pueda hacer más competitivas.

Disminución de la capacidad adquisitiva de los consumidores aumentando impuestos y congelando salarios, cuando no se trata de una bajada brutal amparada en reformas laborales retroactivas.

En definitiva, recortes para todo el mundo, pero en los ayuntamientos y comunidades autónomas se sigue GASTANDO en AVEs que irán vacíos, en Estaciones de Autobuses centralizadas en la otra punta de la ciudad donde está la actual, en museos que no visitará ni dios y sobre los que no hay ni habrá una dotación presupuestaria para mantener exposiciones, autovías que cuando te cruzas con alguien te paras a saludar, autopistas que hacen la competencia a autovías por lo que no las utiliza nadie salvo en momentos puntuales, por mucho que se coloquen carteles engañosos de dudosa legalidad intentando desviar el tráfico fraudulentamente hacia ellas, o proyectos ya totalmente estúpidos como cubrir de hiedra un centro cívico o poner un río en una avenida, dos de las esperpénticas acciones que se llevan gran parte del presupuesto municipal de una ciudad como Vitoria.

Y señalamos la palabra GASTANDO porque no se trata de inversión, sino de gasto, ya que la recuperación del dinero es muy dudosa y saldrá de nuestros impuestos tarde o temprano.

Lo dicho, cada mausoleo debería llevar su nicho asociado, en el que enterrar vivo al alcalde o presidente de comunidad autónoma que lo llevara a cabo, y ahí no nos importaría que llevara escrito su nombre en letras de oro, con tal de escucharle romperse las uñas contra el mármol.

La diputación de Gipuzkoa hace una Ley para obligar a cumplir la Ley, tócate los cojones

Alucinante, oiga. Va la Giputxi Foru Aldundia, uséase la Diputación Foral de Guipúzcoa, que se nos lee hasta en Rusia, y en una licitación obligan a los licitadores a cumplir con los convenios de la construcción.

Y les va tan bien que cogen y lo van a elevar a norma foral, de manera que toda obra que se licite en Gipuzkoa el licitante debe cumplir con los convenios vigentes.

O sea, que se hace una norma foral para obligar a cumplir la ley. Tócate los cojones.

Pues bien, en ese territorio no se hará ningún Ikea, de esos que se licitan por 400.000 aurios y se llenan de cuadrillas de portugueses y ecuatorianos a un coste de 10 la hora, o lo que e s lo mismo, que cobran a menos de 5 la hora.

Parece que se perseguirán a aquellas constructoras que licitan a precio de convenio y justifican ante la Diputación de Álava que han pagado en nómina por transferencia bancaria a sus trabajadores para hacer algún campo de baloncesto un precio, mientras les obligan a esos mismos trabajadores a devolver parte del dinero a la empresa.

Es alucinante que se va a obligar a cumplir la Ley por Ley, tócate los cojones, en las licitaciones públicas.

¿Y en las privadas? Se seguirá pagando "por mutuo acuerdo" (por los cojones de la constructora) si se paga, a 210 días aunque la ley marca 65? ¿Se seguirán contratando en los estudios a arquitectos en prácticas sin pagarles, con la promesa de un trabajo futuro, obligándoles a estar dados de alta como autónomos? ¿Se seguirán haciendo contratos "relevo" bajando el sueldo a un tercio al relevante, que es el mismo que tenía antes el puesto fijo?

Una última reflexión... ¿SE METERÁ MANO DE UNA PUTA VEZ A LAS CONSTRUCTORAS QUE METEN BASURA CHINA EN LAS OBRAS PÚBLICAS, PAGAN A 5 LA HORA, PAGAN A 210 DÍAS A PROVEEDORES, Y ESO SI PAGAN, NO CUMPLEN NINGUNA DE LAS ESPECIFICACIONES LLAMANDO "MEJORAS" A PONER MATERIAL DE ÍNFIMA CALIDAD EN VEZ DEL QUE APARECE EN LA LICITACIÓN, Y SE DEJARÁ DE MIRAR A OTRO LADO CUANDO SE TENGA CONSCIENCIA DE QUE ESTO OCURRE?

Estos de UPN son la hostia, expolian la Caja de Ahorros y la culpa es de los ciudadanos, con dos cojones, oiga

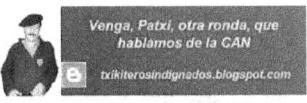

Jodo con la obra social de la CAN, y luego va la Barcina y dice que la culpa de la desaparición de la caja de ahorros la tienen los navarros en general, con dos ovarios!!!

*L*o de la Caja de Ahorros de Navarra es simplemente un ejemplo más del expolio que se ha llevado a cabo en las cajas de ahorros de todo el territorio.

El escándalo es bochornoso. Una descapitalización brutal en apenas 4 años (se perdieron dios sabe por donde 1.000 MM de euros, uséase se pasó de un valor de 1.200 MM a 200 en un titá) se vendieron acciones patrióticas a los ciudadanos navarros (que perdieron un 40% de su valor en un momentín) y se van a echar a 1.500 empleados a la calle.

Pero éste es simplemente un ejemplo más de lo que ha pasado por dejar dinero gratis en manos de los políticos. Van saliendo con cuentagotas los datos de por donde se fue el dinero y es alucinante.

Reuniones mensuales del consejo de nosequé, compuesto por políticos navarros varios, como Miguel Sanz, ex-presidente de la Comunidad Foral de Navarra, entre otros que cobraban más de 1.000 euros por reunión, sin ni siquiera tener que acudir y con aseguramiento del cobro hasta la jubilación, aunque no pintaran ya nada en la Caja, viajes a París, con alquiler de 20 helicópteros para pasear sobre la ciudad de la luz para 150 clientes preferentes, como si en toda Navarra hubiera tantos posibles clientes preferentes, ¡¡¡a cargo de la OBRA SOCIAL!!! Y luego está el rocambolesco caso de los mails y los sobres entregados en papeleras de Santiago Cervera, un representante pepinillo, de esos tan acostumbrados a recoger sobres. Y por supuesto, la "externalización" de las oficinas de la caja a una empresa que se las alquilaba y en cuyo capital participaba Barcina, presidenta de la Comunidad Foral de Navarra, otra lideresa. En definitiva un expolio contemplado en los estatutos de la caja y por tanto legal, pero como si dice ahora, inmoral.

La CAN es una de tantas que han desaparecido. Y tanto Alberto Catalán, vicepresidente de la Comunidad Foral de Navarra en declaraciones a radio Euskadi como Yolanda Barcina en declaración pública vienen a decir que la caída de la CAN es un caso más de la crisis financiera, que sí, que es cierto que se podía haber gestionado mejor, pero que ellos son políticos, no economistas, que es posible que la integración en Kutxabank hubiera sido mejor para la CAN, pero que el pueblo navarro no hubiera perdonado la entrega de sus ahorros al enemigo vasco (tampoco se los quisieron entregar al enemigo maño de Ibercaja, al parecer, y se los regalaron al amigo catalán de la Caixa) y lo más cojonudo, que la culpa de esto no solo la tienen todos los grupos navarros del parlamento, "esos que ahora se quejan" e incluso el pueblo navarro en general.

Y encima, que se quitan responsabilidades porque como ya no están en el consejo de la caja, que ellos no pueden hacer nada.

¿Y quienes han destapado el escándalo? Por supuesto los desestabilizadores ultravasquistas de la plataforma "kontuz", cuyo objetivo es destruir Navarra, porque como dijo Catalán (apellido premonitorio de donde ha acabado la Caja) ¿cómo puede la ley electoral permitir que se puedan presentar a las elecciones unos individuos que pretenden destruir Navarra, esos malvados nacionalistas vascos? Por supuesto, en un intento de desviar la atención sobre la realidad de la gestión de la CAN.

¿Y porqué nadie dice nada? Porque los amigos del PSN también han debido estar en el ajo y es mejor callar no sea que salpique. ¿No fueron ellos los que permitieron el acceso al poder de UPN en detrimento de NaBai? Había que cobrar el favor, paice...

Pero insistimos, dedicaremos un monográfico a las cajas de ahorro españolas, esto no es una excepcionalidad, sino la normalidad que ha imperado en todas ellas, simplemente un Bankia a lo navarro.

El caciquismo en Galicia, primera parte

Aupa, Txomin, otro txikito, que hablamos de los Caciques
txikiterosindignados.blogspot.com

Kabenzotz que fácil es tener a la gente sometida con la complicidad de la ilegalidad!!

Hoy vamos a hablar de Galicia. Vamos a tocar dos temas que son extrapolables a muchas otras zonas de la península como Alicante, Bizkaia o Cádiz, como son el caciquismo y las actividades ilegales.

El artículo se basa en hechos reales, y seguramente muchos de los que lo lean se sientan identificados y lo puedan corroborar, pero como para escribirlo nos hemos basado en testimonios de amigos que nos lo han contado en confianza, no vamos a dar ni nombres ni datos, simplemente vamos a relatar una realidad que se ha vivido en Galicia y en otras comunidades.

"Un cacique es aquel que ejerce una actitud comprensiva frente a actividades ilegales generalizadas, que reparte riqueza procedente de esas actividades, y se mantiene en el poder por el miedo de la gente a perder esa protección"

En los años 80 resultaba muy fácil descargar planeadoras y pequeños pesqueros en zonas semisalvajes de Illa de Arousa y cercanías con paquetes cargados de tabaco de contrabando. Este tabaco burlaba la agencia tributaria y el volumen del contrabando era tal que en toda España era habitual pedir en los bares Winston o Marlboro "americano" que se distinguía del nacional por la ausencia del sello impositivo.

Es cierto que sabía distinto, pero no solía ser por la calidad del tabaco, sino al contrario, por las deficientes condiciones de almacenamiento y transporte unidos al envejecimiento del tabaco, que le daba un sabor distinto.

En la zona se empezó a mover mucho dinero, que era necesario blanquear, poner en circulación. La economía bullía con la complicidad de las autoridades locales y regionales, que ayudaban al blanqueo ya que permitía un crecimiento económico importante.

Los contrabandistas al principio se dedicaban a gastar y un importante negocio de vehículos y viviendas de lujo, con sus piscinas y la utilización de los mejores materiales en su construcción se creó en la zona.

Y los contrabandistas dieron el salto a la "legalidad" comprando pazos en ruinas y convirtiéndolos en hoteles y en bodegas de albariño. Adquirían cocederos de marisco, conserveras, que con fuertes inyecciones de dinero provenientes del contrabando enseguida conseguían crecimientos importantes.

¿Y las autoridades locales? Ayudaban en ese blanqueo, e incluso otorgaban subvenciones a determinadas actuaciones, como polideportivos que en parte se subvencionaban con dinero público, en parte con donaciones que luego no pagaban impuestos.

Los contrabandistas eran vistos como una especie de héroes que estaban trayendo riqueza al pueblo, y se dieron las condiciones básicas para el caciquismo: vótame a mí, que si vienen los otros van a acabar con el contrabando y se te va a acabar el tener polideportivos y demás. El cacique hace la vista gorda ante la ilegalidad, se comporta de forma paternalista y "comprende" esas ilegalidades que tampoco hacen daño a nadie.

Pero en un ambiente tan protegido el contrabandista enseguida se crece, y pasa del tabaco al hachís, que tampoco es tan mal visto, ya que "esos chavales que se fumen unos porros tampoco hacen daño a nadie". Empieza la época dorada de los contrabandistas, ya convertidos en traficantes.

La convivencia entre ambos, traficantes y políticos, es tal que incluso en catástrofes marítimas como el Casón los contrabandistas ofrecen sus planeadoras para ayudar. Es la época en la que "ese chaval que trabaja en correos se le ve que tiene futuro" como en su día dijo Marcial Dorado de un jovencísimo Núñez Feijoo que veraneaba, junto con dirigentes sindicalistas, en su yate.

Galicia y sobre todo Arousa era un coto cerrado, con su propia ley, donde se generaba mucha riqueza y donde nadie iba a dejar que "esos de Madrid" vinieran a romper su nivel de vida, y para conseguir eso era preciso que los políticos locales y regionales hicieran de barrera contra esas ingerencias de fuera, fomentando un caciquismo que se extendía a nivel regional.

Pero la avaricia de los traficantes fue a más y por Arousa empezaron a entrar otro tipo de drogas, heroína y cocaína principalmente, y eso fue el principio del fin. Una cosa era no pagar impuestos o los chavalitos que se fumaban sus porros, ya que al fin y al cabo se debatía en Europa la legalización de las drogas blandas, y otra muy distinta la muerte por sobredosis y la tragedia de las drogas duras destruyendo la juventud, y con madres de luto saliendo a pedir justicia.

Se llegó a un acuerdo, y quien estaba "legal" siguió legal consolidando la riqueza que se había creado, y quien prefirió seguir con la droga, los clanes de los Charlines y otros, fueron rápidamente decapitados por la justicia al desaparecer el apoyo local.

En el siguiente post hablaremos de otro caciquismo, el del negocio de la ropa, que ha hecho que ilustres personajes figuren entre los más ricos del mundo.

El caciquismo en Galicia, segunda parte

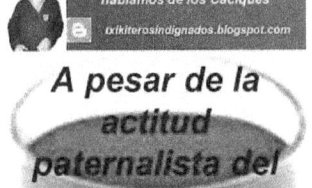

Es sorprendente que el sector textil en Galicia haya alcanzado las cotas de producción y de creación de riqueza de la actualidad compitiendo con países con unas condiciones de trabajo muy deficientes tanto en salarios como en condiciones laborales, lo que se traduce en unos costes salariales bajísimos.

Pero es que el sector textil en esa comunidad ha gozado de unas prebendas que han reducido enormemente esos costes de mano de obra, ya que se trabajaba sin pagar ningún tipo de seguro social ni impuesto.

Las fábricas oficiales de las grandes marcas gallegas en gran parte se dedicaban a "blanquear" la ropa que se cosía en otras condiciones.

Inicialmente sólo se trataba de coser. Furgonetas sin ningún tipo de marcas recorrían el interior de Galicia, y no tan interior, como la zona de Redondela con una doble función.

Una de sus funciones era entregar en las casas donde "las mujeres" cosían las telas y los patrones, y la otra, aprovechando el viaje, recoger el producto terminado, listo para enviar a la fábrica a pasar el control de calidad y embalar.

En cientos de casas esta actividad era la entrada principal de dinero. Era una tarea de la que se encargaban las mujeres, en jornadas de 10 horas o más, sin ningún tipo de seguro social, sin cotizar a la seguridad social, sin derecho a paro o pensión, mientras que el marido, que trabajaba en el campo o en alguna fábrica era el que cotizaba y por tanto "legalizaba" a la familia.

Era una actividad conocida por todos, y que el cacique local protegía, ya que era un fuente de dinero para las familias. El cacique local además de permitir la actividad, alertaba a sus conciudadanos de que en caso de que votaran en las elecciones a otro que no fuera él, lo más seguro es que esa actividad se acabara. Y además, era un bienhechor, ya que construía residencias para la tercera edad y se ocupaba de la educación de los jóvenes, con dinero obtenido de las donaciones hechas por esas empresas de ropa.

Tenemos todos los ingredientes que forman parte del caciquismo: una zona rural semiolvidada, una actividad ilegal, donaciones, y la complicidad del cacique con sus "súbditos" en esa actividad, retroalimentada por el miedo de que otro quizá no hiciera la vista gorda.

Pero la avaricia rompe el saco, y las señoras dejaron de coser en casa sustituidas por talleres ilegales, mucho más rentables, en los que se trabajaba en condiciones de semiesclavitud, pero esa avaricia fue su final, ya que se rompió la complicidad con los caciques locales, y salió a la luz esa actividad.

Y claro está, las empresas textiles por supuesto legalizaron su situación... deslocalizándose a Bangladesh e India, donde podían hacer de forma legal lo que en Galicia era ilegal.

Hemos comentado dos ejemplos clásicos de caciquismo que ha existido en una Galicia donde su caudillo Manuel Fraga ordenaba y mandaba y sólo se hacía su voluntad, y donde los caciques locales sabían a qué árbol político tenían que arrimarse para obtener la protección que necesitaban, pero esto no es endémico de Galicia ni mucho menos. No toda Galicia ha funcionado así ni sólo se ha dado en Galicia.

La industria del mueble en las Encartaciones de Bizkaia, la del calzado y del juguete en Alicante o el contrabando de tabaco y de hachís en zonas de Andalucía son otros ejemplos sangrantes del funcionamiento del caciquismo en España, un caciquismo propio de una España decimonónica pero que en épocas de crisis como la actual está presente y se acepta como mal menor para mantener fuentes de ingresos a las familias azotadas por el paro.

Txaskarrillos de la política vasca

Venga, Patxi, otra ronda, que hablamos de Txaskarrillos

txikiterosindignados.blogspot.com

A lo tonto, a lo tonto, escarbas un poco en la actualidad y enseguida llegas al petróleo!!

*V*as leyendo la prensa, te vas enterando de lo que pasa, y a poco que te informes, enseguida se te amargan los pepinillos.

Por ejemplo, hay que dar una solución a la Supersur en Bilbao. Se hace una obra millonaria llena de carriles y de túneles, se pone un peaje blandito... y no entra ni dios.

Total, cuesta lo mismo la antigua que la nueva en tiempo, y da grima ir por un pedazo de autopista... en la que no se puede circular a más de 80.

Aparece un estudio que dice que en nosequé año las entradas a Bilbao por el sur estarán completamente saturadas. Otra millonada para quitar la entrada de Sabino Arana, y al inaugurarla nos enteramos que la entrada antigua admitía 50.000 vehículos diarios, y la nueva... 30.000... por lo que nuestro mejor alcalde del mundo y su corporación abren una entrada que llevaba 10 años cerrada y nos recomiendan utilizar otras entradas... ¿quizá las del norte por donde se escapa todo el tráfico pesado que ahora tiene prohibido acceder a la A8 y no quiere pagar el peaje de la nueva autopista?

Y nos vamos a Araba. Las persistentes lluvias de este invierno produjeron un socavón en el acceso a la ermita de Santa Teodosia desde San Vicente de Arana. Los vecinos reclamaron el arreglo para evitar tener que dar un rodeo por el Puerto de Opakua el día de la romería y la diputación actuó rápidamente y arregló el socavón y los vecinos accedieron a celebrar su romería... y hasta el año que viene. Bien por la rápida reacción de la diputación, peeeeero, este mismo invierno el acceso a los embalses del Gorbea sufrió el mismo problema y a pesar de que no se celebran romerías, lo cierto es que cientos de montañeros accedían cada fin de semana a ese entorno a hacer montañismo. Aún estamos esperando la reacción de la Diputación... habrá que celebrar alguna misa de campaña para que lo arreglen.

Nos hemos empezado a quejar de que en TVE1 nos den al menos un vez a la semana una noticia relacionada con la Iglesia, pero el despliegue de todo el santo día hablando de lo mismo en ETB y Radio Euskadi cuando la coronación del nuevo papa, con sus despliegues técnicos, no tuvo precio. Claro, en muchas cosas los meapilas del PNV tampoco se diferencian de los meapilas del PP.

Y hablando del PNV, 6 meses llevan tocándose los cojones en el gobierno, llegando a acuerdos que nunca se plasman en nada, negociando con unos y con otros para hacer declaraciones de intenciones, pero 6 meses con el gobierno vasco con encefalograma plano.

Y quizá sea mejor. Porque las medidas de reactivación de la economía basa en hacer obra pública, como que ya no tiene mucho sentido. Cuando se nos acabe el TAV no sabemos que van a hacer, que Euskadi es pequeñito y ya no nos caben las infraestructuras, no hay espacio.

Pero Ortuzar, ese nosequé del PNV no se quedó en reclamar dinero para infraestructuras, sino que también anunció la gran partida económica destinada a formación, para acabar con el paro. En fin, si en este país cientos de ingenieros con 30 años de experiencia está en el paro, este hecho les debería dar pistas de que la formación no disminuye el paro, y que ese no es el problema.

Ortuzar, Ortuzar, viejas políticas para nuevos problemas, no son solución.

El ayuntamiento de Orduña está en quiebra, con una deuda de 5 MM de . Va a sacar a la venta el edificio de la Ad uana, valorado en 7'2 MM   para pagar la deuda, ya que la Diputaci ón ha hecho hincapié en que la deuda es culpa de la mala gestión municipal y no quiere hacerse cargo de esa deuda.

Sin embargo, esa misma Diputación ha corrido a regalar 5'2 MM al Bilbao Basket a fondo perdido para cubrir la "desgracia" del timo que le hizo la expresa Uxue... ¿Alguien en su sano juicio se creía que una empresa basada en las energías renovables en plena moratoria iba a pagar lo que prometió al equipo de baloncesto? Para que esa "mala gestión" no se debe castigar como al ayuntamiento de Orduña.

Son txaskarrillos, de esos que cuando los lees en la prensa pasan desapercibidos, pero que esconden la inoperancia de políticos mediocres.

La manipulación en la información, qué difícil resulta creerles ya!!!

A la hora de informarnos en los medios de comunicación, nos da que nos dividimos entre ignorantes, imbéciles y sabios!!

*H*ace unos días hicimos un intercambio de twuits con un chico de UPyD, esa amalgama política en la que tienen cabida desde seguidores de Amanecer Dorado hasta miembros de la Asociación de Gays, Lesbianas y etc., bajo la supervisión de una señorita con cargo político de ese partido.

El tema tratado era referente a la chorrada esa de Toni Cantó sobre las denuncias falsas en violencia de género, y el chaval daba por válido una burda manipulación aparecida en el manipulador medio de la prensa libre, "Libertad Digital" que interpretaba unos datos referentes al tanto por ciento de las denuncias sobre el tema que acaban en condena, sentenciando que las que no acababan en condena eran denuncias falsas.

A pesar de dejarle caer que las denuncias que no acaban en condena no tienen por qué ser falsas, sino que puede haber un acuerdo previo, una retirada de la denuncia o una sentencia contraria por cualquier razón, y que Libertad Digital era un medio que mentía más que hablaba, el chico, para dar validez a la información, nos retó a encontrar un medio que no mintiera.

Ayer, en el Sálvame serio de Tele5, lo que llaman "El Gran Debate" el Jordi González se regodeaba de esa filtración manipulada sobre los exámenes a profesorado de la Comunidad de Madrid. No entraron a debatir cual era el objetivo de esa filtración, aunque disponían de todos los datos. No pensaron que se trataba de una filtración interesada para por un lado desprestigiar a los profesores en tiempos de privatización de la enseñanza, dando a entender que el motivo del fracaso escolar en la pública venía por el hecho de que es culpa de la mediocridad del profesorado.

Tampoco entraron a analizar el hecho de que si en una oposición se pretende primar el examen frente a la experiencia (con el fin de rejuvenecer el profesorado y eliminar díscolos a costa de disminuir la calidad de la enseñanza) algo realmente cuestionable por el simple hecho de que por ejemplo la inmensa mayoría de los médicos que tienen más de 10 años de experiencia seguramente sacarían menos nota en una oposición que un recién licenciado, o que la inmensa mayoría de los conductores con 15 años de experiencia no aprobarían ni siquiera el práctico del examen de conducir.

Obviaron el hecho de que hubo cerca de 13.000 suspensos y generalizaron con las respuestas realmente llamativas, como que la gallina es un mamífero, haciendo entender que los 13.000 suspensos ignoraban el origen aviar de la picasuelos.

Pero no solo fue Tele5, que en realidad no da mucho más de sí, la que cayó en la trampa, sino que fue la inmensa mayoría de la prensa la que generalizó la mofa y la befa sobre el colectivo del profesorado, a partir de esa hábil manipulación concebida en la privatizadora comunidad de Madrid, una hábil manipulación que fácilmente se podría revertir, desde el hecho de que SÓLO los mejores acceden a la enseñanza pública, mientras que los que piensan que la gallina pare a sus crías tienen muchísimos boletos de engordar la enseñanza privada, esa que querían promover desde esta manipulación.

Y vemos las dos formas de manipulación, la primera a partir de un hecho real y constatable, como el número de denuncias sobre violencia de género que acaban en sentencia, y el segundo, elaborando noticias a partir de de datos sesgados y manipulados previamente.

Prácticamente todos los medios de información manipularán o interpretarán las noticias de forma subjetiva, ofreciendo más que una noticia, una opinión.

Y ahí es donde nos dividimos los que recibimos la información.

Ignorantes. Son aquellos que por falta de datos o por falta de motivación, lo cual es también muy importante, o sea, la falta de interés sobre el tema sobre el que se informa, dan más o menos veracidad a informaciones según la credibilidad del medio del que provengan. Esto se produce por el mero hecho de que no podemos saber de todo, y que es muy complicado y requiere un esfuerzo importante el contrastar la información.

Imbéciles. Como en el primer ejemplo explicado, el individuo afirma que todos los medios mienten, pero da por válida una información a pesar de estar convencido de que se trata de una mentira. En fin, sin comentarios.

Sabios. Aquellos que contrastan la información desde varios medios y consiguen llegar a una conclusión lo más cercana a la realidad posible. Esto nos pasa cuando nos informan sobre temas que nos tocan directamente, que conocemos bien ya sea por trabajo o por afición. Generalmente cuando escuchamos informaciones sobre estos temas que conocemos enseguida nos damos cuenta de que no se acercan a la realidad, normalmente por manipulación o por generalización.

Es difícil dar con la verdad, porque la verdad depende mucho del ojo con el que se mire.

Ahora la culpa de la crisis catalana al parecer son los vascos y los navarros

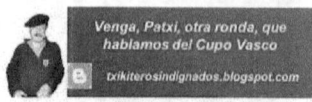

Cada vez que los catalanes ahondan en su problema, se convencen más de que su problema es de los demás, no de su mala gestión.

*E*l agujero de Cataluña empieza a alcanzar proporciones bíblicas. Y encima cada medida que se toma ahonda más el problema.

En la última campaña electoral la resolución del problema pasaba por la independencia. Al parecer los catalanes pagan la hostia a España y estando fuera de España seguro seguro que acababan con el problema.

Así pues, la campaña se centró no en la economía sino en quien era más independentista, quien tuvo más representación en la Diada esa del millón de independentistas, quien iba a realizar el referéndum más concluyente.

Y antes de la famosa consulta popular, hay que rellenar el hueco dejado en la cabeza de los catalanes lanzando globos sonda. Y parece que quienes más sacan pecho en esto del globosondismo son los del PSC, en una política de oposición no contra el gobierno catalán, ámbito al que pertenecen, sino haciendo oposición... al resto del mundo, donde ni siquiera están presentes.

Así pues se hicieron republicanos de bajo calibre, exigiendo con la boca grande la abdicación del rey mientras que con la boca pequeña volvían a la monarquía pidiendo que abdicara en beneficio de su hijo, el tal Felipe.

Se nos hicieron federalistas sin conseguir explicar cual es la diferencia entre comunidad autónoma y comunidad federal.

Vieron los problemas de Cataluña en España, y ahora los ven, junto con UPyD, extraños compañeros de viaje, en Euskadi y Navarra y sus políticas fiscales, al parecer otros culpables de su situación económica.

Lo curioso es que no cuestionen la política de recortes de CiU, una política de austeridad, aumento fiscal en la medida de lo posible y de recortes de políticas sociales que al parecer puede ser la causante de sus males, una política que se inició antes que en el resto del estado de la mano de Rajoy, y una política que empieza a ser cuestionada en todo el mundo por las dificultades económicas que están sufriendo y el ahondamiento en sus crisis particulares países enteros como Grecia, Irlanda o Portugal, sin contar el ejemplo de España o Italia.

Quizá en vez de buscar culpables fuera deberían mirar hacia dentro y darse cuenta de las dos políticas fracasadas que han seguido, que son casualmente fiel reflejo de las dos políticas que a nivel nacional han llevado primero el PSOE y luego el PP.

Y recordar que la política de izquierdas de aumentar el gasto público para hacer inversiones que muevan la economía sin buscar el rendimiento económico lo único que consiguen es aumentar el endeudamiento hasta límites insostenibles, y esa deuda acaba rebotando a las fuentes financieras a través de los impagos o retrasos de los pagos a suministradores y cuando vuelve a la administración hay que asumirla multiplicada.

Y recordar que la política de derechas del recorte indiscriminado, subida de impuestos y asunción de deudas ajenas no solo aumenta la deuda sino que además trae consigo la contracción del mercado interno, con el aumento de paro y reducción de riqueza consiguientes.

La necedad de los políticos en encontrar una solución a esta crisis y el empecinamiento en políticas caducas son las que hacen que cada vez que sacan la cabeza sea para buscar culpables fuera de su entorno.

Mira que son burdos manipulando las noticias en Tele5

Venga, Patxi, otra ronda, que hablamos de Tele5

txikiterosindignados.blogspot.com

Estos de Tele5, resultan especialmente manipuladores en sus teleberris!!!

Vaya por delante que el proyecto televisivo de Tele5, visto desde el punto de vista meramente empresarial, nos parece genial en muchos aspectos, aunque ahora ese modelo esté flojeando y se esté convirtiendo en modelo low cost.

Y nos parece genial porque es un modelo encadenado que busca la fidelización del cliente, de manera que el espectador que entra en Tele5 se queda dentro de la televisión.

Nos explicamos brevemente. Si tú ves una película en Antena3, según acaba estás libre para ver una serie en Cuatro, o al Guayomin en la Sexta. Estas cadenas ganan la fidelidad puntual por determinados programas, en determinadas franjas horarias.

En cambio, Tele5 es distinta. Una vez finalizado Gran Hermano, comienza un debate alrededor de ese programa, en el que intervienen una serie de "colaboradores" que también saldrán al día siguiente en Sálvame, y algunos de ellos participarán como concursantes en Campamento de Verano o Supervivientes, lo cual permite realizar un programa semanal sobre sus aventuras en el que también sale alguno de Gran Hermano.

O lo que es lo mismo, hay una rueda que gira y que mantiene al espectador dentro de la cadena, rebotando de un programa a otro, y decíamos ahora que es low cost porque la falta de personal hace que se empiece a hablar sobre los matrimonios o parejas, o incluso cenas de empresa de los "colaboradores" en programas maratonianos.

Pero centrándonos en los informativos, la verdad es que casi nunca los vemos... pero ayer sí. Y nos sorprendió al enterarnos que al parecer éramos los únicos en una España totalmente unida que creemos que no se deben celebrar las olimpiadas en Madrid en 2020. Según "informaron" más del 90% de los españoles no madrileños apoyaban esas olimpiadas y si bajaba algo el porcentaje era en Madrid, donde el apoyo era de "tan solo" el 87%.

Pero la siguiente noticia nos sacó de nuestro estupor. El titular de la noticia hablaba de unas "fiestas polémicas". Y el motivo, el maltrato animal. Y nos trasladaban a las fiestas de Lekeitio y el famoso "antzar eguna" o día del ganso, donde los jóvenes de la localidad se cuelgan del cuello de un ganso y son alzados sobre el mar con una soga hasta que o bien caen al agua o arrancan la cabeza al ganso.

En el desarrollo de la noticia ya dejaron caer que desde ya hace muchos años (algunos años es la frase exacta) el ganso que se utilizaba para esa fiesta estaba muerto. ¡Coño, no dejes que una noticia te estropee un buen titular! Pero lo que se les olvidó comentar de estas "polémicas fiestas" es que este año los gansos eran... de plástico.

Y luego suma y sigue el recorrido por nuestra tierra. El titular de un incendio en San Sebastián, donde "una veintena de vehículos" habían resultado calcinados. Así contada parece que fueron 20 coches afectados, cuando en realidad fueron 2 y el resto fueron ciclomotores y sobre todo bicicletas. Otro buen titular que podría haber estropeado la noticia.

Nos vivieron a la cabeza otros titulares y "investigaciones periodísticas" de la cadena, como aquel de hace unos años en el que una semana después del cambio horario, afirmaban que habían comparado las demandas eléctricas antes y después y que no habían encontrado cambios en el consumo significativos... manipulación que ni siquiera vamos a intentar explicar.

Generalmente esta cadena en sus informativos es bastante

"especial" con una mezcla de titulares manipulados y noticias sensacionalistas, nos imaginamos dirigidos a su público. Y siguiendo el modelo Vasile, el informativo de ayer finalizó con una noticia en la que trabajadores y protagonistas de una serie de la cadena viajaban en autobús a Vitoria al FesTVal. Sin comentarios.

¿Y si la verdadera razón era que Tokio presentaba mejor candidatura que Madrid?

Por lo que paice lo de Madrid 2020 fue una conspiración judeo-masónica de proporciones bíblicas... ¿alguien ha pensado que Tokyo fuera mejor?

*N*os congratulamos de ser ese 9% de habitantes de este país que no apoyábamos la candidatura olímpica de Madrid 2020. Y nuestras razones estaban claras:

1) No creíamos que fuera el momento más adecuado para acarrear con un gasto tan importante.

2) Nos parece improcedente que con los recortes que se están produciendo en el día a día de los ciudadanos, se destinaran fondos a la preparación de algo puntual.

3) Si bien Barcelona 92 y la Expo sirvieron, con sus detractores incluidos, para mostrar al mundo un país renovado después de 40 años de dictadura fascista, Madrid 2020 para muchos ciudadanos representa la fastuosidad de quienes pretenden recuperar ese odioso pasado.

Una vez dicho eso, hemos leído en la prensa, oído en la radio y visto en televisión que la culpa de haber perdido los juegos se debía al dopaje, a la corrupción, a la crisis, a los políticos, al conflicto con Inglaterra, a que nos habían engañado los miembros del COI o incluso al teikin a taza de café in the Madrid de los Austrias de Misis Ann Botell.

Y una vez encontradas las excusas, hemos visto titulares hablando de tongo, imágenes de hooligans en Madrid gritando "hijos de puta, hijos de puta" indicando que en nuestro perder estamos muy lejos del espíritu olímpico.

Pero aún no hemos escuchado a ningún periodista de estos low cost que parece que tenemos, a ningún político, a nadie decir que es posible que la candidatura de la capital de la tercera economía mundial fuera mejor que la española.

Por cierto y como inciso, si se hubiera presentado Bilbao, hubiera salido elegida en las tres ocasiones en las que se ha presentado Madrid, aibalahostia.

Si la solución que ofrece el PP al nacionalismo catalán es un nacionalismo español, mal vamos.

Venga, Patxi, otra ronda, que hablamos del 12O

txikiterosindignados.blogspot.com

No hay mayor idiotez que oponer al nacionalismo catalán uno español!!

Nos hemos quedado sorprendidos con la celebración pepinilla del día de la hispanidad en Barcelona, con la rubia del botox toda sonriente ensalzando su españolidad, y afirmando en ese recuento de mayorías silenciosas al que ya nos van acostumbrando, que son 47 millones de españoles los que al parecer están en contra de la consulta catalana.

Como después de las encuestas que lanzaron sobre la "popularidad" del Madrid 2020 ya no nos creemos nada, pues nos hemos decidido a hacer una serie de puntualizaciones sobre la idiotez de la celebración del 12 de octubre en Barcelona.

1) El nacionalismo catalán no ha sido nunca independentista, hasta ahora.

2) La radicalización del nacionalismo catalán se debe sobre todo a los ataques externos por parte de sectores rancios españolistas. Aún nos acordamos de aquellas campañas contra el cava catalán y otras gilipolleces alentadas por esa especie de nacionalismo rancio español.

3) Enfrentar a un nacionalismo otro excluyente es completamente estúpido, y eso es lo que lleva haciendo el nacionalismo patrio contra los nacionalismos vascos y catalán muchos años.

4) Dar cobertura a ese nacionalismo español excluyente por parte del PP es un error de estado

Y el PP lo ha hecho en el pasado y sigue haciéndolo, alentar un nacionalismo español excluyente, un nacionalismo a medida de patriobajeros, utilizando una serie de símbolos no integradores. Y lo más triste y patético es que intentan hacer de ese nacionalismo su seña de identidad, robando al resto de los españoles la idea de patria, en un ansia de aglutinar a sus votantes, sin el más sentido de Estado.

Hace ya mucho tiempo que venimos diciendo que el PP tan sólo actúa para mantenerse en el poder, para aglutinar a sus votantes, evitando que se vayas, y perpetuar así su situación. El PP no trabaja por el país, no tiene sentido de Estado. Prueba de ello son sus actuaciones faltas de inteligencia, sus balbuceantes explicaciones sobre la corrupción, su apuesta por el nacionalismo español excluyente.

Al PP le importa una mierda España, sólo se preocupa por perpetuarse en el poder, y lo están haciendo desde el punto de vista más irracional posible, creando una brecha tras la cual parapetarse, valiéndose del meapilismo y patriobajerismo más comercial para atar a sus votantes.

Patético, de verdad.

Décimo bloque: Deportes

Un buen txikitero entiende de deportes. El entrenador del Athletic no tiene ni puñetera idea de cómo dirigir el equipo, y es porque no cuenta con el asesoramiento de una cuadrilla de txikiteros. Si se hubiera informado adecuadamente sobre las técnicas futbolíticas de alto nivel que se manejan en cualquier cuadrilla que se precie, hubiera llevado a los rojiblancos a lo más alto de la liga temporada tras temporada.

Pero no solo se entiende de futbol, se entiende de cualquier deporte de ámbito vasco, desde pelota hasta ciclismo, e incluso los más viajados pueden hablar de depórtes exóticos como el beisbol o el futbol americano.

Por tanto, era necesario un bloque de deportes.

Hay que recortar en el futbol

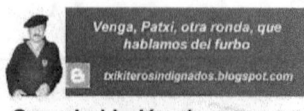

Que si el balón de oro para Messi, que si el mejor once del mundo juega en España... demasiadas prebendas me da que damos al furbo... y más aún cuando con los recortes el famoso pan y futbol se ha quedado tan solo en futbol...

*C*ampeones del mundo, dos eurocopas, la mejor liga del mundo... esto no sale gratis, no es genético, y mucho de lo que hay en el fútbol español es importado y si está aquí es porque se le paga mejor que en otros países.

Pero hay un mundo B en esto del fútbol. La deuda de los clubes de fútbol españoles es de 5.000 MM de euros, similar a la deuda de Cataluña, por esa por la que nos llevamos las manos a la cabeza y sólo las deudas con hacienda ascienden a 670 MM de euros.

Y eso de que el fútbol es un buen negocio, y que por eso no importa lo que se pague a los jugadores, que éstos acaban generando con creces lo que ganan, tampoco es demasiado cierto. El fútbol español gasta 2.100 MM al año, pero genera 1.800, con lo que tiene anualmente un agujero de 300 MM de euros.

Y encima están sin contabilizar las subvenciones tanto directas como indirectas que reciben, ya que en muchos casos la seguridad alrededor de los estadios, la limpieza e incluso el mantenimiento y remodelación de los campos de fútbol corren a cargo de los ayuntamientos, y se sufragan con dinero público.

Quizá los futbolistas, esos que pagan la mitad a hacienda, como en este nuestro Athletic, o aquellos cuya ficha va directamente al rescate bancario, como el quiero y no puedo Ronaldo cuya ficha está financiada por Bankia y no pagada, o casos como el del Málaga, expulsado de las competiciones europeas por no pagar, o el Granada, que no quiere alquilar el campo al ayuntamiento, propietario, u otros muchos que no pagan la luz ni otros servicios, sean quienes viven por encima de nuestras posibilidades.

Y nuestros politiquillos que no se equivoquen. Los romanos inventaron el pan et cirquenses para mantener al pueblo tranquilo y al margen de la política, pero aquí hay demasiado circo pero en muchos hogares empieza a faltar el pan...

Amstrong, te has llevado nuestras ilusiones, ya solo nos queda el txikiteo

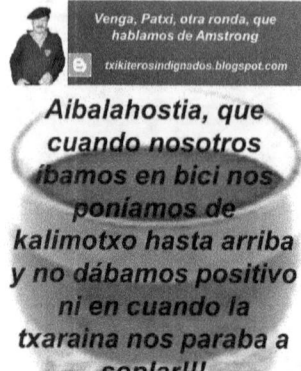

Venga, Patxi, otra ronda, que hablamos de Amstrong
txikiterosindignados.blogspot.com

Aibalahostia, que cuando nosotros íbamos en bici nos poníamos de kalimotxo hasta arriba y no dábamos positivo ni en cuando la txaraina nos paraba a soplar!!!

*H*oy estamos un poco con pena de esto del ciclismo. Hacemos un inciso en el caso Bárcenas para hablar de otro estafador, Amstrong.

Y vamos a hablar desde la inocencia de unos jóvenes poteadores que con su resaca y todo se cogían el 127 y se iban a Valdezcaray a ver la cronoescalada.

Y te sacabas fotos con Fede Echave, con Marino, con esos palitroques chupadísimos que se pegaban una paliza con la bici día tras día y a los que emulábamos con nuestras flacas.

Y seguías a Indurain, Bugno y compañía peleándose en el Tour, donde Echave ganaba en Alpe D'Huez y se iban haciendo los primeros pinitos en el ciclismo mundial.

Y de repente un año ni Indurain ni Bugno ni sus compis podían ni con el manillar. A Indurain le pegan una paliza en Larrau (puerto que por cierto nuestro Txomin ha subido entre txikito y txikito) y llega destrozado a la meta homenaje del Tour en Pamplona.

Y se nos retiran todos en la cima de su carrera... y estalla el caso Festina. Y nos da por sospechar que estos chicos no corrían tan limpios y que les habían dicho que al año siguiente se acababa la gasolina y sin gasolina, como que no andan.

Y van cayendo uno tras otro. Pantani, Ullrich, todo el equipo de la ONCE con Manolo Sáiz a la cabeza (nuestro Patxi subió un año los Lagos todo chulo diciendo que aquel puerto no era duro, que había ganado dos veces en la cima un sprinter, Jalabert, y cómo resoplaba en la Huesera).

Y nos negamos a mirar hacia atrás, pero ya no seguimos el ciclismo. A pesar de las victorias de Valverde, Pereiro, o ese gran campeón que es Contador, salpicado por el "affaire txuleton" ya no lo seguimos... porque no nos lo creemos.

Y después de la crónica ya anunciada del dopaje de Amstrong ya abrimos los ojos a una realidad de la que éramos conscientes y que no queríamos reconocer. NOS HAN ENGAÑADO.

Nos han engañado a aquellos que íbamos a Valdezcaray, a La Cruz de la Demanda, a los Pirineos, y subíamos andando hasta la cima para poder animar a estos mangarranes. Nos sentimos estafados porque con dinero público se les ha mantenido al retransmitirlos por televisión. Nos sentimos defraudados porque de haberlo sabido no hubiéramos madrugado para ir a verlos corretear helados de frío.

Undécimo bloque: Bárcenas

Luís Bárcenas, o Luís el cabrón, y la corrupción en general ha sido el tema estrella en este último año, y por supuesto, ha sido analizado en tertulia tras tertulia.

Mira que se le ha dado vueltas al tema tarde tras tarde, en el poteo de medio día, en la partida entre patxarán y patxarán, en el txikiteo vespertino, en las cenas de cuadrilla.

El señor Bárcenas ha ocupado un lugar de honor en las tardes de vinos, por lo que también debe ocupar un lugar especial con bloque propio en el libro de los txikiteros.

¿Bárcenas? Tonterías... *ESTO ES CORRUPCIÓN!!!!*

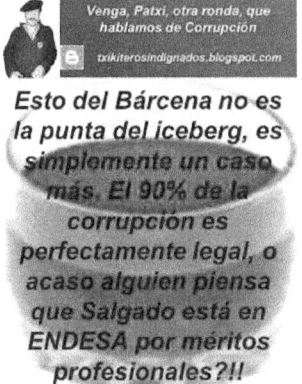

Venga, Patxi, otra ronda, que hablamos de Corrupción

txikiterosindignados.blogspot.com

Esto del Bárcena no es la punta del iceberg, es simplemente un caso más. El 90% de la corrupción es perfectamente legal, o acaso alguien piensa que Salgado está en ENDESA por méritos profesionales?!!

*S*i es que es lo de siempre. Aparece un caso de corrupción y es como si se removiera la mierda en el pozo séptico, de repente huele y todos los políticos se descuelgan con declaraciones sobre esa lacra con la que hay que acabar.

¡¡¡Pero hombre, no nos toméis por gilipollas!!! ¿Sabéis qué es corrupción?

Corrupción es lo siguiente:

- Que se coloquen en los centros de salud a jefes de equipo que no tienen plaza en Osakidetza, y en muchos casos ni el MIR, se les asigne un cupo para cobrar y se les libere del trabajo por las "responsabilidades de su cargo", cargo que hasta entonces ejercía un médico o enfermera como trabajo extra.

- Que por pertenecer al partido de turno te nombren director del Parque Tecnológico de turno, aunque no sepas hacer la O con un canuto.

- Que una dinastía como los Rojo se haga con el control de la Caja de Ahorros, el Sindicato Empresarial, la Cámara de Comercio y todas y cada una de las instituciones de la ciudad manejándolas a su antojo y dejando un enorme socavón al salir de ellas.

- Que se absorban Centros Tecnológicos consolidados por otros más pequeños y eso sea el salto de sus promotores a convertirse en Cargos de Confianza del Gobierno Autonómico correspondiente.

- Que se compren terrenos a precio de saldo para hacer una urbanización con campo de golf en alguna remota aldea almeriense o murciana, obligando a vender a ese precio bajo la amenaza de una reordenación municipal que permutaría los terrenos de los que no venden por otros baldíos perdidos en el monte, y que detrás de la operación estén ex-políticos socialistos y pepinillos a los que ha unido la actividad parlamentaria y que se han decidido a hacer negocios juntos.

- Que vayas a preguntar al cabildo de una isla canaria sobre las condiciones técnicas para hacer una línea eléctrica en la isla y que el responsable de industria te reciba en un reservado de un bar y te diga que tiene el teléfono pinchado y que sólo le envíes sms.

- Que haya un ataque al poder económico por parte del poder político a través de las cajas de ahorro y de decretos favorecedores y pequeñas trampillas legales que permitan que ocurran casos como los siguientes:

* Decreto eólico en Euskadi que permita que una empresa al 50% entre el GV e Iberdrola construya todos los parques eólicos de la comunidad para posteriormente vendérselos a precio de saldo a Iberdrola, similar a lo que ocurrió en Navarra, ese ejemplo de energías renovables.

* Que el 90% de los créditos (y subvenciones) ICO-IDAE sobre energía solar fotovoltaica de 2004 se fueran a una única Caja de Ahorros para obras que realizaba una única Empresa que posteriormente se "nacionalizó" para venderla con el paquete completo de energía eólica, hidroeléctrica y fotovoltaica a una conocida constructora.

* Que ninguna empresa de las que hizo la cárcel de Zaballa fuera vasca, sino que se licitara directamente en Madrid por el Ministerio de Fomento, y que al finalizar además la cárcel denuncie al ayuntamiento de Iruña de Oca por cortarles el agua, aunque nunca habían pagado ni un euro por ese agua.

* Que se lleve al parlamento y se cree una corriente de opinión con detractores y gente a favor la compra de ENDESA (controlada

entonces por Caja Madrid, cuyo consejo de administración era controlado por el PP) por parte de Gas Natural (Controlada por la Caixa, cuyo consejo de administración era controlado por el PSC)

Bárcenas y compañía sólo se explican desde el punto de vista de haber dejado en sus manos, en las manos de los políticos, las cajas de ahorros, una tentación brutal de dinero gratuito. Un dinero que ha sido muy fácil de robar, ya que nadie vigilaba, nadie preguntaba y era muy sencillo llevarlo a Suiza, repartirlo entre otros miembros del partido.

Un dinero de ida y vuelta, oculto en el abismal agujero de la banca española y que hemos rescatado entre todos, y que ahora vuelve en manos de esta gente sin escrúpulos para la rapiña de España, para comprar a precio de saldo todo lo que ellos mismos ponen a la venta para tapar el agujero que ellos mismos han creado.

El análisis corruptivo lo hemos emprendido desde un simple puesto de trabajo en la Administración otorgado a dedo, hasta el control de grandes corporaciones empresariales, pasando por el control de ciudades, provincias o comunidades autónomas.

Así que lo de la trama Gurtel y demás... son simplemente anécdotas. La corrupción está generalizada, tanto que en muchos casos el que se beneficia de esa corrupción ni se entera. Ni la Cosa Nostra lo haría mejor. Está tan generalizada que tan solo se considera corrupción aquello que sobrepasa una línea, una línea que cada vez está más alta.

Y a quienes empiezan a afilar las guillotinas, simplemente recordarles que gran parte del gran agujero financiero viene de la banca pública, o sea, esas cajas de ahorros controladas en su totalidad por políticos que sin tener ni puta idea de economía pensaban que el dinero era gratuito y que al prestarlo en muchos caso no hacía falta devolverlo, o se pensaban que el que el prestatario fuera cuñado del concejal de medioambiente era suficiente garantía para darle el crédito que fuera necesario.

La depuración hay que hacerla a un nivel tan profundo que sencillamente ya resulta imposible. Pero el echarlos de las cajas de ahorro es un paso importante.

Y la tragedia de este país es que millones de personas les siguen votando, siguen creyendo en quimeras de gente sin escrúpulos, de hijos de puta a los que les importamos una mierda y que tan solo viven por ellos y para ellos.

Aquí hay gato encerrado. Nos da que es un paso más del expolio del país.

Anda que me da que eso de la regularización fiscal sin preguntar tenía su miga... ya vuelven a ser legales, no te jode!!

*H*oy es el tema del día. Ya hablamos en su día de corrupción, y vimos que es mucho más de lo que parece, que lo de Bárcenas es tan solo una cosilla más.

Iremos haciendo diversos monográficos sobre corrupción, pero hoy nos queremos centrar en un problema importante.

¿De que coño va esta historia?

Algo huele mal, muy mal aquí. La evolución natural del escándalo sería dimisiones en bloque del gobierno.

Han fracasado en la política económica, y están podridos hasta la médula, ha caído su credibilidad a 0. La indignación popular va a ser muy grande y puede inestabilizar el país.

Y esto no lo decimos gratuitamente, sino porque ha habido otras situaciones de inestabilidad y tensión política, pero la mayor parte de la gente al final callaba y otorgaba debido a que tenía trabajo, y un nivel adquisitivo como para desconectar.

Pero ahora tenemos 6.000.000 de parados y los que tienen trabajo, con los recortes y subida de impuestos, están muy quemados. Estamos en una situación en la que el país puede reventar. Estos van a caer, no hay ya duda, están sentenciados. Lo que no sabemos cuál va a ser la jugada que se mueve por detrás, pero me da que se empieza a vislumbrar.

Si se convocaran elecciones anticipadas por el escándalo de corrupción ahora teóricamente el PSOE está muy tocado por el desastre reciente, que no nos olvidamos, y éstos que se van se darán la hostia, por lo que nos quedan dos opciones.

a) Una greciación de la política, o sea, la aparición de salvapatrias variados y el crecimiento de partidos minoritarios, con lo que el país se convertiría en ingobernable, e iríamos de cabeza al abismo.

b) La aparición de un mesías redentor (una mesías en este caso, una Esperanza blanca) que cortara la cabeza a los corruptos del partido como en Aguirre o la cólera de dios, evitando el colapso absoluto del PP, recuperando a la vieja guardia, la inmaculada, y que liderara las nuevas políticas salvadoras del país (más de lo mismo, o sea, el asalto de los neocon al país, la privatización extrema de del estado del bienestar).

No creemos en conspiraciones, pero nos da que el tema va por ahí. ¿Cómo se hará ese asalto al poder? No creemos que Mariano salga indemne, esta herido de muerte. Veremos como nos la juegan.

Ya está el gobierno tambaleándose... ¿y ahora qué? ¿Quien sale beneficiado de esto?

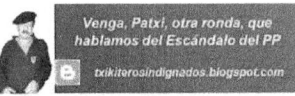

Jodo petaca, que me paice que esto no es una rabieta del Bárcenas, que hay mucho más detrás, que es la típica lucha descarnada por el poder!!!

Ayer Txomin analizando lo que estaba pasando llegó a la conclusión de que tenía material para una nueva novela, después de publicar esa pequeña sátira sobre la dificultad para ligar en Euskadi, que por otro lado en la cuadrilla creemos que es lo que le deja pensar con claridad a la hora del txikiteo.

Y es alucinante, porque en su día nos predijo que el PP era el único partido de la democracia que iba a adelantar las elecciones teniendo una mayoría absoluta holgadísima. Y apostábamos por el año que viene, aprovechando el presumible referéndum de los catalanes, pero estos no llegan ni a eso.

Analicemos un poco la situación. En los papeles de Bárcenas están implicados prácticamente todos los chicos de Mariano, especialmente sus "niñas" y él mismo.

El presunto delito ya ha prescrito con lo que no va a haber investigación judicial, salvo para comprobar si ha habido otros delitos. El jurado en este caso es puramente popular, y éste ya ha dictado sentencia, a falta de exigir que se cumpla.

Los únicos hechos que van a salir a la luz son los que ya han salido. No son necesarios más, y como se ha dicho, sólo se trata de revuelo social, NO SERÁN JUZGADOS porque han prescrito.

Pero esto no sale gratis, y lo van a pagar. Rajoy ha cometido el primer error, quemar a la Cospe, que es la secretaria general del partido. Y la Loli está ya muy quemada últimamente, por lo que según avance el tema de Bárcenas, se verá obligada a dimitir, con lo que Rajoy pierde dos baluartes, el gobierno y el partido.

Y a Mariano le quedan dos teleberris. Si la Nekane (Dolores en euskera, que sabemos que nos leéis desde toda España) dimite, él va detrás, y se verá obligado a convocar elecciones generales.

Y ahí es donde nuestro Txomin nos planteó las claves en plan política ficción de lo que puede ocurrir aquí:

Analizó el PSOE y vio a un Rubalcaba tocado, muy tocado. El partido aún tiene que reparar los daños por debajo de la línea de flotación que supusieron las últimas elecciones, y está a falta de un líder, ya que el actual no tiene fuerza como político. Es muy inteligente y se maneja muy bien en la sombra, pero no tiene carisma y está muy tocado. Además, creemos que la asimétrica papada que presenta en el lado izquierdo de su rostro (a la derecha según se mira) indica algún problema de salud. Su falta de fuerza se ha notado en esta crisis. Y hay que recordar que Zapatero ganó dos elecciones sin carisma y por las cagadas del PP, queramos o no.

El amigo Cayo Lara es en verdad entrañable, un tío majo y capaz. Pero Izquierda Unida lleva muchos años sumida en una crisis de ideas. Lleva mucho tiempo aglutinando movimientos de izquierdas, desde comunistas hasta ecologistas, y se queda a ojos de la población como una mezcla entre partido hippie y vieja guardia comunista. Y no le da tiempo a preparar y presentar una alternativa de gobierno válida, amén de que tiene mucho que remontar.

CiU está con una crisis interna brutal entre la C y la U, a lo que hay que sumar la debilidad del nuevo gobern catalán y el estrepitoso fracaso en las últimas elecciones.

El PNV viene pisando fuerte, pero su peso en la política nacional es pequeño.

Y nos queda el Partido Pepinillo. Este partido tiene 3 tendencias claras. Está la línea tradicional, conservadora, que representa los valores de la iglesia, la familia, la sociedad de castas, el poder económico de la empresa tradicional con su gerente encorbatado que trata a sus empleados como a hijos, a los que de vez en cuando tiene que emancipar con dolor de corazón. Esa que representaba Don Manuel cuando vivía. Su brazo periodístico se asimilaría a la COPE y al ABC.

Está la línea patriótica, esa que habla de una Ssssssspaña grande, centralista, preconstitucional, esa que se opone frontalmente a los nacionalismos, centralista, la que colocó el banderín en la Plaza de Colón. Son gente casposa, estilo Trillo, que en su día Josemari Palito, el irrepetible, fomentó con intereses partidistas para sacar rédito del plan Ibarretxe y del tripartit. Su brazo periodístico se asimilaría a La Razón, con Marhuenda azote de nacionalistas.

Y están los neocon, donde SÍ que situaríamos a Josemari Palito, el inefable, y que ahora su cabeza visible es la Espe. Estos son los ultracapitalistas, los del Café Party, los partidarios de la no intervención del estado en la economía, del final del estado del bienestar por la iniciativa privada, los que creen que los servicios deben ser privados ya que para maximizar el beneficio se debe ofrecer el mejor servicio posible y eso mejoraría la competitividad de España. Su brazo periodístico es El Mundo.

Y Mariano, que era el chico del cuadernillo (cómo pasa el tiempo), el elegido a dedo por Josemari Palito, el inexplicable, por sus cualidades para gobernar en tiempos de calma y mantener al partido tranquilo, se reveló en su día después del hostión de 2008, y ahora no pertenece a ninguna tendencia, y sobra.

Y el análisis de Txomin viene a decir que si cae la Dolores, arrastrará a Mariano y provocará elecciones anticipadas. Y al partido accederán los neocon apadrinados por la Espe, la candidata mejor posicionada en este momento, que parte con ventaja sobre los demás. Y la siguiente presidenta sería la lideresa, al frente de un partido renovado y renacido. Hay que tener en cuenta que es la única que se ha mantenido al margen más o menos de la corrupción (a pesar de lo de Guadalajara y el AVE y otras jugadas, pero lo que se hace en Madrid, se queda en Madrid) mientras que el resto está pringadísimo porque se han sacado demasiadas fotos en Valencia.

Sin Mariano y con la Aguirre y la cólera de Dios cortando cabezas dentro del partido, con Rubalcaba tocado y sin otra alternativa de gobierno, los pepinillos volverían a ganar. No nos olvidemos que los "indignados" entre los que nos encontramos los txikiteros y su asociación aunque somos legión estamos muy atomizados y a la hora de votar no tenemos un criterio único. Somos los que haremos caer a Mariano, pero no estamos para esas macroguerras políticas en la cabecera.

¿Y que ofrece la Espe? Pues lo que ofrecen los neocon. Reducción de déficit sin tapujos mediante externalización de la sanidad (convierte el gasto sanitario en un gasto variable que se puede reducir de los presupuestos generales del estado en tiempos de crisis), privatización de la educación (reducción del presupuesto de la educación y preparación específica de las personas, sin gastar tanto en universitarios cajeros del Carrefú), privatización de las pensiones (entrada de los fondos de inversión a saco en España como alternativa además a la banca tradicional), privatización de la deuda nacionalizada a través del Banco Malo (el único en exclusiva para conceder crédito hipotecario), bajada de impuestos para calentar la economía, y con ello reducción del paro. ¿A cambio de qué esta panacea? De pasar del estado de bienestar al capitalismo salvaje, la segunda transición.

Y por supuesto, todo esto no es gratis, que el perfil de neocon, ese engominado pijo que cree en la bondad de los mercados, lo presenta generalmente como una persona sin más sentimientos que el de la maximización de los beneficios... de sus beneficios, caiga quien caiga.

Y Txomin no suele equivocarse, está muy seguro de lo que dice...

Un resumen de lo ocurrido, ya que creemos que estamos en un punto de inflexión importante

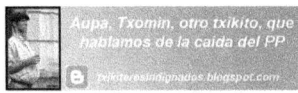

Tamos convencidos de que destrás de esto hay una conspiración, pero que no hay hay que irla a buscar mu lejos, que está dentro del partido

Amo a vé, ¿qué coño está pasando aquí? Los hechos:

1) Aparece que un ex-tesorero pepinillo, un tal Bárcenas, ha regularizado a través de la amnistía fiscal 11 MM de aurios. Esto lo publica El Mundo

2) El ministro de hacienda, el tal Montoro, lo niega tajantemente, en una rueda de prensa insultante y plena de chulería. No hace amigos precisamente.

3) Aparece un "rumor" que dice que esos 11 MM de aurios provienen de un volumen más importante de dinero, el doble, que se utilizaba para dar sobresueldos en negro a altos cargos del PP.

4) El gobierno, indignado, lo niega, el mismo día en el que se conoce que el PIB ha caído un 0'7% en el último trimestre y que el Banco de España lo achaca a las medidas del gobierno.

5) Se publica en El País los datos de la contabilidad B referente a esas cuentas. Aparecen implicados muchos altos cargos pepinillos, incluso el propio Marianico.

6) La Loli, la Cospedal, da una nueva rueda de prensa, con su chulería y bordería habitual negándolo todo.

7) A la vez Pío García Escudero, presidente del Congreso, admite que recibió dinero, pero que se trata para una noble causa.

8) Mariano hace una declaración insinuando que la culpa es del PSOE, como siempre, y que él y su partido están limpios, y que van a publicar sus declaraciones y la contabilidad del PP en la página del partido.

9) Jaime Del Burgo reconoce haber recibido dinero de esa contabilidad B, justificándolo para otra noble causa

10) Nos quedamos a la espera de lo que pase esta semana.

Y ahora analizamos los hechos. El primero, el delito ha prescrito, como hemos señalado en otro post, y por tanto, no lo investigarán, no habrá una investigación a fondo sobre esa contabilidad.

El segundo, Mariano está demostrando ser muy torpe, ya que ha puesto en el punto de vista a la Cospe, que no despierta demasiadas simpatías, y que además viene medio quemada ya por culpa de su gestión sanitaria en Castilla-La Mancha.

Mariano no se ha dado cuenta o simplemente no da más de si, que la Loli es la secretaria general del partido, y si ella cae, pierde el control del partido, ya que perdería el eslabón de poder que hay entre él y el partido.

Y ahora viene la puntilla. Los diversos analistas, entre ellos Txomin, han predicho una noticia bomba esta semana. Mariano ya está vendido, ya que al haber reconocido Pío y Jaimito que han recibido dinero y al haberse comprobado que ese dinero está en la contabilidad B de Bárcenas, en el caso de que no apareciera la A u oficial, se validaría de facto la B. Seguramente muchos pepinillos para salvar su culo irán confesando esos sobres y justificándolos en nobles causas como los anteriores, pero creemos que la noticia bomba de esta semana pueden ser tres:

a) Que aparezca la contabilidad de los años que falta y que impliquen a gente imputada en el caso Gurtel o similar.

b) Que alguien arriba del PP reconozca que recibió esos sobres

c) Que algún donante anónimo con nombre y apellidos reconozca el pago.

Nosotros nos inclinamos por la b), ya que la c) aún no tumbaría al PP y la a) hablaría claramente de conspiración dentro del partido, y nosotros nos inclinamos más por que lo que falta implica de una u otra forma a los que han preparado esto.

De todas maneras, la Cospe está sentenciada, va a caer, Mariano la ha cagado quemándola, y es cuestión de tiempo (de muy poco tiempo) a que los que han preparado esto se hagan con el control del partido (creemos que los neocon con la Espe a la cabeza).

Y otras veces la han cagado con falta de imaginación, como el tema del Prestige o Irak, pero esto puede tener la misma contestación social que lo del 11 M, pero con unas características especiales:

1) Esta vez tenemos una realidad macroeconómica absolutamente distinta, con 6 MM de parados, recesión y con la gente, incluso la que trabaja, que no llega a fin de mes.

2) Tenemos un gobierno que en un año ha batido todo el record posible de mentiras (ha superado incluso a Zapatero, que había puesto el listón muy alto). Ha hecho lo contrario de lo que prometió al llegar a las elecciones.

3) La sensación de que estamos siendo sacrificados para que Alemania se salve es demasiado grande, y el seguidismo de Mariano a la Merkel se ha hecho demasiado patente.

4) Ya no solo hay descontento en la clase trabajadora, que no trabaja, sino que en los profesionales de sanidad, educación y justicia el malestar es muy grande, y no precisamente por el tema de sueldos y salarios.

5) Hay demasiada gente en casa informándose, y el gobierno no lo puede ocultar.

Una vez salte la bomba que esperamos y caiga la Dolores con gran dolor de nuestro corazón y una nueva Esperanza se adueñe del partido, nos estrellaremos con la realidad macroeconómica asomados al borde del abismo, y Mariano será barrido de la faz de la tierra, convocando elecciones generales anticipadas.

Y como ya dijimos, con un PSOE en horas bajas, subirán IU y UPyD, como partidos gaseosa y de descontentos, pero quien ganará las elecciones será el PP con la Espe a la cabeza o algún neocon del grupo del Café Party, y se completará la rapiña.

Adelantamos programa electoral: privatización de sanidad y educación, recorte de pensiones venta de participaciones en empresas públicas, centralización del crédito hipotecario en el Banco Malo y acceso de los fondos de inversión a la rapiña. O sea, el nuevo capitalismo, uno al que dedicaremos en breve nuevos capítulos

No creemos en vuestra inocencia, no damos ni siquiera un voto de confianza a los corruptos

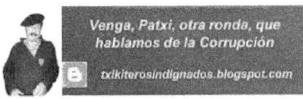

¿¡Cómo es posible que creamos en la presunta inocencia de todos estos políticos corruptos cuando hacen todo lo posible para que no les juzguen!?

*E*l otro día se nos descuelga el tal Mariano, ese que habla por la tele, ese presidente tan cercano al pueblo que se ha convertido en una tele de plasma, diciendo que no nos debemos creer que un partido con 700.000 militantes y nosecuantosmil políticos eran todos corruptos.

Pues no, no pensamos que todos ellos lo sean, pero sí que estamos convencidos de que los que estáis en el gobierno, aparte de unos patanes ineptos, sois unos corruptos que os estáis riendo de nosotros.

Vuestra falta de honestidad hace que declaraciones en diferido como la de Rajoy por la tele corrompan hasta la propia esencia de la palabra honestidad.

¿Por qué sabemos que sois unos corruptos? Porque las pruebas en vuestra contra son contundentes, y porque no somos gilipollas.

¿Os pensáis que nos creímos en su día la conspiranoia que aireó El Mundo con lo del 11 M? NO. Y eso que vosotros dabais credibilidad a esa conspiración judeo-masónica con reminiscencias etarras donde desde el PSOE hasta el gobierno francés estaban implicados, y la disteis desde el momento que un ex presidente del gobierno habló de montañas no muy lejanas en una declaración jurada.

¿Os pensáis que nos creemos que todo aquel que está en contra vuestra es un proetarra violador de niños? NO. Eso queda en el ámbito de la hijoputez de personajillos de tercera categoría como la Cifuentes y similares.

Pero tampoco nos creemos vuestra honorabilidad desde el momento que habláis desde la ambigüedad del culpable. No damos crédito a vuestra defensa ya que habláis de despidos en diferido, y cada vez que hacéis un desmentido aportáis a la vez pruebas de vuestra culpabilidad.

No nos creemos que la cúpula del PP no haya recibido cientos de miles de euros en dinero B procedentes de la corrupción, no nos creemos que la casa real no esté implicada en los casos de corrupción del caso Noos, no nos creemos que Barcina y compañía no hayan expoliado la CAN, no nos creemos que Fabra y el resto del gobierno valenciano no sean corruptos, no nos creemos que los políticos andaluces no estén implicados en la corrupción de los ERE, no nos creemos que no haya relación entre el narcotráfico y el gobierno pepinillo de Galicia, no nos creemos que el partido que gobierna Cataluña no esté enmierdado hasta las cejas, en definitiva, no creemos que Marbella sea una excepción.

Y nos es igual que compréis jueces y periodistas, nos es indiferente que alardeéis de sentencias exculpatorias, porque siempre os basáis en defectos de forma, en triquiñuelas legales, que os servirán para respirar aliviados pensando que no vais a pagar por el crimen que habéis cometido, pero que no demuestran vuestra inocencia.

Hace unos años os perdonábamos vuestra mierda ya que aceptábamos la partidocracia como un mal menor y mientras llegáramos holgadamente a fin de mes y pudiéramos irnos de vacaciones y cambiar de coche de vez en cuando, por la paz un avemaría y mirábamos hacia otro lado.

Pero sabéis que traspasasteis la fina línea del perdón con el 11M, y aunque obtuvisteis 10 MM de votos, la mayoría procedían de la clase media, esa que llegaba a fin de mes.

Os estáis cargando esa clase media, y estamos despertando de un sueño, una especie de Matrix donde las cosas más o menos funcionaban, y ahora vemos que no hay mucho futuro, que vuestra inoperancia e ineptitud no nos van a sacar del agujero, y no os vamos a dejar pasar ni una, y no os vamos a perdonar que os sigáis enriqueciendo expoliando el dinero de los españoles, mientras cada vez hay más excluidos sociales gracias a vuestra hijoputez.

Porque los cientos de miles parados de larga duración y los mayores de 55 años, a los que despojáis de cualquier protección social, hasta de la sanidad pública, los miles de jubilados a los que habéis robado sus ahorros a través de las preferentes y a las que ahora institucionalmente habéis aplicado una quita, a los miles de desahuciados a los que arrojáis a la exclusión social ya que no podrán volver a cotizar nunca más a la seguridad social al encontrarse en la calle y con una deuda de por vida, a los cientos de miles de jubilados a los que vais a recortar sus pensiones al haber usado el fondo de pensiones para maquillar la deuda, a las más de 50.000 familias que el inepto del ministro Soria va a dejar en la indigencia cuando aprueba la enésima nueva ley eléctrica con efectos retroactivos, a esos millones de personas SI les importa que seáis unos corruptos, y aunque les despojéis de todos sus derechos (sanidad pública, acceso a la justicia, posibilidad de trabajar y previsiblemente hasta del voto) os perseguirán como una famélica legión y pagaréis lo que habéis hecho.

Hostitú, que ya se ha aclarado el caso Bárcenas, Aznar vuelve a salvar a Sssspaña!!!

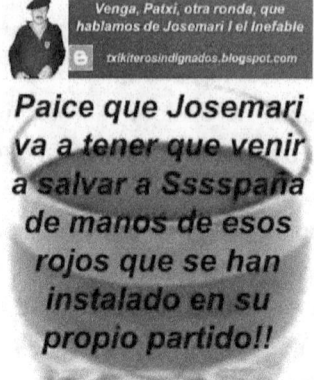

Venga, Patxi, otra ronda, que hablamos de Josemari I el Inefable

txikiterosindignados.blogspot.com

Paice que Josemari va a tener que venir a salvar a Sssspaña de manos de esos rojos que se han instalado en su propio partido!!

Hoy nos tocaba la undécima y última receta contra la crisis, pero es que estos políticos no nos dejan tranquilos.

Tenemos pendiente el análisis de la reforma educativa que tan contentita ha dejado a la Conferencia Episcopal cuando tenemos que retomar la política con Mayúsculas. Señoras y señores, ayer Josemari anunció su vuelta a la política.

En su día ya analizamos el caso Bárcenas y lanzamos la posibilidad de que detrás de toda esa trama estuvieran ciertos sectores del PP dispuestos a recuperar el poder.

Y ayer Josemari, que estaba escondido, ha asomado la patita. Ha vuelto a ser el gran hermano que domina el PP desde las alturas, el cacique paternalista que va a tener que coger las riendas del gobierno para salvar a Sssssspaña!!!!

El momento justo, cuando Rajoy muestra su inoperancia, con el país mosqueado por el paro y porque la solución que se nos ofrece es refugiarnos en la religión, con el gobierno tocado por la corrupción, con la Cospe madurita a punto de caer del guindo empujada por las actividades de su maridín, con la Comunidad de Madrid en efervescencia política y el pueblo madrileño un poco cansado de tanta manifestación, va y en prime time en una cadena privada, en la cadena privada que podía salir, dando el espaldarazo al gobierno (podría haber salido en la 1), sin avisar, concede una entrevista cocinada presentándose como el nuevo salvador del país.

Y lo hace en un momento en el que el partido está desorientado, y necesita un faro guía. Con sus votantes resistiendo pero mostrando cierto hastío hacia Rajoy, aunque en mejor posición que el hundido PSOE. La operación política es genial. Ya se ha mostrado, ahora toca saber cual es su fórmula infalible de salvación.

En su día nos ofreció una riqueza ficticia basada en el endeudamiento privado. Nos gastamos en apenas unos añitos, esos que jugamos en la championlig de la economía, lo que ganaremos en toda nuestra vida, y nos dio una sensación de falsa riqueza que ahora estamos pagando.

¿Y cual es la receta mágica que el gran mago de las finanzas nos ofrecerá? Pues en su laboratorio particular, la Comunidad de Madrid, nos lo ha mostrado. Una reducción de impuestos basada en la privatización de todos los servicios, la receta neocon, para animar a la economía y crear crecimiento, complementada con la de siempre, el fomento de las grandes empresas, unido a la revitalización del sector de la construcción, esta vez no en la construcción de vivienda o infraestructuras, sino en la receta de los parques temáticos como el puticlú de Alcorcón o en los grandes fastos como las olimpiadas 2020.

Y el nuevo negocio y fuente de crecimiento del futuro, que es la privatización del paquete que supone la sanidad y la seguridad social, fomentando los seguros privados que retroalimentarán la sanidad, unos seguros que no importa tanto que quiebren, ya que son privados, y pueden crear burbujas puntuales que den sensación de falso crecimiento.

¿Y la base de su política? En el PP siempre hemos dicho que hay tres sectores divididos, los meapilas, los patriobajeros y los neocon. Estos que están ahora, con la ley Wert, la reforma de la ley del aborto, el integrismo religioso de los ministros de Interior y de Trabajo y la propaganda integrista católica en RTVE se han marcado como meapilas.

Pero Josemari recuperará su famoso patriobajerismo. Tendremos enfrentamiento contra los proetarras del PNV y CiU, esos secesionistas vascos y catalanes, que tan buenos frutos le dio otrora, excusa que aprovechará para restar transferencias y ahorrar en las Comunidades Autónomas, sobretodo en las no nacionalistas, centralizando ciertas transferencias como la sanidad en aras de la nueva burbuja.

Y claro está, ya tiene experiencia en el enfrentamiento contra Europa. En su día ya dio muestras de su antieuropeismo, por lo que un plante contra Alemania le proporcionará un fervor popular inmediato.

Si es que lo tiene todo. Salió en su día por la puerta de atrás, y va a volver por la puerta grande. A ver como nos vuelve a dejar el país, ¡miedo nos da!

Otro paso de Josemari en su vuelta a salvar a Sssspaña!!!

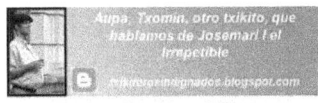

Un nuevo paso de Aznar en la política, ahora presenta las líneas generales de su programa político!!

Ayer en un Club, el Siglo XXI, Josemari I el Inefable dio otro paso en su vuelta a la política.

Creemos que la gente no ve la estrategia que está llevando, que no conoce cual es la realidad del PP, y no le teme, no teme su vuelta. Sin embargo, Aznar está dando uno tras otro pasos muy importantes para volver a ser presidente.

Un rápido resumen: El PP lo componen tres corrientes principales, los meapilas, los patriobajeros y los neocon. Ahora están en el poder los meapilas (que si aborto, que si reforma educativa cristiana, que si integristas en el gobierno...) mientras que el Café Party es una mezcla entre patriobajeros y neocons, y a esta alianza entre estas dos corrientes liberales y patrióticas pertenecen entre otros Aznar y la Espe, dos pesos pesadísimos del partido.

El asalto al poder comenzó destapando el caso Bárcenas en un momento difícil de la gestión pepinilla, con el paro desbocado y en plena recesión. El objetivo de ese primer paso fue "señalar" a Maria Dolores de Cospedal. Esta mujer dura se convirtió en mofa y befa del ámbito político al inventar el cospedaliano, un nuevo lenguaje político del que enseguida se hicieron eco otros politiquillos como Carlos Floriano.

¿Por qué la Cospe? Porque Maria Dolores es el nexo de unión entre Rajoy y el partido, y si ésta cae, cae Rajoy. Y a la Cospe ya le queda poco para caer, y la caída la provocará su marido, pringado hasta las cejas en varios ocultos escándalos de corrupción que saldrán a la luz en el momento más oportuno.

Y Josemari asomó la patita en el momento más oportuno, y lo hizo con una entrevista en Antena3. Y ya se ha delatado un aliado incondicional, el brazo armado de la organización, El Mundo.

No menospreciemos lo que tiene Aznar. No sólo maneja cierta parte de la caverna mediática, como Intereconomía o 13TV, que al fin y al cabo cuentan lo que cuentan, sino que tiene de aliados al grupo Antena 3 y a El Mundo.

Y ayer en el Club ese que no conocemos (estará en la Carretera de La Coruña) dio a conocer las líneas generales de su programa político, que es recuperar el camino que se cortó bruscamente en 2004, y que se traduce en los siguientes 5 puntos, que se pueden comprobar en El Mundo, que ha publicado su egregio discurso.

1) España, una grande y libre

2) Partidocracia

3) Centralismo

4) Flexibilidad laboral y privatizaciones

5) Fortalecer el eje atlántico, o sea, volver al trío de las Azores.

Y se empezaron a marcar las finas líneas de sus apoyos. Ayer asistieron a su discurso de refundación del aznarismo los siguientes personajillos: Soraya Sáez de Santamaría (que se lleva a matar con Maria Dolores) su clon el becario de Industria, José Manuel Soria y Carlos Floriano entre otros.

Ahora a esperar el "clamor popular" exigiendo su vuelta para ver caer a Maria Dolores. Ese será el siguiente paso, y del que se harán eco El Mundo y en un segundo plano el Grupo Antena 3, con la Sexta haciendo una labor inestimable de minado del gobierno a la vez que presenta a un PSOE de pacotilla.

La Camorra española decide la entrada en la cárcel de Bárcenas, un aviso de lo que le puede ocurrir si rompe la Omerta

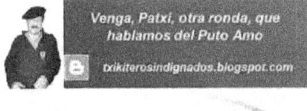

*H*ace unos días un amigo nos contaba que si cometía un delito, quería que le defendiera el Ministerio Fiscal, ya que de esa manera se aseguraba que la justicia no iba a poder hacer nada contra él.

Y la fiscalía, esa que se apresuró a sacar al compañero de pupitre de Aznar, el estafador Blesa, cagando leches a la calle tras una noche en prisión y decidir un sobreseimiento del caso, ya que no creaba alarma social (olvidándose de una quiebra de 23.000 MM), esa fiscalía que desimputó a la Infanta Cristina, una de las mayores inmobiliarias de España, ahora ha decidido enviar al Puto Amo, Luís Bárcenas a la cárcel.

Nos dice que corre el riesgo de fuga (jajaja) o que puede destruir documentos. Este segundo caso es más divertido que el anterior, ya que nos da que están más interesados en destruir documentos la "acusación" que el propio Bárcenas.

Nos da la impresión de que la Fiscalía está dando un aviso a Bárcenas, diciéndole qué es lo que le puede pasar si sigue hablando, y que en pocos días aparecerán "garantías" de que el Fucking Master of the Universe no se va a fugar ni "destruir" documentación y saldrá a la calle.

La verdad que estas tácticas mafiosas del gobierno, utilizando recursos públicos en su mamoneo, están dejando la famosa "marca España" a caer de un burro, y que ni siquiera que la "roja" fuera capaz de ganar la Copa Confederaciones será capaz de levantarla ni siquiera un poquito.

Patética la actuación de la fiscalía. Patética la actuación de un gobierno de corruptos hasta la médula. Patética la parodia de Partido Popular. Patética la actuación de la oposición, ya que seguramente estará tan pringada como el gobierno. Patética la imagen que de cara al exterior se está dando del país.

Y es patética porque el caso Bárcenas ya hemos dicho en varias ocasiones que se trata de una lucha interna por el poder dentro del propio PP. Y el sector que ha sacado a la palestra el caso, el sector "patriobajero", ese que lideran la Espe y Josemari entre otros, que midiendo los tiempos han ido minando poco a poco al gobierno pero de una forma tan inteligente que a pesar de ese ataque no han mermado su posición con respecto al PSOE, había conseguido asestar un duro golpe al otro sector, el "meapilas", de manera que habían conseguido poner contra las cuerdas a la Cospe, el nexo de unión entre Rajoy y el partido, un eslabón que si caía, era capaz de cargarse a Mariano dentro del partido.

Y la reacción tardía del sector "meapilas" ha sido utilizar su poder, a través de la Fiscalía, para dar un puñetazo sobre la mesa, encarcelando a Bárcenas. Y mientras tanto, toda España y todo el mundo observando asombrados esa lucha interna que de una forma descarada, sin ningún rubor, mantienen esos sectores pepinillos, mientras el país agoniza.

Para estos sinvergüenzas sólo tiene importancia su cuota de poder. El resto les importamos más bien poco.

La inocencia de Bárcenas, demostración matemática.

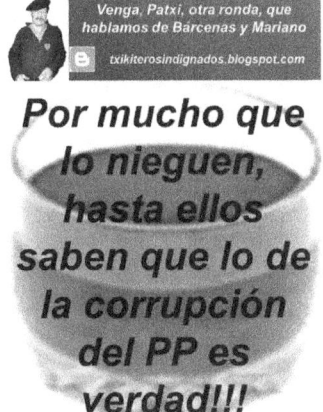

Vamos a utilizar un argumentario matemático para tratar de aclarar si Bárcenas miente o dice la verdad en el caso de la contabilidad B del PP, y cuando asegura que el dinero en Suiza que tiene proviene de pagos ocultos de empresas para conseguir favores.

Vamos a intentar demostrarlo por la técnica de reducción al absurdo. Para ello partimos de la premisa de que la fortuna de Luís Bárcenas, recordemos ex tesorero del PP, se adquirió de forma ajena al PP.

Ahora bien, esa fortuna se tuvo que obtener de dos maneras posibles: de forma legal o de forma ilegal.

Si se hubiera obtenido de forma legal constaría una contabilidad legal de las empresas del señor Bárcenas en la que aparecerían los ingresos y beneficios de esas empresas, y sería muy fácil demostrar esa legalidad. Pero eso no ha sido así.

Por tanto, cabe pensar que ese dinero se ha obtenido ilegalmente. Las dos posibilidades de obtener ese dinero es o bien por actividades delictivas mafiosas clásicas (drogas, robo, extorsión, prostitución, etc) o por sobornos. Si a alguien se le ocurre alguna otra manera, que nos lo diga (va por usted, señor Marhuenda).

El primer caso quedaría descartado ya que alguna relación con la mafia clásica hubiera aparecido, y no parece que eso haya ocurrido. las posibilidades de robo de bancos o de cuentas públicas hubiera dejado alguna constancia de esa acción, pero no la hay. Por tanto, la única posibilidad que nos queda es la de la entrada de ese dinero a través de sobornos, como miembro de alto calado del Parido Popular.

Descartando intervenciones divinas, que el tío sea la persona con más suerte del mundo y que se vaya encontrando sobres por la calle, actividades ilegales clásicas, podemos concluir que ese dinero le llegó de sobornos.

Bien. Si alguien hace un soborno es porque desea obtener algo a cambio. El volumen de dinero que consta que se ha acumulado (decenas de millones de) indica que los sobornos fueron cientos. En el caso de que el sobornador no obtuviera nada a cambio, es muy difícil que los sobornos se repitieran, por tanto la explicación más lógica es que el sistema funcionaba y quien sobornaba recibía los beneficios buscados por ese soborno.

Ahora bien. ¿Cómo era posible que alguien apostara por una adjudicación, sabiendo que era más caro que la competencia, y que además había pagado un dinero en B a un tal Bárcenas? Pues que debía tener la certeza de que se quedaría con esa adjudicación, y que el beneficio obtenido permitiría cubrir ese "gasto extra" del pago a Bárcenas.

Nos acercamos al meollo de la cuestión. Parece ya claro no sólo que Bárcenas cobraba sino que además el que pagaba obtenía sus resultados. Esto lo podría hacer Bárcenas con el Partido Popular o al margen del partido. Para hacerlo al margen debería ponerse en contacto con el miembro del partido que adjudicaba y "convencerle" para que la adjudicación fuera hacía la empresa que le había soltado la pasta.

No dudamos de las dotes de persuasión de Don Luís el Cabrón, pero ese adjudicador sabía que estaba haciendo algo ilegal. ¿Lo hacía sin pedir nada a cambio? ¿Lo hacía además sin tener el respaldo del partido? No. O bien recibía algo a cambio, o bien lo hacía por imperativo del partido. El adjudicador es pieza necesaria para que Bárcenas pudiera mantener su negocio.

Se empieza a complicar la cosa. Ese adjudicador sabía que se exponía claramente a que le pillaran, a que incluso dentro del partido se le alzaran voces preguntando el porqué de su actuación. ¿Lo hacía por su cuenta y riesgo con la ayuda de Bárcenas? No, por el volumen de sobornos y de adjudicaciones, no cabe duda de que el que adjudicaba lo hacía con el respaldo del partido.

La hipótesis de que la fortuna de Bárcenas se adquirió al margen del PP empieza a tambalearse, pero aún le vamos a dar la puntilla definitiva.

Ya hemos llegado a la conclusión razonada (y si alguien no está de acuerdo con el razonamiento que por favor nos plantee una alternativa) de que se sobornaba a Bárcenas, y que este convencía al adjudicador para que favoreciera al sobornante, y que éste actuaba con el respaldo y conocimiento del Partido Popular.

Ahora bien, ¿por qué el Partido Popular podría jugarse su reputación, su legalidad y sus votos permitiendo esas prácticas de Bárcenas? Ya hemos visto que era imposible que los miembros del partido desconocieran esas actividades al margen de la ley de Luís Bárcenas. Y si lo sabían, ¿por que no las cortaban?

Caben tres posibilidades. La primera que Luís Bárcenas chantajeara a todos los miembros de la cúpula del PP de alguna u otra manera. Por ejemplo, publicando documentos de Rajoy bailando en una carroza del orgullo gay en Chueca cuando era un joven y prometedor registrador de la propiedad o de Feijoo echándose unas risas emporrado con unos amigos del instituto en Villagarcía de Arousa.

La segunda, algo más creíble que la anterior, ya que queramos o no, algún miembro del partido popular no tendrá una vida oculta, resultaría que Bárcenas sobornaba a otros miembros del partido para conseguir su silencio y que hicieran la vista gorda en sus actividades al margen del partido.

Y la tercera, quizá la más plausible, es que el señor Bárcenas fuera únicamente un peón en la trama de financiación ilegal y sobornos del Partido Popular, que era el que ponía el nombre y la cara por el resto de miembros del partido, y que no era la cabeza pensante, sino uno más en la mafia, pero que al poner la cara. es el que ha caído.

Sea cual sea la posibilidad, lo que queda claro es que la hipótesis de un Partido Popular ajeno a Bárcenas es necesariamente falsa, mal que le pese al ABC y a La Razón

Balbuceante, Alfonso Alonso, ha explicado la tesis oficial del caso Bárcenas.

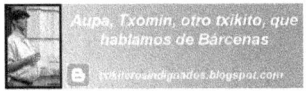

Por fin el PP ha encontrado la explicación a lo de Bárcenas!! Ya están los fanboys tranquilos!!!

*I*mpresionante el trepa de Alfonso Alonso, por fin, aunque balbuceante todavía, ha encontrado una explicación satisfactoria sobre el caso Bárcenas que conseguirá tranquilizar a sus votantes, Bárcenas y otros encausados del caso Gurtel se aprovecharon del inocente Partido Popular para enriquecerse a su costa.

Esto es más o menos lo que se deduce de la sarta de paridas que ha venido a soltar en sus últimas declaraciones del juego del tabú, en ese en el que la palabra Bárcenas no existe.

Da igual que haya que cogerlo con puntillas, que no resulte creíble, que deje más lagunas que otra cosa, tiene cierta coherencia y permite dormir tranquilos a sus votantes, que es a los que va dirigido el mensaje.

No importa saber cual es la única forma de que Bárcenas haya amasado esa fortuna, y que esa fortuna es realmente del PP, obtenida a base de sobornos, no, si alguien pregunta, se pondrán las orejeras y se insistirá en que quien tiene que explicar su origen es Bárcenas.

A partir de ahora, tanto en la COPE como en la Razón, mensaje único. Bárcenas es un individuo que se ha aprovechado del Partido Popular para enriquecerse a su costa, y el cómo ha conseguido tal cantidad de dinero es Bárcenas quien lo tiene que explicar.

Y si alguien pregunta, la culpa es de Zapatero. El fanboy medio, ese que ve que los cachorros del PP están saliendo del armario envueltos en banderitas del pajarraco y levantando la manita y lo considera chiquilladas, dará por buena esa explicación, dará por buenas las entrecortadas palabras del "portavoz" del gobierno y las hará suyas.

Y a partir de ahora, la culpa es de los demás, los votantes pueden volver a la tranquilidad, el inmaculado Partido Popular nos está sacando de la crisis y bla bla bla... y ya son inocentes otra vez.

En fin...

Decimosegundo bloque: Religión y patria

Nada, les dejamos a Dios y al Rey el bloque número 13, mira que mala suerte, aunque para supersticiones, nos bastamos con las de la Iglesia.

No ha habido muchas tertulias sobre religión, ya que los txikiteros se centraban más en temas terrenales, pero algo se ha hablado, desde el punto de vista teológico y desde el punto de vista sociológico.

En cambio, en el tema de la patria y la monarquía, cada vez que se hablaba de los Borbones, entre Urdangarines y Corinnas se les iba el tema de conversación, pero algo ha habido.

Parece que estamos de ERE en el Portal de Belén

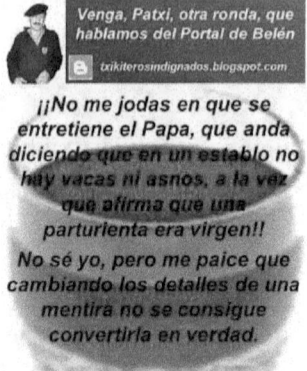

Venga, Patxi, otra ronda, que hablamos del Portal de Belén

txikiterosindignados.blogspot.com

¡¡No me jodas en que se entretiene el Papa, que anda diciendo que en un establo no hay vacas ni asnos, a la vez que afirma que una parturienta era virgen!!
No sé yo, pero me paice que cambiando los detalles de una mentira no se consigue convertirla en verdad.

Mira que si cambiamos un poco el mensaje del Mesías, y partimos no del "no hagas a los demás lo que no quieras que te hagan a ti" sino de su parte positiva, activa, que era la real "haz a los demás lo que quieras que te hagan a ti" y lo llevamos hasta sus últimas consecuencias, todo empieza a cuadrar.

Y Dios se hizo hombre... y el hombre lo mató. Analizando la alegoría se ve claramente el mensaje de que se carga la Ley. La Ley no parte de Dios, sino que viendo el punto anterior, la Ley, la moral, parte de uno mismo, no hace falta un código escrito, y no hace falta Dios, por tanto, lo elimina autoproclamándose Dios y muriendo.

Y el crear una Ley nueva, una nueva moral que parte de uno mismo, hace que las leyes de Roma tampoco tengan sentido, por lo que se convierte también en enemigo de Roma.

En un momento crucial, en el momento justo, va el tío y crea una nueva moral que quien la sigue no necesita obedecer las leyes de Roma, ya que el individuo crea sus propias leyes, ni necesita obedecer a la iglesia judía, basada en una jerarquía divina. "A Dios lo que es de Dios, al Cesar lo que es del Cesar". Y al hombre lo que es del hombre, sin necesidad de Ley ni de Dios.

Y esa nueva corriente va ganando adeptos, sobre todo entre los descontentos. No hace falta una ley escrita, simplemente creer en esa corriente y participar activamente de ella, de manera que es el individuo, que sabe distinguir entre el bien y el mal, el que actúa con sus semejantes respecto a su propia moral.

Y obviamente, el negar la existencia de Dios como fuente de poder le enfrenta a los judíos, y el negar la fuerza del Cesar como ordenamiento jurídico le enfrenta a los romanos. Se establece una corriente ajena al poder romano y al poder judío, ya que ambas leyes quedan por debajo de la propia voluntad.

¿Y cómo se acaba con esa nueva y potente corriente? Simplemente asimilándola. De ahí que el Vaticano esté en Roma, de ahí que el Papa sea el Cesar de los cristianos, de ahí que se recupere la existencia de Dios. Se asume parte de su moral como moral escrita a cambio de volver a crear la jerarquía con Dios a la Cabeza, y el César en Roma.

Así que no nos cuenten milongas, que Cristo lo que hizo es cargarse a Dios y las leyes tanto divinas como humanas. Y no fue el primer comunista, en todo caso el primer anarkista.

El anillo de un pescador que jamás se ha casado ni ha cogido una caña

*T*odo el día en la tele, seguimiento exhaustivo en la radio de su vida, obra y milagros, sorprendente esperanza de los pobres ante el ataque del capital, precisamente uno de los principales aliados de los mercados.

Estamos asistiendo a una guerra despiadada del capitalismo contra la sociedad, en la que prima el interés del beneficio económico frente al crecimiento social, y donde la sociedad de refugia en la religión para protegerse y consolarse de ese ataque, ya sea en el Islam en los países árabes, ya sea en la iglesia evangélica en los países latinoamericanos, ya sea en el cristianismo en general, catolicismo en particular en Europa y norteamérica.

Y analizando la religión católica, análisis extrapolable a cualquier otra religión, nos encontramos con que partimos de la idea de que existe un Dios que es el creador de todo. Tú dile a un creyente que te demuestre la existencia de Dios y siempre te contestará que demuestres tú que no existe. Nosotros hemos optado por la demostración de Patxi, sencilla, que se basaba en las cinco vías de Santo Tomás de Aquino, que en esencia venían a decir que Dios existía como inicio y motor de todo, y que la prueba de su existencia era el equilibrio perfecto de la naturaleza de las cosas, y que este equilibrio era dinámico, o sea, que algo lo tenía que inducir a moverse, y que la razón del equilibrio y de la inducción al movimiento era Dios.

Partiendo de esa base Patxi trabajaba por reducción al absurdo. Partía de la premisa de que Dios era realmente la fuente de equilibrio e inducción al movimiento. Por tanto, el avance en el conocimiento de la física y naturaleza de ese equilibrio e inducción al movimiento nos ayudaría a ahondar en el conocimiento de Dios. Sin embargo, según avanza el conocimiento se va demostrando que los equilibrios responden a razones físicas ajenas a milagros, por lo que alejamos cada vez más a Dios de que sea la fuente de ese equilibrio, por lo que la premisa de que Dios es esa fuente es falsa, por tanto, Dios no existe.

Hay miles de demostraciones sobre la no existencia de Dios, todas válidas, y ninguna válida sobre u existencia. Sin embargo no contábamos con la prueba contundente e irrefutable de su existencia... la fe. Y como la fe es irracional, no podemos desmontar esa prueba.

Respecto a Cristo, Txomin elaboró su propia doctrina al respecto de su vida y obra, como ya esbozó en otro post, venía a decir en resumen que Cristo creó un nuevo modelo social al margen de la ley de Roma (haced a los demás lo que queráis que os hagan a vosotros, por lo tanto, no necesitamos la ley de Roma para que nos imponga leyes, ya que las leyes parten de nosotros mismos y partimos de la base de que como nadie quiere el mal para uno mismo, nuestra propia e individual moral es más válida que la romana) y cargándose al Dios de los judíos (Dios se hizo hombre, yo soy el dios-hombre y el hombre me mata, por lo que acaba con Dios, y resucito en tres días en forma de Dios, validando el punto 1 de mi nueva religión, la que la moral y la ley parte de uno mismo, no de la ley divina ni de la humana).

Discutiéndola con un teólogo, nos venía a decir que en aquella época había muchos "profetas" que proponían la misma idea de Cristo, que el "haced a los demás lo que queráis que os hagan a vosotros" es una filosofía de vida proveniente de oriente y mucha más antigua que Cristo, y que la doctrina de Txomin no era válida, dándole por cierto más validez al hecho de que una gallina (ahora que son mamíferos en la Comunidad de Madrid lo entendemos) preñara a una virgen, naciera un tipo que hacía milagros contra natura, que fue crucificado y rematado con una lanza y que aún así resucitara tres días después.

Y cuando nos dicen que vivimos en un estado laico y nos ponen como ejemplo esos estados norteamericanos donde quieren poner al mismo nivel el creacionismo que la teoría de la evolución y nos tiramos de los pelos, nos preguntamos sobre quién no conoce que Dios creó el mundo en 7 días, que hizo a Eva de una costilla de Adán y sobre todo a ver donde nos enseñaron esa patraña y coño, que fue en la escuela laica.

Y luchamos por la liberación de la mujer que luce burka y nos apenamos por sentencias que favorecen esa esclavitud bajo un oscuro trapo negro sin darnos cuenta que si la ley nos diera la razón a esa liberación abriría las puertas de los conventos de clausura y otros sometimientos aceptados por la ignorancia que propugna la iglesia católica.

Y nos viene algún hijo no bautizado a decirnos que quiere hacer la comunión, porque sus compis la hacen y que Jesús es un amigo, y les tenemos que preguntar a ver si les gustaría tener un amigo que les obligara a hacer todo lo que él quisiera, que además de amigo, le tenían que querer, obedecer y adorar, y que si no lo hacían les sometería a las torturas más dolorosas jamás imaginadas, como verse sometidos al dolor de ser quemados vivos eternamente (esto último se lo suavizamos para que no sueñen, aunque es la descripción del infierno), y enseguida se les quitan las ganas de tener ese amigo.

En definitiva, el Papa Paco es simplemente un refugio individual de las personas para poder soportar este ataque despiadado al que estamos siendo sometidos. Algunas religiones como las versiones 2.0 del islam o la 3.1 de la teología de la liberación se revelan violentamente contra este ataque, pero en su mayoría son sometedoras y adormilantes, una especie de droga como decía aquel, frente a los problemas cotidianos, ahora más presentes que nunca.

Veremos un volcado de los medios en España hacia la religión, que evita revoluciones al estar al lado del poder, mostrando su cara más amable de cara al pueblo, y que hace de colchón social evitando que esto salte por los aires, una religión que hará de pilar revolucionario gracias a curas obreros y Cáritas diversas al lado de los pobres y desfavorecidos, o sea, los que podrían iniciar la llama del cambio.

Curiosamente es la misma Iglesia que igual que la banca, el enemigo a batir, se dedica a hacer pública su deuda, viviendo en gran parte de los presupuestos del estado y con exención de impuestos, y a capitalizarse a partir del patrimonio público, a través de las inmatriculaciones.

Primera parte de los dos males endémicos de España, hoy los meapilas

Venga, Patxi, otra ronda, que hablamos de la Iglesia

txikiterosindignados.blogspot.com

Los dos males endémicos de España, los meapilas y los patriobajeros. Primera parte.

*E*spaña arrastra desde tiempos inmemoriales dos problemas endémicos, que son la iglesia y el ejército.

Si nos fijamos, en cualquier país normal la religión queda fuera del estado y realiza su función desde un punto de vista alejado de la ley civil, y existe una sensación de patria que no aparece en España.

Esto se debe a las ingerencias de la Iglesia Católica en el poder civil por una parte, y a la apropiación del concepto de patria por parte de un sector de la población.

La mezcla de ambos conceptos, religión y patria, se plasmó en un régimen político que se perpetuó durante muchos años en España, y la reacción de parte de la población a ambos conceptos es un problema ya endémico de la sociedad española.

Hay que modernizar de una vez estos dos conceptos y para ello hay que reformar profundamente el ejército (y la monarquía) y poner a la iglesia en su sitio.

Cuando se habló de las recetas para salir de la crisis ya se propusieron una serie de actuaciones encaminadas a limitar el poder de la iglesia y ponerla en su sitio. Estas actuaciones se deben complementar con una reforma educativa que debe contemplar los siguientes puntos:

1) Eliminación de la enseñanza reglada y obligatoria a toda referencia a la religión como doctrina. Sólo se contemplará el

estudio de la historia de la religión y su influencia en la asignatura genérica de historia.

2) No se podrán contemplar como actividades extraescolares relacionadas con colegios públicos ni concertados ningún tipo de manifestación religiosa.

3) Desaparición de todo tipo de símbolo religioso en los colegios públicos y en los concertados.

La iglesia basa su poder en la educación. Las reformas educativas van encaminadas a perpetuar este poder. La última reforma educativa promociona la educación concertada, en manos mayoritariamente de colegios religiosos, y además con el descaro de imponer una asignatura, la de religión, que adoctrina a los alumnos.

La iglesia debe comportarse de una vez como una entidad privada, saliendo de la financiación del estado, pagando los impuestos que le correspondan y eliminando la posibilidad de adoctrinamiento en la enseñanza pública y concertada.

Hay que acabar con ese mal endémico de superchería y sectarismo, basado en el miedo, que es la iglesia católica en España, y ponerla en el lugar que le corresponde, como en cualquier país civilizado.

No estamos en contra de la religión, sino de esa élite eclesiástica que sigue pensando 40 años después de salir de la edad media franquista que puede seguir ostentando el poder y decidir sobre una sociedad de una forma integrista.

Creemos que incluso el nuevo Papa está más por la labor de trabajar con y para las bases católicas que por el mantenimiento en el poder de una élite a la cual le preocupa más imponer su poder y gestionar su riqueza que preocuparse por el cristiano, del que hace años se ha olvidado.

Ya no hace falta predicar el evangelio, ese se baja de internet, sino que es más necesario el trabajo de ayuda y cooperación con los creyentes. Ya no hace falta realizar más inmatriculaciones, porque nadie en este país va a prohibir la reunión de creyentes en iglesias o en otros locales públicos o privados, sino que lo que la iglesia tiene que hacer es ocuparse de esos creyentes.

La iglesia debe entender que ya la sociedad no está para que le imponga su moralidad, ni que va a perder su riqueza, sino que debe cernirse a su volumen real y centrarse en la realidad de lo que predica su evangelio con sus fieles, y en su acción social.

El estado no está para mantener a monjas contemplativas y los fieles piden más Cáritas y menos Conferencia Episcopal.

Y no nos valen ya esas chorradas de que pretendemos potenciar otras religiones, ya que nos sobran todas, y todas deben estar fuera del estado, y cada una realizar la función social que crea conveniente, bajo su propia financiación.

Segundo mal endémico de España, los patriobajeros.

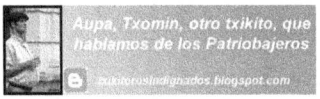

Hoy el segundo mal endémico español, esos que sólo piensan en un concepto muy suyo de Ssspaña, que no se corresponde con la realidad!!!

Resulta curioso el comportamiento del patriotismo o sentimiento de país en España. Ya no sólo se trata de un sentimiento contrario a los símbolos del país por parte de los nacionalistas, algo que podría resultar comprensible, sino que en el propio país el concepto de España como país se rehúye.

Esto se debe al apropiamiento durante muchos años del concepto y de los valores de la patria por parte de un sector fascistoide de la población, que han ligado ese sentimiento a una serie de valores con los que una mayoría de la población no comulga.

Está tan arraigado el concepto de una España Grande y Libre que se creó en tiempos de Franco que se huye de él.

Esta huida se manifiesta en la población con un reconocimiento a símbolos ajenos a los oficiales, como pudieran ser las banderas republicanas u otros.

Curiosamente el sentimiento de patria sólo se manifiesta en el deporte, lo cual es muy triste para un país. Además, en cuanto aparece cualquier manifestación relacionada con la patria, hay un sector patriobajero que enseguida enarbola y se apropia de ese sentimiento, contaminándolo y destruyéndolo, ya que esa mayoría que no se identifica con los patriobajeros.

¿Quienes son los patriobajeros? Son un grupo ultraconservador instalado en el seno de la derecha rancia española, muy relacionado con el ejército, sobre todo por la necesidad de todos los soldados de que si van a dar su vida en una lucha, tener un ideal por el que darla, relacionada con el otro sector rancio español, la cúpula eclesiástica de la que ya hemos hablado cuyo ideal de patria se identifica con un centralismo exacerbado y que se creen además por encima de los ciudadanos de este país, autoatribuyéndose el poder de estar por encima del bien y del mal, por encima de las comunidades autónomas, por encima del pueblo, de la democracia (partidocracia en nuestro caso) y de la constitución.

Este mal latente no se ha conseguido extirpar por desgracia del ejército y el gobierno de Aznar en sus últimos tiempos lo enarboló y hostigó con el tema de las autonomías vasca y catalana, presentando un exacerbado nacionalismo español frente a los nacionalismos radicales vasco y catalán.

El apropiamiento de todos los símbolos de la patria por parte de esos sectores que además están muy relacionados con la ultraderecha, hace que en general la población española no pueda tener un sentimiento patrio.

Esos grupúsculos actúan además por instinto. No tienen ni puta idea de lo que es España en la actualidad, pero enseguida llaman a la asonada y quieren presentarse en las puertas del congreso con su cuadrilla de legionarios o irse a invadir Cataluña o volver a bombardear Gernika cuando asustados o azuzados convenientemente consideran que su mundo de fantasía se rompe.

Hay que tener en cuenta que son grupos minoritarios, pero que presentan un problema para España, ya que hay mucho voto cautivo de la derecha no por el concepto fascistoide de país que tienen esos individuos, sino por el sentimiento antipatrio que generan en la izquierda en general.

Los dos grupos, los meapilas y los patriobajeros a pesar de ser muy minoritarios están muy instalados en la derecha, y la reacción que provocan es un anticlericalismo extremo y un sentimiento confuso antipatriota en la izquierda y esa reacción es la que provoca muchos votos cautivos de la derecha.

Ya dijimos que hay que romper con el poder de la Conferencia Episcopal y potenciar la iglesia de base, esa que creas en dios o no, es la que ayuda a la sociedad. Y lo mismo con la patria, hay que arrebatar a la derecha su concepción rancia de España y construir país, un país en el que cabemos todos entre otras cosas, porque ya estamos dentro, y eso viene por una reforma profunda del ejército en su concepción y objetivos, la reforma autonómica y la retirada de la monarquía, aunque éste último tema hay que tratarlo aparte, ya que muchos patriobajeros se identifican y se calman instintivamente con el Rey como jefe del estado, aunque ahora incluso entre ellos está en horas bajas.

Hay Juancarlistas y republicanos, pero... ¿hay Felipistas?

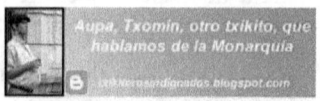

Si los uropeus esos nos cambian la constitución para adaptarnos al euro, por que no la podemos cambiar para adoptarnos la república??

Bueno, admitamos que haya juancarlistas y republicanos. Admitamos que pudiera haber algún monárquico trasnochado, pero... ¿Hay felipistas en este país? Los últimos se retiraron con Felipe González y Alfonso Guerra.

¿Ha sido positivo el papel de la monarquía en este país? Después de darle muchas vueltas, tras un envide a txika de Txomin llegamos ala conclusión de que sí, de que había sido positivo e interesante el papel del rey Juan Carlos palito en el país.

¿Y por qué hemos llegado a esa conclusión?

Porque creemos que el Rey ha representado a los españoles por encima de los intereses de los políticos que los gobernaban. Nos explicamos. El rey arropó a las izquierdas y nacionalistas en la época de Josemari I, el Irrepetible, cuando en su discurso de navidad recordó que la constitución era de todos, no solo de los pepinillos.

Y el Rey fue quien mantuvo vivas las relaciones con EEUU cuando Joseluis la cagó con sus desprecios al trapo de las barras y las estrellas.

A parte de sus cacerías, tanto de conejos con pelo como depilados, de la desestructuración de su matrimonio y familia, hay que reconocerle una labor encomiable como embajador del país, como cabeza de puente en el establecimiento de relaciones con otros países.

Pero ya no está para muchos trotes, y entre que su mujer vive más allá que acá, la separación y escándalos sexuales y de drogas de la pareja Elena-Jaime, el aprobetxategi de Urdangarin, y que la princesita es carne de Sálvame, pues que se debería jubilar.

¿Y tiene sustituto? Pues no. El príncipe no da la talla, no va a conseguir realizar la labor de su padre, no tiene su carisma ni su buen nombre, ni lo va a conseguir. Más que pensar en cambiar la constitución para tener una heredera mujer, que es una cortina de humo, en lo que hay que pensar es en quitar la figura del Rey.

Esto no significa que haya que quitarle el título nobiliario, que con su pan se lo coma y que le plante impuestos a la casa de Alba si quiere, junto con el derecho de pernada correspondiente, pero todo lo que significa la monarquía a nivel de representación del estado debería separarse.

Lo mismo que vivimos en un estado laico donde (en teoría) los poderes de la iglesia y los civiles se encuentran separados, y la iglesia recibe una retribución por su labor con las almas (de la que los txikiteros no estamos de acuerdo, que se sepa) se debería pasar a una separación entre el estado y la corona, caminando hacia un estado republicano, donde el poder de la monarquía quede completamente separado del civil, y que la monarquía reciba en su caso una remuneración del estado basada en una recaudación impositiva sobre los títulos nobiliarios (que con su pan se lo coman los de sangre azul)

Decimotercer Bloque: Lecciones de economía

El que Txomin hubiera hecho un grado de contabilidad cuando era joven motivaba en muchos casos que impartiera en la cuadrilla lecciones magistrales sobre economía.

Estas lecciones se han plasmado en unos cuantos artículos que se relatan a continuación, intentado de una forma didáctica explicar algunos aspectos básicos de la economía doméstica y nacional, para que pudiéramos entender muchos de los aspectos mas enrevesados de las decisiones del gobierno, y de cómo funcionan las empresas y la economía en general.

Otro tema de conversación, la deslocalización

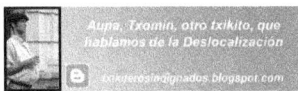

Joder que con la globalización las multinacionales españolas van y cierran en España yendo de puta madre en otros países. Se vé que nuestros sesudos pepinillos no se dan cuenta que los centros de producción están cerca del mercado, y que si te cargas el mercado, no hay centros de producción, ni por tanto, trabajo.

A veces no se comprende cómo podemos estar gestionados por semejantes inútiles. El de "economía, economía, economía" está al mismo nivel que el de "esto de la economía te lo explico yo en 4 lecciones".

Resumen de la globalización. Se busca la producción allí donde resulta más barato, y NO SIEMPRE ES CHINA. La producción masiva y de baja calidad se va a China o India, pero la producción de elementos tecnológicos o aquellos cuyo transporte resulta caro, se realiza cerca del mercado, ya que no compensa la reducción de costes de mano de obra respecto a los arancelarios o de transporte.

Y las empresas emprenden lo que se llama deslocalización, que consiste en abrir centros de trabajo cerca de los mercados. Así nos encontramos que grandes empresas españolas ganan mucho dinero en Alemania, Chile o Estados Unidos, y que a pesar de eso cierran los centros de producción españoles. Y nuestros sesudos pepinillos no entienden por qué ocurre esto. Pues bien. esto ocurre porque aquí no tienen mercado.

Para crear empleo hay que crear las condiciones para que las empresas inviertan en España, y los pasos a seguir son los siguientes:

1) Crear mercado estable. Obviamente (y digo obviamente conscientemente, porque resulta obvio) no se crea mercado si hay inestabilidad, y bajando el sueldo a los funcionarios (que en principio son los que tienen un trabajo estable), creando inestabilidad laboral gracias a una estúpida reforma laboral,

subiendo impuestos y haciendo recortes en servicios sociales (lo que significa que quien los necesita va a tener que pagarlos en parte, disminuyendo su capacidad de consumo) y sobre todo, limitando el endeudamiento (la base y diferencia entre sistemas monetarios como los socialistas frente a sistemas financieros como los capitalistas) al no haber crédito, no se consigue crear las condiciones necesarias para crear mercados estables en el tiempo, aquellos que interesan para poner centros de producción.

2) Disminuir los costes de producción. No sé si alguien se habrá dado cuenta, pero los costes de producción en España (descontando la construcción, no nos contaminemos) no sólo son los laborales, sino que influyen y mucho los energéticos y los financieros. Y tenemos una factura energética carísima, no solo eléctrica sino de transporte. Y no hay crédito, por lo que hay que traer el crédito de fuera.

3) Disminuyendo los impuestos directos, ya sea el IVA o el IRPF, de manera que el potencial cliente tenga más capacidad de elección y de fabricación.

4) Creando aranceles a las materias primas y al producto, de manera que resulte más barato hacerlo dentro del mercado que importarlo de otros centros de producción de fuera del mercado. E incluso en Europa, que hay libre circulación de personas, bienes y capitales, se puede hacer. Y si no, sólo hay que ver la facilidad que tienen los capitales en entrar en Alemania, y lo difícil que resulta sacarlos.

Si se hace exactamente lo contrario que se está haciendo, es posible crear empleo. Siguiendo las recomendaciones del FMI (sólo hay que ver los nombre ilustres que han regido tan herejía institución, como Rodrigo Rato o Strauss-Kahn) llevamos camino de convertirnos en Grecia.

El tsunami inmobiliario y las dos réplicas del terremoto

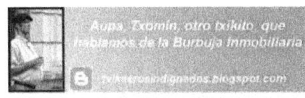

Me da que nos están vendiendo eso da la burbuja inmobiliaria como algo que tenía que pasar, pero que a la hora de buscar responsabilidades se nos hacen los orejas!!!

Creemos que ya vale con el tema ese de que la burbuja inmobiliaria es algo que ha pasado y que parece que era inevitable.

Amo a vé, vamos a explicar como se hacía eso de la burbuja inmobiliaria, y sus consecuencias, tanto a corto plazo como a largo plazo.

Aparece un nuevo negocio. Los ayuntamientos controlan la caja de ahorros de turno, la típica Caja de Ahorros Municipal, unida generalmente a la provincial.

Mediante los depósitos de esta caja de ahorros se realizan polígonos alrededor de las ciudades, comprando el suelo a precio de saldo, mediante expropiación o precio tasado por el ayuntamiento, fuera del mercado libre.

Estos terrenos se revaloran a un valor generalmente multiplicado por 10 o más y se realiza un proyecto de urbanización con una tasa de edificabilidad mínima, rozando los mínimos impuestos por la comunidad europea. Esto se consigue mediante cinco trampas: Dotacionales, viales, edificabilidad, altura y superficie construida en los pisos.

Rápidamente, dotacionales son un % destinado a servicios (columpios, por ejemplo) al parcelar, viales las vías públicas que se deben dejar para que los vecinos puedan salir con el coche, mayores cuanto mayor es el polígono, edificabilidad, el % de parcela que se puede edificar, que el resto va a jardines o piscinas o similares, suele ser el 40%, altura, limita en una parcela el número de alturas a construir, y superficie, esos famosos 90 m2 que permitían que una vivienda pudiera ser considerada de protección oficial.

De esta manera, al construir cada vecino compra mucho suelo, y el precio de la vivienda se hincha considerablemente sobre su verdadero valor. Cuando se compra una casa, se está pagando sobre todo suelo, y suelo que no se usa realmente, y a un valor desorbitado.

Pero esto es la hostia, porque se vende todo lo que se construye... hasta que empieza a haber mucha más demanda que oferta. Y el sistema ya no se sostiene. Nuestros sesudos politiquillos pensaban que no pasaba nada, que en el caso de que esto ocurriera con alargar las hipotecas en el tiempo era suficiente.

Pero la avaricia rompió el saco. La especulación sobre el suelo llegó a ser tan brutal que las hipotecas se hacían a 50 años, o sea, se seguía pagando después de muerto. Y los precios subían y subían... hasta que se dejó de comprar.

Y apareció el primer problema, el que surgió en 2008, cuando la burbuja estalló, que es la paralización total de la industria de la construcción. Es de sobra conocido el efecto de aceleración de la economía de la construcción... como el de desaceleración.

Las empresas de construcción tienen miles de pisos a la venta, pero no se venden. Y aún así hay que pagar los créditos promotores a las cajas de ahorros. Y el primer lastre que se suelta son los autónomos. Miles de autónomos al paro sin ingresos. Luego los trabajadores en nómina. Miles de ellos al paro, a cargo de los presupuestos generales del estado. Y por fin miles de pisos al banco sin pagar, aparece el agujero en las cajas, agujero avalado generalmente por bancos por las reventas de hipotecas.

La industria de la construcción se para (tejeras, fábricas de porcelana, cementeras) y la industria auxiliar se detiene (instalaciones eléctricas, electrodomésticos).

La gente en paro deja de consumir, y se detiene el comercio y la industria de fabricación. Suben los costes de amortización de las eléctricas porque venden menos energía, pero deben mantener todas las plantas, con lo que sube la electricidad.

Y todo se colapsa. Y este es tan solo el efecto a corto plazo del tsunami de la explosión de la burbuja inmobiliaria.

El segundo efecto, es el que estamos viviendo en la actualidad. Es la replica al terremoto. Las cajas de ahorro ven como se han cargado de un agujero enorme en forma de miles de pisos sin vender que tienen un valor muy inferior al crédito que han concedido. Ese enorme agujero hace que no puedan dar crédito y la banca se colapsa, de manera que no puede hacerse cargo de los depósitos, y nuestros sesudos politiquillos no se les ocurre mejor cosa que concentrarlas, como en Bankia, para que el estado no la deje reventar.

Y los miles de parados ya no pueden pagar sus hipotecas y nada, son desahuciados, y el agujero financiero aumenta. La explosión inmobiliaria ha traído consigo su primera réplica, el agujero financiero, con un problema añadido. Los que aún tienen trabajo no están para hacerse cargo de esa deuda, que bastante tienen con la suya, y si se les aprieta más disminuyendo su capacidad adquisitiva (aumentando el IVA, reduciendo salarios y aumentando precios de servicios como electricidad o carburantes, sanidad o educación) y creándoles incertidumbre (el que no se vea final a la crisis y sobre todo que no se vea a nadie capaz de hacer algo para recuperar el país), pues se contrae más el mercado interno, y la crisis se agrava ya que empieza a afectar sobremanera al comercio y a la industria que surte al servicio.

Estamos en esa primera réplica del tsunami, y aún nos queda la segunda, con unos problemas sociales importantes. El crear barrios con mínima densidad de población hace que no se pueda crear comercio en ese barrio (nadie va de compras por el barrio si tiene la panadería separada 1.200 m. de la pescadería y a un par de kilómetros de la carnicería) y la gente opta por hacer una compra semanal en el centro comercial.

Y para ello se necesitan viales, viales generalmente iluminados por 4 filas de farolas, con 2 carriles en cada sentido más otros 2 en los laterales para acceso a las viviendas y aparcamientos, con sus jardines, sus semáforos... y su alto mantenimiento.

Y hay que dotar de servicios. La policía municipal tiene más zona para vigilar, por lo que se necesitan más policías. Los médicos no ven 40 pacientes sino tan solo 25 porque tienen que realizar más visitas a domicilio por las distancias y cada visita cuesta más, por lo que se necesitan más médicos. Y más jardineros. Y más barrenderos.

Y el gasto se dispara en esos barrios. Y los ingresos son muy pequeños, ya que no son barrios sostenibles, porque no hay la masa crítica necesaria para crear comercio, y no hay ingresos más que el IBI.

Y esa será la segunda réplica del tsunami inmobiliario. El colapso y ruina de las ciudades por el gasto excesivo y la ausencia de ingresos.

Y para economistas. Sólo se deben financiar las inversiones, no los gastos. Financiar los gastos supone aumentar la pelota, ya que al año siguiente se debe volver a pagar el gasto, más los intereses del año anterior y la amortización de la deuda... ¿refinanciamos?

Hemos vivido el terremoto, cuando estalló la burbuja inmobiliaria. Esto produjo miles de parados y que se cerrara el crédito, no solo hipotecario, sino también a la inversión, el que realmente crea crecimiento.

La primera réplica, en la que estamos, ha producido el agujero de la banca y la necesidad del estado de intervenir. El aumento de impuestos y reducción del gasto consiguiente trae consigo más paro y una contracción exponencial de la economía, reflejado sobre todo en el consumo y en el PIB.

Y viene la segunda réplica, el colapso de los ayuntamientos no en le pago de sus deudas, que eso siempre se podrá refinanciar de una u otra manera, sino por no poder asumir el gasto de los nuevos barrios por falta de ingresos, ya sea por licencias de obras como por la imposibilidad de generar riqueza en los nuevos barrios. Y esta réplica puede traer consigo la creación de ghettos y barrios abandonados en la periferia de las ciudades, por no poder asumir los servicios de iluminación, sanidad, educación o seguridad.

El tsunami fue en 2008, la primera réplica en 2011 y la segunda llegará a finales de 2013 o principios de 2014. Así que tenemos crisis para rato, para Rato, haciendo un juego de palabras.

Curiosamente esto ya pasó en EEUU hace 3 ó 4 décadas... y de ahí esos barrios que salen en las películas, donde no entra ni la policía... que puta es la historia que siempre hace aflorar nuestros errores y cagadas.

¿Realmente hay que reducir los costes de mano de obra para ser competitivos?

Venga, Patxi, otra ronda, que hablamos de la Competitividad

txikiterosindignados.blogspot.com

Ya vale con la milonga de que no somos competitivos por los costes laborales. Si los costes exorbitados en España son los energéticos, financieros y de materias primas!!!

*E*n cualquier proceso productivo entran en juego 6 elementos principales: Materias primas, mano de obra, proceso industrial, coste financiero y coste energético, y son los que marcan la competitividad de nuestros productos.

Pues bien, analizando uno a uno los 5 costes en esta nuestra comunidad nos encontramos con lo siguiente:

1) Materias primas. El coste de materias primas es muy alto debido a que se ha abandonado totalmente "por falta de competitividad y de calidad de producto" cualquier explotación minera, debiéndose comprar al exterior.

Generalmente esto se debe a que los costes medioambientales aquí son altísimos frente a los de países del tercer mundo donde esos costes no se valoran. La manera de reducir estos costes es trabajar mediante la gestión de stocks estratégicos, cosa que se realiza generalmente de dos maneras:

a) Almacenamiento de materias primas básicas en épocas de costes bajos para su consumo en épocas de costes altos.

b) Acudir al mercado de futuros correspondiente, comprando las materias primas a futuro a un coste de mercado actualizado.

Ninguna de estas dos gestiones está en estos momentos legislada.

2) Coste financiero. Este coste en estos momentos es muy alto, y además es muy escaso. Se ha abusado en demasía del crédito hipotecario, de manera que éste era en muchos casos el único que

se concedía, en detrimento del crédito a la inversión, algo reservado a grandes proyectos y avalado generalmente por el estado.

Hay que hacer que fluya el crédito y reducir los diferenciales financieros en los intereses de esos créditos, minimizando el crédito hipotecario y potenciando el crédito a la inversión. Pero como ya se vio en el estudio del euro, se presenta un problema de muy difícil solución de que debe implicar una reforma estructural de la banca.

3) Coste energético. Nos venden la milonga de que la energía en España es cara porque somos una especie de isla energética, por los "exorbitados" costes de las energías renovables y otras historias. Sea como fuera los costes energéticos soy muy altos, tanto en transporte como en electricidad, y hay que reducirlos. Sin entrar en un debate sobre las energías renovables, debate estéril ya que tienen sus ventajas e inconvenientes, lo que sí que hay que hacer es una auditoría real de los costes, sobre todo los costes de amortización y distribución, en los que hay mucha estafa por parte de las eléctricas y hacer una revisión completa del pool o subasta eléctrica, que es donde nos la meten doblada.

Y respecto al coste del transporte, hay que reducirlo también, y de dos maneras, fomentando el transporte eléctrico (en trenes, no coches eléctricos) y gestionando stocks de petróleo.

4) Coste de proceso. Este es el coste tecnológico, y está muy relacionado con la inversión en I+D+i y en formación (que nos los venden como gastos pero no lo son) Si se recorta en estos gastos, aumenta el coste tecnológico ya que hay que importar técnicos y procesos. Ahora tenemos la formación suficiente como para ser competitivos.

Pero no nos llevemos a error. Tener procesos tecnológicos NO significa que no se pueda crear empleo masivo. Un ejemplo. Hacer barcos necesita un proceso de ingeniería muy complejo, necesita un staff de ingeniería muy formado, pero una vez diseñado y establecido un proceso de fabricación competitivo, da trabajo a muchísima gente no formada.

Y este además en un coste muy relacionado con el siguiente coste:

5) Coste de mano de obra. Éste está muy relacionado con coste tecnológico. En un país con un coste tecnológico alto hay que reducir los costes de mano de obra ya que de otra manera no se es competitivo. Nos explicamos con un ejemplo. Podemos fabricar juguetes pintados a mano, para lo cual para competir con los chinos debemos reducir el coste de la mano de obra una barbaridad, o podemos fabricar aerogeneradores, para lo que se requiere un staff de ingeniería importante que mueva todo el proceso de fabricación.

Y hay un detallito que mantiene el proceso, que es el consumidor. O bien eres un país netamente exportador como el chino que aún su mercado interno es incipiente, o tienes un mercado interno autosuficiente, como el alemán. Y para ello necesitas clase media, o sea, gente que tenga un sueldo suficiente como para una vez satisfechas sus necesidades básicas pueda dedicar otra parte al consumo o al ahorro. Pero ello conlleva subir los costes de mano de obra.

En definitiva, que ya no podemos volver a ser China, y en lo que hay que trabajar es en reducir los costes de materias primas y energéticos, hacer fluir el crédito, seguir aumentando los gastos de I+D+i y educación para reducir los costes de proceso y mantener los costes de mano de obra acordes a nuestro mercado, o sea, lo contrario que hasta ahora.

Y los más listos habrán visto que arriba señalamos que intervienen 6 elementos, pero sólo hablamos de 5. Pues bien, el sexto elemento es:

6) Mercado. Hay dos principalmente. El interno y los externos. El interno hay que fomentarlo dando estabilidad y aumentando la capacidad adquisitiva de los consumidores, cosa que no se hace bajando sueldos, precarizando el puesto de trabajo, subiendo

impuestos y aumentando el gasto de las personas doblando el coste de los servicios con los copagos. Eso no da ni capacidad adquisitiva ni estabilidad.

Y el externo... ay, el externo. Amo a vé, analicemos. ¿Donde somos competitivos? ¿En EEUU y Europa donde los costes de mano de obra son netamente superiores (en Europa además sin aranceles) competimos en costes tecnológicos, tenemos un buen entramado de industria auxiliar y con quitarnos de encima los monopolios de materias primas y energía tenemos un buen precio o en latinoamérica donde los costes de mano de obra son bajísimos y países como México o Brasil protegen el mercado con altos aranceles?

Pues en estos segundos el fenómeno de la deslocalización es muy alto en toda la estructura vertical del proceso, mientras que en los segundos solo se deslocaliza generalmente el proceso de montaje que aunque es el de mayor valor añadido, nos permite mantener nuestro propio mercado (y atraer procesos de montaje a nuestro país si hay mercado).

Pues lo dicho.

Euro, corrupción, rescate, burbuja inmobiliaria...Txomin explica la crisis

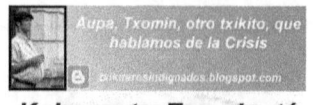

Kabenzotz, Txomin, tú que has estudiado, haznos un resumen de la crisis, de eso del euro, la crisis inmobiliaria, la deuda, la corrupción, las privatizaciones y demás.

*H*oy le dejamos a Txomin, que hizo un módulo en CEAC y es un ilustrado, a que nos haga un resumen de cómo hemos llegado a la situación actual para realmente pensar si es necesario afilar las guillotinas y guadañas y empezar a calentar las hogueras para acabar con tanto chorizo, mangante y gilipollas integral.

Bien, iniciamos nuestra andadura por la crisis del euro, un euro alimentado por la burbuja inmobiliaria, debido a la ineptitud de nuestros políticos, incapaces de darse cuenta que el camino que se estaba siguiendo para crear riqueza en España era un error.

Los artífices de la base económica española fueron Rato y Solbes y la basaron en el crecimiento inmobiliario y la creación de monopolios en España para que fueran trampolín para salir al exterior.

Durante las vacas gordas las cajas de ahorro eran una fuente inagotable de dinero para proyectos estúpidos de alcaldes y presidentes de comunidades autónomas con aires de faraones, y una fuente de financiación a los partidos políticos.

De repente estalla todo, el euro y la burbuja inmobiliaria y se crea un agujero enorme a la banca, y cogemos y nacionalizamos la deuda de la banca, creando un agujero enorme en las cuentas del Estado, y el gobierno toma una serie de medidas erróneas para reducir el déficit, entre ellas bajar la capacidad adquisitiva de la población mediante subida de impuestos creando además inseguridad mediante una reforma laboral y el acoso a los funcionarios, y dejando que los costes energéticos y financieros se dispararan.

Entonces el mercado se contrae y las empresas se largan de España aumentando el paro hasta niveles no conocidos hasta ahora, y acercándonos al abismo como Grecia.

Pero esto no acaba aquí. Europa ve peligrar su euro y nos quiere poner en nuestro sitio, no podemos tener mejores servicios que los alemanes si los alemanes son más productivos que nosotros.

Y para poder arreglar este desaguisado, tenemos que vender nuestro patrimonio y comienza el expolio del país por parte además de quienes han sido los responsables de esta situación, retornando los maletines de Suiza para comprar a precio de saldo.

Y ahora... ¿que hacemos, Patxi? ¿Sacamos ya las guillotinas? No, Gallardón no nos deja. Está más preocupado por los deshaucios que por la libertad siquiera de protestar.

Una explicación básica de cómo funciona la economía, para entendernos

Tranquilo, Jozeluí, que esto de la economía te lo explico yo en dos tardes!!

(micrófono indiscreto de Jordi Sevilla)

*N*osotros no somos economistas, pero algo nos suena. En muchas ocasiones hablamos de la crisis, pero es complicado a veces explicarnos, así que dejamos una pequeña y sencilla clase de economía. Va por ustedes.

¿Como funciona la economía? Si sumamos todo lo que produce un país eso es el volumen de su economía. Para producirlo ha habido que invertir en maquinaria (capital), pagar sueldos y salarios a los trabajadores (mano de obra), gastar energía, gastos financieros y el coste de la administración del país.

La diferencia entre lo producido y lo que hemos gastado para producirlo es el beneficio que se obtiene. Y la diferencia entre lo producido un año y el anterior es el crecimiento.

Hay otras variables, pero esto es una explicación simple.

¿Qué es un mercado interno? Es la producción del país. Como los costes de producción de un país a otro varían, se suele proteger este mercado interno mediante aranceles, que son impuestos que tienen que pagar los productos que se importan, para poder ajustar sus precios con respecto a los producidos en el país.

¿Por qué los países tienen crecimientos distintos? No es que unos países sean más listos que otros, sino que influyen muchos factores, desde la propia naturaleza, la estructura económica interna, la existencia de materias primas, el clima y otros aspectos. Incluso dentro de un mismo país puede haber crecimientos muy distintos entre diferentes regiones.

¿Qué ocurre cuando hay una misma moneda y crecimientos distintos? Pues que la inversión opta por irse a las zonas de más rendimiento económico, por lo que aumenta la eficiencia de los procesos en esas zonas con lo que hay más crecimiento económico, mientras que en las zonas de menor crecimiento hay menos inversión y los procesos se hacen menos eficientes. Aumentan las diferencias entre zonas. Esto ocurrió en España en los años 60 y 70 y se produjo una gran migración de personas a los focos de crecimiento, creándose zonas deprimidas.

¿Cómo se corrige ese problema? Pues aumentando la inversión en las zonas deprimidas de forma controlada, y eso se consigue endeudándose en esas zonas deprimidas. Otra opción es aumentar impuestos en las zonas ricas para utilizarlos en obra pública en las zonas deprimidas, así se mantiene el crecimiento controlado en todo el país.

¿Qué pasa cuando en una zona deprimida no hay inversión? Pues que aumenta la diferencia con las zonas ricas y la gente y el capital emigra a las zonas ricas. Las que se quedan deben se empobrecen irremisiblemente.

¿Qué políticas pueden hacerse para proteger un mercado de menor crecimiento? Hay tres. La peor que se puede hacer es endeudarse para mantener el crecimiento. La mejor aumentar impuestos en las zonas ricas para invertir en las deprimidas. Cuando se trabaja en países independientes con monedas distintas lo que se hace es devaluar la moneda, emitir moneda y aumentar aranceles, que son impuestos a los bienes importados. De esta manera se devalúan los bienes y los salarios. La gente tiene el mismo poder adquisitivo con bienes internos, aunque no con importados, aumenta la inflación, suben los precios, pero baja el coste financiero y aumenta el dinero circulante, por lo que se reactiva la economía. Los aranceles impiden que mercados más eficientes sangren la economía.

¿Qué es un corralito? Un corralito se produce cuando no se puede hacer una política monetaria. En Argentina el peso mantenía una paridad con el dólar, por lo que la gente trabajaba y ahorraba en dólares, pero el crecimiento entre Argentina y EEUU era muy distinto, por lo que se debía mantener la paridad a base de deuda, hasta que subió el coste financiero y no se pudo pagar la deuda. No se podía hacer una política monetaria ya que se trabajaba en dólares estadounidenses, y lo único que se pudo hacer es crear un impuesto sobre los depósitos y restringir la salida de capital para que no hubiera una fuga. Con ese impuesto se pagó la deuda.

¿Qué diferencia hay entre corralito y devaluación? En la devaluación se diminuye el poder adquisitivo de la gente, pero a la vez se devalúan sus bienes y también sus deudas. En un corralito no hay devaluación de la deuda. En Argentina la deuda de la gente estaba en dólares. Pasaron a trabajar en un peso devaluado y a perder dinero de sus depósitos, pero la deuda individual se mantuvo en dólares, por lo que aumentó.

¿Qué diferencia hay entre Argentina y Chipre? Pues que en Argentina tenían un arma, que eran los aranceles. Pudieron mediante impuestos proteger el mercado interno. En Chipre hay libre circulación de bienes y capitales con Europa, no se puede usar esa herramienta.

¿Cual es el problema de España? España ha basado su crecimiento respecto a Europa en el endeudamiento. La construcción es endeudamiento puro y duro. Al comprar una vivienda se gasta hoy lo que pagaremos en los próximos 30 años. Eso es endeudamiento. Al caer la construcción la deuda privada se nacionaliza y pasa a ser pública, y además se contrae el mercado respecto a Alemania. Se produce el efecto comentado de diferencia entre zonas ricas y zonas deprimidas. No tenemos política monetaria, no tenemos aranceles, por lo que sólo se puede hacer aumentar la deuda, como una pelota.

¿Qué soluciones hay para España? Sólo hay dos posibles. O Alemania reparte la riqueza (que nos da que va a ser difícil) o salimos del euro y de Europa (que nadie se va a atrever a hacer). Por repartir riqueza entendemos tomar una serie de medidas de estímulo de la economía, que se concretarían en créditos subvencionados y garantizados a la inversión en activos para las empresas, fondos para inversión en infraestructuras (de las necesarias, no autopistas que no van a ninguna parte o polígonos industriales sin pabellones), financiación al circulante, fondos destinados a la I+D+i y estímulos similares. Respecto a salirnos del euro, Europa no nos va a dejar ir porque cuanto más nos empobrezcamos, más se enriquecerá Alemania, y estando Alemania en recesión como para permitir que nos vayamos. Tampoco nos dejarán endeudarnos porque tumbaríamos el euro, ya que una deuda excesiva en la zona euro obligaría a una devaluación severa del euro y un aumento crítico de la inflación que obligaría posiblemente a una segunda devaluación de ajuste.

Si no salimos del euro, ni Alemania reparte su riqueza ¿Qué estamos haciendo? Pues estamos empobreciéndonos, sin más. ¿Cómo? Vendiendo nuestra riqueza, o sea, privatizando todo lo privatizable. Inicialmente se está adelgazando el gasto, pero está aumentando de forma brutal la deuda (en apenas 5 años casi se ha triplicado desde los 300.000 MM de de 2008 hasta los más de 800.000 actuales) y posteriormente se empezarán a vender activos públicos, desde museos hasta montes.

¿Y cuando ya no quede nada por vender? Tres opciones. O bien Europa se "apiada" de nosotros y comienza medidas de estímulo, cuando considere que hemos adelgazado lo suficiente el gasto, o bien nos abandone a nuestra suerte con nuestra deuda y echándonos de la zona euro cuando ya no supongamos un riesgo para la moneda. Hay una tercera vía que es el convertir al mediterráneo en una fuente de recursos baratos para alimentar a centroeuropa. Ninguna de las tres opciones es agradable.

¿Cómo se distribuye la riqueza en el neoliberalismo?

Breve pincelada de neoliberalismo. La banca tradicional está acabada, las fuentes de dinero provienen de los fondos de inversión.

¿De donde se alimentan estos fondos de inversión?

Pues de aportaciones de ahorradores que quieren una rentabilidad mayor que la que dan los bancos y sobre todo de los fondos de previsión y pensiones privados.

¿Qué es un fondo de pensión privado?

Es una herramienta financiera en la que se aporta periódicamente dinero por parte de trabajadores y empresas y que cubre a las personas en caso de accidente, enfermedad, pérdida de empleo y le aporta la pensión cuando se jubila.

¿Qué necesita un fondo de pensiones para funcionar?

Pues principalmente un mercado liberalizado en sanidad y pensiones, de manera que pueda captar aportaciones para posteriormente entrar en fondos de inversión, que le proporcionan rentabilidad para ofrecer más servicios a los que aportan dinero.

Coño, parece que todo está perfecto, sólo necesitamos un trabajo y un convenio laboral que obligue a las empresas a hacer esas aportaciones, y seguro que funciona de forma más efectiva que nuestra torpe seguridad social. Y seguro que recibiré una pensión de acuerdo a mis aportaciones, no como ahora, que la seguridad social me da una mierda cuando me jubilo.

¿Habrá algún problemilla? Bueno, algunos. La atención sanitaria también es acorde a las aportaciones, y también computa en el dinero aportado, por lo que si tienes mucho gasto sanitario... tendrás menos pensión.

Y eso de que la pensión está asegurada... tan solo por el capital aportado...

Y hay algún problemilla más... dos más en concreto.

a) Para que la gente aporte a los fondos de pensiones, es preciso que la sanidad privada y las pensiones privadas no tengan competencia, por lo que sobra la sanidad pública y el sistema público de pensiones.

b) Los fondos de pensiones y de inversión se alimentan mucho de burbujas financieras, y cuando explotan, el capital pierde rápidamente su valor, con lo que se puede reducir el capital comprometido con el usuario.

Y el neocapitalismo también tiene otro problemilla añadido. Como trabajamos en la zona euro y no hay un reparto de la riqueza que equilibre las diferencias entre los diferentes crecimientos de cada país que compone esa zona, los más ricos aportan más, y por tanto, también obtienen más resultados, y los más pobres... pues eso, se polariza la riqueza.

¿Como se produce esa polarización? Muy sencillo. Un alemán tiene un sueldo de 100 y un español de 80. El alemán aporta 30 y el español 20. El fondo de pensión aporta capital al fondo de inversión, que busca la inversión más rentable.

En el mercado alemán la productividad es mayor por una mayor industrialización, y en España la industrialización es menor y de productos de menor valor añadido. Y tampoco desde Europa van a aconsejar la industrialización de todos los países, no sea que haya una sobreproducción y jodamos a los alemanitos.

Para atraer al fondo de inversión, España debe aumentar la rentabilidad de su industria, y ¿cómo lo hace? Reduciendo costes (y apostando por productos de menor valor añadido, ya que el trabajador especializado y formado se pira para Alemania. Y como el euro se encarece debido a la diferencia de crecimiento entre España y Alemania, se aumenta el coste de la financiación. Y como se reduce el consumo sube el coste energético por aumento de los costes fijos. ¿Y cómo se reducen costes? Sencillo, bajando sueldos.

Entonces el fondo de inversiones compra y financia empresas españolas, y reparte beneficios...

¿Y quien recibe los beneficios? Pues el que más ha invertido en el fondo de pensiones... el alemán.

Y así se reparte la riqueza en el neoliberalismo. El rico se hace más rico y el pobre, más pobre. Y las recomendaciones de la troyka... ¿por donde van? Y los pasos que está dando el gobierno... ¿hacia donde van? Y aparentemente nos tienen cogidos por los huevos con el tema de la deuda soberana...

¿Apostamos por él? Venga, si, 11 millones de votos lo avalan... ¿o no?

Las dos mentiras del liberalismo, los mercados no se autorregulan y la economía se puede planificar

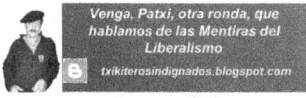

Desde cuando un mercado se autorregula por una mano invisible?! La de la virgen, no te jode!!

A veces entre txikito y txikito entramos al bar de la Felixa, que suele tener puesto en la tele Intereconomía. Dice que lo suele poner porque como la gente se pone de mala hostia escuchando a los contertulios del Gato al Agua, beben rápido y se largan, pero que siempre vuelven porque es adictivo.

Su hija, socióloga, está haciendo la tesis doctoral estudiando nuestras reacciones al escuchar atentamente lo que allí se dice. Dice que muchas veces reaccionamos todos a la vez como cuando Bielsa hace alguna cagada y nos meten un gol.

Y analizando a los neocons (resulta por cierto sorprendente que el contertulio mayor del reino de la economía sea Mario Conde, el rey del pelotazo que incluso acabó en la cárcel, escudado por Durán y alguna otra joyita) nos encontramos que basan su filosofía en que los mercados se autorregulan (la famosa mano invisible de Adam Smith) y que la economía no se puede planificar (Ay, este Marx, si hubiera acabado en la hoguera...)

Pues bien, ambas afirmaciones, la que los mercados se autorregulan y que la economía no se puede planificar son simplemente mentira.

Los mercados no se autorregulan ya que la riqueza tiene dueño, a veces inmaterial, y lo que hacen los mercados es concentrar la riqueza en unos pocos en detrimento de la mayoría, convirtiendo en un mercado globalizado con materias primas escasas los bienes de consumo en bienes de primera necesidad (un bien de consumo en economía es aquel que disminuye su consumo si aumenta su precio, mientras que uno de primera necesidad es aquel que aumenta su consumo si aumenta su precio). Por tanto, la idea de la autorregulación funcionaba a duras penas para Adam Smith en mercados libres pequeños donde no había escasez de materias primas, o sea, donde el agotamiento de los recursos quedaba muy lejano, en aquella Inglaterra colonial de finales del siglo XVIII.

Para que no nos tachen de comunistas, decir que Marx tampoco tuvo en cuenta en agotamiento de los recursos, y por tanto así, con recursos infinitos, también sus ideas económicas más o menos funcionaban.

Y cuando la concentración de riqueza es muy alta, el mercado se contrae y colapsa, hasta que aparece un bien sustitutivo del primero, que actúa por cierto en situación de monopolio (pocos productores frente a muchísimos consumidores) contando con todas las herramientas de defensa propias del monopolio.

Y es más, afirmamos con rotundidad que un mercado libre tampoco busca su máxima eficiencia, ya que cuando alcanza la situación de monopolio el mercado engorda, pero no se invierte en eficiencia.

Así que los mercados no se autorregulan. Y entonces nos preguntamos cómo ha funcionado el liberalismo hasta nuestros días. Pues es sencillo, porque la economía está planificada. Y hay muchas herramientas de planificación, porque planificación es simplemente prever el futuro.

- Se colocan aranceles para proteger mercados internos del ataque de otros más eficientes

- Se restringe la salida de capitales (a través de fuertes gravámenes a plusvalías)

- Se controla el movimiento de capitales interno (A través de créditos públicos o subvenciones)

- Se potencia el uso de bienes sustitutivos autóctonos o anticipativos al agotamiento (mediante el uso de primas provenientes del uso de los recursos a sustituir)

- Se gestiona el volumen total de la economía de un mercado (mediante la moneda circulante, el coeficiente de caja de la banca y la política monetaria del banco central)

- Se potencian mercados considerados claves (mediante subvenciones a la inversión y a la I+D+i provenientes de grabar a bienes de mercados maduros y en vías de agotamiento)

Así que la economía se puede planificar (y no es que lo hagan Brasil o China, sino que hasta EEUU, paladín de la economía libre planifica su economía) lo mismo que los mercados no se autorregulan (en Europa no hay regulación clara en la zona euro por tener 17 padres la moneda que cada uno dice su tontada en un intento por salir en la tele sin tener ni puta idea de que habla, y la riqueza se está concentrando en Alemania gracias a la quiebra de la periferia, y es más, en la Alemania de la Merkel gracias a la liberalización de los mercados la concentración de la riqueza está produciendo una gran polaridad por un lado, y una contracción de la economía por otro)

Que no nos vengan con milongas.

¿Estos imbéciles no se darán cuenta que realmente el mercado son los trabajadores a los que están ahogando?

Venga, Patxi, otra ronda, que hablamos de la Precariedad Laboral

txikiterosindignados.blogspot.com

Estos pardillos sometidos a la dictadura de los mercados se han olvidado de quienes componen el mercado!!!

A veces alucinas con estos gobiernos que vamos teniendo tan desconectados con la realidad. Da la impresión de que cada ministro va a su bola haciendo buena aquella frase del anterior becario de Industria, Miguel Sebastián, que cuando firmó la primera reforma de las energías renovables y le dijeron que con esa reforma iba a mandar a 100.000 familias al paro, dijo que ese ya no era problema suyo, sino de Corbacho, por aquel entonces ministro de Trabajo.

No creemos que sean perversos, sino simplemente ineptos, unos políticos imbéciles incapaces de ver más adelante de su propia ambición, y que no son capaces de comprender el alcance de lo que están haciendo.

La economía se basa en la creación de productos que posteriormente se venden, así de simple, así de sencillo.

Para poder crear un producto se necesita capital (para poder comprar las herramientas), energía (para mover máquinas), materias primas a transformar, mano de obra (para gestionar esas máquinas) y hay un coste social en forma de impuestos. Nuestros ilustres próceres han decidido que hay que atacar a la mano de obra, ya que alguien les ha dicho que hay que reducir costes y que la única manera de reducirlos es mediante la reducción del coste inherente de la mano de obra.

Pues coño, al parecer nadie ha pensado que al reducir el coste de mano de obra se reduce el margen de beneficio que obtiene esa mano de obra y por tanto, la capacidad adquisitiva de ese mercado. Y que al contraer ese mercado aparece un coste social inherente debido al aumento de la población pasiva y hay que aumentar impuestos, por lo que se reducen otra vez los márgenes tanto para el capital como para la mano de obra y por tanto se reduce aún más el mercado.

Y que entonces el capital se destina a cubrir las pérdidas y desaparece por lo que hay que endeudarse, y que sube el coste de endeudamiento y por tanto se reducen aún más los márgenes y se contrae más el mercado.

Señores politiquillos de pacotilla. La historia nos ha demostrado que los países pasan de ser subdesarrollados a países en vías de desarrollo y en crecimiento netamente exportadores, pero con una enorme diferencia social entre sus habitantes, con el objetivo de llegar a ser países desarrollados que crean una gran masa social denominada clase media que mantiene un mercado interno estable. Y lo que están haciendo en Europa es ir hacia atrás por idolatrar a un euro que ya no favorece ni a Alemania, un euro para el cual no están haciendo ni siquiera una política económica eficaz, sino que lo están manteniendo a base de una deuda ya impagable, y sin trabajar en políticas de crecimiento a través de los mercados internos.

Gracias a estos ignorantes vamos de cabeza al precipicio, tanto social como económico. ¿O es que alguien ni siquiera se cree que vamos ni por asomo a pagar la enorme deuda que tienen España, Italia, Grecia, Irlanda, Portugal, Chipre, los países bálticos, la Europa del Este y otros países que andan por ahí de tapadillo? ¡Si sólo en intereses cada familia española debe pagar al año casi 5.000 !

O lo que es lo mismo, y ya como dato para acojonar, cada trabajador de los 17.800.000 que aún quedan en España, se debe hacer cargo al año de su sueldo de 2.800 tan sólo de intereses de deuda.

No es que nos rebelemos y no queramos, es que ni siendo sumisos votantes del PP, de esos que dejan de comer para pagar la hipoteca podemos dedicar ese dinero anualmente para pagar intereses de deuda.

Y cuanto más se precarice el mercado laboral, menos podrán destinar los trabajadores al consumo, más se contraerá la economía, menos trabajadores habrá, más aumentará el coste social, más aumentará la deuda y volveremos al inicio del círculo vicioso.

El fin de la revolución industrial, muerta en su propio éxito.

Se habla que la limitación de la humanidad son las materias primas, pero los límites reales son la propia humanidad!!!

*E*staba una mañana Jean Michel reflexionando sobre su negocio, una fábrica de coches francesa de reconocida marca internacional, sobre el devenir de su negocio.

El negocio no iba bien, y no era capaz de entender qué era lo que fallaba.

Hacía más de 60 años que fabricaban coches. Recordaba visitar la fábrica de pequeño con su padre y verla llena de gente trabajando. Durante su gestión había automatizado el proceso de fabricación al máximo, de manera que eran robots de gran flexibilidad los que fabricaban los coches, de la forma más eficiente posible, y tenía previstas nuevas inversiones en I+D que abaratarían aún más el producto por mejoras en el proceso de producción.

Se acordaba de aquellos primeros coches que producían, bastos, básicos, mientras los de ahora, por el mismo costo incorporaban todos los avances tecnológicos y extras posibles.

También recordaba los augurios de que la escasez de ciertos materiales los encarecería, como así fue, y cómo fue sustituyendo los elementos de aluminio o de hierro en su mayor parte por materiales plásticos biodegradables.

Y empezó a reflexionar. Tenía el coche perfecto, con todos los extras, fabricado por un proceso eficiente y había sabido torear la posibilidad de tener escasez de materias primas para su fabricación. Había seguido todas las recomendaciones de la economía clásica que había estudiado en la universidad. ¿Qué había pasado entonces?

Entonces se dio cuenta de lo que estaba pasando. La famosa crisis de materias primas, esa que provoca guerras por el petróleo en la humanidad, o golpes de estado dirigidos en países para controlar cobre o uranio, no era tan grave, ya que la propia tecnología era capaz de buscar sustitutivos a esas materias primas básicas.

Se dio cuenta que sus clientes tenían un límite de extras que consumir en el coche. Una persona, un consumidor, tiene un límite de consumo. La humanidad tiene un límite de consumo, a partir del cual no puede físicamente consumir más, no tiene capacidad para hacerlo. No puede tener 3 coches porque 2 no usa. No puede tener 6 televisiones porque con la del cuarto y la de la sala le basta. Tiene una capacidad de consumo que limita a la economía.

Y se dio cuenta que lo que no tiene límites es la capacidad de innovación, que siempre se pueden mejorar los procesos. Y que cada vez tenía menos empleados en la empresa, y que por tanto había menos gente con un sueldo en la empresa capaz de comprarse un coche, por lo que una mejora de eficiencia en el proceso que implicara una reducción del coste de mano de obra, redundaría en una disminución de las ventas, con la reducción consiguiente en la producción, reducción de la mano de obra necesaria, y así hasta lograr un nuevo equilibrio.

Se dio cuenta que la revolución industrial había llegado a su fin por haber saturado el mercado posible, y que el avance tecnológico lo único que conseguía era retraer la economía por la saturación del consumo posible.

Esta metáfora nos muestra los dos límites reales de la economía: el límite de consumo material o de elementos fabricados, y el retraimiento por mejora de la eficiencia de los procesos. Si lo extrapolamos a Europa, se ve que estamos en un límite. Europa ya no puede fabricar más coches, porque no hay mercado para venderlos. No puede fabricar más de muchos productos porque se ha llegado al límite. Se mira con avidez a mercados como el chino u otros emergentes, pero estos se saturarán con su propia fabricación.

Los países BRIC (Brasil, Rusia, India y China) son netamente exportadores, pero saben, son conscientes de que su futuro pasa por el mercado interno, ya que en cuanto empiecen a fabricar productos de alto valor añadido como coches de calidad no entrarán en el saturadísimo mercado europeo o americano a no ser que sea mediante intercambio, y para eso precisan tener un mercado interno consolidado.

Se está produciendo una segunda colonización (vemos toda África y Sudamérica llena de chinos) en busca de materias primas, pero ese no es el problema. Los grandes mercados (América, parte de Sudamérica, Europa, Sudeste Asiático y los BRIC) tenderán a saturarse y colapsarse por eficiencia, por lo que hay que buscar una solución.

Y para esas soluciones hay que recurrir al pensamiento humano y al principio básico de la economía. Hay que recurrir al principio de la multiplicación de la economía por el humanismo, y por humanismo no nos referimos a historias raras ni chorradas, sino que hay que buscar el cambio de hábitos de consumo hacia el ocio. Son las humanidades o el ocio (cine, teatro, literatura, viajes, deportes, etc.) las que tienen que hacer crecer la economía.

Y la inversión del estado no tiene que ser en obra pública que ya no lleva a ninguna parte (Europa ya está sobrada de infraestructuras, no nos cabe una autovía más) sino en ocio. Hay que aumentar pensiones. Hay que reducir jornadas laborales y aumentar sueldos para que pueda haber más inversión en ocio, en industrias como la literaria, la turística, la relacionada con el deporte. Hay que reducir la edad de jubilación para poder tener más tiempo libre efectivo para consumir en ocio.

Sorprendente, ¿verdad? ¡Cuéntaselo a un político!

La burbuja de la obsolescencia tecnológica

Steve Jobs llevó hasta la muerte la máxima vive deprisa y deja un bonito cadáver!!

*E*stos días se ha puesto a la venta el nuevo teléfono de Apple y ha sido la releche. A pesar de su coste (700 aurios para un teléfono nos parece una pasada) resulta que se han vendido 9 millones de teléfonos en apenas 3 días, y lo que queda por venir.

La idea de este teléfono es genial desde el punto de vista capitalista, lo mismo que el resto de los llamados teléfonos inteligentes.

Al margen de que seguramente nuestro Jonhy de la NSA nos escucha las llamadas (un saludo, Juanito), de que los fabricantes de virus andan como locos para pirateárnoslo, de que la banca y las compañías telefónicas lo ven como la tarjeta de crédito del futuro (de esos futuros que nunca llegan), lo realmente interesante es la concepción del smartphone.

El teléfono está diseñado bajo una obsolescencia programada. Y de una manera que en ningún otro sector de la economía existe. Tu teléfono se queda antiguo en apenas 2 o 3 años, aunque no lo saques de la caja.

El negocio es redondo. La esencia del teléfono es que todos los días salen nuevas aplicaciones y actualizaciones de las que ya poseemos. Estas aplicaciones se actualizan según se actualiza el sistema operativo de nuestro teléfono, sistema operativo que al actualizarse necesita un móvil más potente.

Y como la tecnología móvil está en fase de madurez, la actualización tecnológica de momento se produce cada poco tiempo. ¿Qué significa esto? Que un número importante de las aplicaciones que tienes en tu móvil dejarán de funcionar en breve en tu móvil, y te verás obligado a actualizar el sistema operativo, tu android o iOSn para que puedan funcionar, y si tu móvil es una antigualla de más de 3 años, ese móvil no soportará la nueva versión de tu sistema operativo.

Y como se trata de un negocio global, olvídate de reciclar tu móvil para que lo utilicen en países del tercer mundo, porque no tendrán aplicaciones en el play store de turno.

Este invento de ese "genio" entre comillas que fue Steve Jobs, que también programó su obsolescencia, viene del mundo de la informática, donde ya se ha vivido esto con las actualizaciones de los PCs y los sistemas operativos... hasta ahora, donde la rapidez en la actualización de microprocesadores ya se ha detenido llegando a su cenit.

Lo mismo que está pasando en el mundo de la informática, en el cual las grandes compañías como Windows languidecen poco a poco, pasará en el mundo de la telefonía móvil inteligente. Se alcanzará el cenit tecnológico en los teléfonos, y cesarán las actualizaciones de hardware, aunque las de software continúen, pero la burbuja tecnológica pinchará.

Todas las burbujas son iguales, la inmobiliaria, la informática, la del fracking, y ésta de los teléfonos móviles. Necesitan un crecimiento exponencial para sobrevivir, ya que viven en el presente necesariamente de los crecimiento futuros, hasta que se alcanza el cenit y explotan, salpicando a los últimos que han invertido, y convirtiéndose en un bien de lujo, como ha pasado en la vivienda.

Y lo mismo pasará con la tecnológica, donde se limitará la capacidad de innovación al encontrarse cubiertos prácticamente todos sus aspectos. ¿Y cuando pasará esto? Pues no lo sabemos, pero no creemos que los móviles aguanten demasiadas actualizaciones cuando ya se están integrando chorradas como el reconocimiento del pezón como sistema de seguridad.

Por cierto, nos llama muchísimo la atención que al tal Jobs se le considere un genio, cuando lo único que ha hecho es montarse en una burbuja tecnológica. Es como hablar del milagro español y Rodrigo Rato. Así nos va, así les irá.

Las políticas de austeridad tienen efectos similares al anarkoliberalismo económico

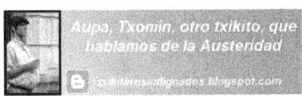

Tanta austeridad nos da la impresión que se trata simplemente de neoliberalismo encubierto

Amo a vé, a los espabilaos de los recortes, los que consideran que es necesario recortar y recortar para poder disminuir el déficit, y que luego sorprendentemente nos encontramos con que a pesar de los recortes sube y sube el déficit y la deuda pública.

¿Cuales son los efectos del gasto público en la economía?

El primero y más importante, el reparto de la riqueza. El sistema sanitario, el sistema educativo, el gasto público en general hace que en cualquier pueblo de cualquier provincia exista un colegio, un consultorio médico.

Y los maestros, los enfermeros, los médicos que trabajan en ellos gastan su sueldo en la zona de trabajo, moviendo la economía en esa zona, un gasto que repercute en zonas donde de otra manera no llegaría.

El segundo, el propio efecto multiplicador del gasto. Los gastos de mantenimiento de los centros de salud, el gasto de los profesores, pasa de unas manos a otras. Este efecto se produce también, pero en menor medida, si los servicios son privados. ¿Por qué? Porque el gasto público no remunera capital, por eso es gasto, y todo el movimiento económico va a parar directamente a la zona donde se realiza el gasto. En cambio, cuando la actividad es privada, hay una parte de la riqueza que se va a remunerar al capital, y éste es volátil, se mueve rápidamente a inversiones a zonas eficientes.

El tercero viene por la solidaridad en los gastos. Quien meno tiene, menos paga, lo cual económicamente es muy interesante, ya que se permite crear una plusvalía repartida entre la población, y esto aumenta más eficientemente el crecimiento económico. Esto se debe a que una persona tiene un límite de gasto. Una persona podrá comprarse un máximo de dos coches, dos casas, y un número determinado de comida, y el resto de su plusvalía va a formar capital, que como ya hemos dicho es volátil. Si la riqueza está más repartida, no se formará tanto capital, pero aumentará el volumen económico.

Por tanto, el gasto público es muy necesario para la economía nacional. El eliminarlo a favor de la gestión privada de los servicios esenciales (Educación, sanidad, seguridad y protección social) tiene como efecto una polarización de la riqueza, el crecimiento de zonas deprimidas y un aumento claro del coste de seguridad interna.

Las fórmulas del anarkoliberalismo proponen el funcionamiento económico sin estado, basado únicamente en la actividad económica privada del capital, en una teoría mediante la cual las actividades que se realizarían serían las más eficientes económicamente hablando.

El anarkoliberalismo necesitaría de un sistema de seguridad para poder dar las mismas oportunidades a todos los inversores, y para garantizar la seguridad a los pudientes frente a los necesitados.

Y el capital y la actividad económica se centraría únicamente en las zonas más eficientes, lo que traería consigo economías marginales y despoblación. así como focos de pobreza y una disminución de la economía debido a que el gasto de las personas en su mayoría se centraría en lo básico, sin capacidad de previsión debido a los gastos inesperados (sanitarios, educativos o de previsión social).

Existen fórmulas eficaces de creación de capital, pero hay que tener en cuenta que el capital migra muy rápidamente hacia zonas de gran eficiencia económica, mientras que las personas tienen una inercia mayor. El capital es necesario para crear la actividad económica, pero los sueldos y rentas de las personas son las que la hacen crecer.

El drama de la inmigración es consecuencia de la globalización.

Por mucho que busquemos, que intentemos justificar, la inmigración es consecuencia directa de la globalización

*O*tra vez una tragedia con cientos de muertos sacude la conciencia de los europeos, que desde su mandamás espiritual, el Papa Francisco, hasta el último de los dirigentes europeos, han mostrado su condena y horror ante lo ocurrido.

Pero como siempre, esto será olvidado con el paso del tiempo, como todas y cada una de las pequeñas tragedias que comienzan en países devastados por la guerra o el expolio y que finalizan en ese foso con tiburones que protege nuestro castillo llamado Mediterráneo.

Pero... ¿por qué se produce esa inmigración? ¿Por qué cientos de miles de personas desean venir a nuestro continente en busca de una oportunidad?

Pues desde el punto de vista económico, la respuesta es sencilla y bien documentada. Ya hace muchos años que se produce este fenómeno.

En una economía común, o entre dos economías que están en contacto, se produce una fagocitación de la economía más débil por parte de la más eficiente. La economía más eficiente busca activamente recursos en la menos eficiente y el crecimiento económico remunera más al capital que a los trabajadores. Esto no es un discurso marxista, sino una realidad económica. La economía remunera al capital y a la mano de obra, amén de otros servicios como materias primas, energía, costes financieros o costes fiscales, entre otros.

El capital busca una inversión rentable, busca obtener la máxima rentabilidad a la inversión. Si el capital invertido en Europa, con la seguridad que ofrecen los mercados, es de un 5%, cuando se invierte en mercados inestables, donde el riesgo es alto, el rendimiento que se busca es de al menos un 15%.

A esto hay que sumar que los costes financieros y energía son muy altos, junto con los logísticos. Por lo que para que alguien dedica acometer una inversión en un país inestable en vez de en Europa necesita saber que ganará más en esa inversión que haciéndola en Europa, y solo le quedan tres costes que reducir: mano de obra, materias primas y costes fiscales.

A poco que se mire, uno se da cuenta que se busca el expolio de los recursos naturales (materia prima barata) en países inestables (nulo coste fiscal) y a costa de una mano de obra muy barata (y sin costes de seguridad). Por tanto, lo que ocurre es que se produce una migración de los recursos naturales, una nula creación de capital y un empobrecimiento general de la población, que al final tiende a emigrar en busca de satisfacción de sus necesidades básicas, y sobre todo porque es desplazada de sus lugares de origen al sustituir su economía por la de mercado, que elimina sus modos de vida.

¿Y a donde emigran? Pues hacia economías más eficientes.

Esto ha pasado en EEUU cuando Europa estaba deprimida por las guerras, en España cuando la economía empezó a crecer y hubo migración del campo a la ciudad y entre regiones enteras, está pasando en Europa desde economías poco eficientes hacia Alemania, y está pasando entre África y Europa.

¿Soluciones? Mientras sigamos pensando que el crecimiento económico crea riqueza y que la riqueza genera trabajo tendremos un exceso de mano de obra y tendremos inmigración. En el momento en el que se cambien las tornas y nos demos cuenta de que es precisamente la mano de obra la que genera consumo y el consumo genera riqueza, o sea, al contrario, veremos a las personas como mercado y allí donde haya una persona pobre habrá una posibilidad de crecimiento y de creación de riqueza.

Y para conseguir eso hay que dar estabilidad social, hay que limitar los movimientos de capital obligando a fijarlo con políticas fiscales adecuadas y sistemas de reparto de riqueza mediante gasto público (los pilares básicos del estado: seguridad, educación, sanidad y protección social), hay que regular los mercados (asegurando inversiones y garantizando accesos a los consumidores) y hay que proteger economías (los inventos de tratados de libre comercio solo favorecen a una de las partes).

Hasta entonces tendremos barcos que crucen el estrecho cargados de materias primas hacia Europa y pateras cargadas de ilegales.

Decimocuarto bloque: Recetas contra la crisis

No todo es criticar y quejarse. Nuestros txikiteros han sido también positivistas, y han propuesto sus propias soluciones contra la crisis.

En algunas tardes de txikiteo intenso han desgranado metodologías, han buscado soluciones y han desarrollado una serie de recetas que consideran imprescindibles para poder salir de esta crisis.

En definitiva, han aportado su grano de arena para que ayudar a nuestros políticos a sacarnos de este agujero.

Luchemos por la insumisión fiscal!!!

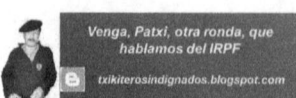

Hostitú que si cogemos todos y vamos a nuestras empresas y pedimos que nos retengan el mínimo de IRPF no pagamos impuestos hasta 2014 y es más efectivo que una huelga general!!!

*H*ay que parar los pies a estos derrochadores, que recortan, recortan y recortan pero siguen gastándose ingentes cantidades de dinero en mausoleos, sueldos de altos cargos, contratos millonarios a empresas fantasmas y miles de gastos superfluos, de los que consideran intocables.

Hay que hacerles saber que NO estamos de acuerdo con la política de recortes que limitan la capacidad de consumo de la gente hasta niveles de supervivencia, y ya se trata de una cuestión de supervivencia.

Vayamos en masa a nuestras empresas y pidamos la retención mínima del IRPF. En vez de adelantar el dinero, nos lo guardamos en el banco, o en casa que a veces es más rentable, o nos lo gastamos y movemos la economía, que hostias.

Forcemos una salida. Si no quieren salvar el país, que se larguen, pero que no lo hagan con nuestro dinero, que bastante tenemos nosotros con pagar nuestras deudas como para pagar los desmanes de nuestros políticos.

Pongamos fin a esto, insumisión fiscal, NO CON NUESTRO DINERO!!!

Pues que nos atrevemos a hacer lo que no se atreve el gobierno, proponer un plan de empleo, aibalahostia

Anda no me jodas que tenemos que solucionar el problema del paro a base de txikitos, torpes son estos del gobierno!!!

Analicemos el problema. Tenemos 6 MM de parados, un buen número de ellos cobran el subsidio de desempleo y bastante la prestación social, esa que se da cuando se acaba el subsidio.

La mayor parte de la masa social que compone ese desempleo son desempleados de avanzada edad y sin formación, difícilmente colocables.

Tenemos unas infraestructuras aburridas, y dos elementos que están engordando y felices de no hacer nada, que se llaman Banco Malo o SAREB y la banca rescatada.

Pues bien. Nuestra propuesta. Atraer empresas y emprendedores y ofrecerles las siguientes posibilidades:

1) Mano de obra barata, a coste de subsidio de desempleo, durante dos años, sin pagar Seguridad Social, a cambio de contratos indefinidos a partir de esos dos años, procedentes de las listas del paro.

2) Suelo industrial y naves industriales en régimen de alquiler con opción a compra, procedente de del SAREB

3) Créditos baratos a la inversión procedentes de la banca rescatada.

A cambio se pide.

1) Aval que responda por los costes derivados de los dos años de oferta más un 50% en concepto de indemnización en caso de que la empresa cierre antes de los 5 años.

2) Empresas orientados hacia el sector industrial que se conviertan en tractoras comarcales.

3) Que el producto se dedique mayoritariamente al mercado exterior para no hacer competencia a empresas locales.

Esta es una de las propuestas de empleo, empleo orientado principalmente al sector industrial, que creemos que es el que crea riqueza sostenible y hacia el que se debe orientar el país.

Hemos dicho.

Ahora, las pegas, os las esperamos.

Hay que cambiar el modelo democrático, esta en nuestra propuesta

Es la hostia, les votas y desaparecen durante 4 años, que paice que hemos dejau de existir.

*H*ay que cambiar el modelo democrático, desde la base. Hay tres posibilidades para hacerlo.

1) Reagruparse desde la izquierda

No creemos que sea el mejor modelo para acceder al gobierno, ya que sólo se recoge una parte sesgada de la sensibilidad política de este país. Los recortes de Rajoy, la privatización masiva, la gestión de la deuda de la banca no solo atañe a la izquierda.

En este país hay 11 millones de votantes del PP, no lo olvidemos, a los que hay que darles una salida. ¿Alguien se cree que los votantes del PP están de acuerdo en lo que está haciendo Mariano? Eso no se lo creen ni en Génova, si fuera así no tendría sentido protestar, ya que las urnas volverán a dar el poder al PP, y validarían su política.

Es un error pensar que sólo la izquierda está indignada.

2) Agruparse en partidos estilo el 5 estrellas italiano

Crear un partido político nuevo antisistema tampoco es una solución. En Italia se va a ver que son como agua de mayo, y que aunque puedan presentar muchas iniciativas, la agrupación de todas ellas en una misma corriente ideológica es inviable.

Es un poco lo que ocurre con UPyD que agrupa desde la ultraderecha reaccionaria centralista antinacionalista feroz hasta la izquierda proabortista y anticlerical (aunque en este caso se callan, no puedan perder votos del otro lado, que el antinacionalismo está de moda y les da votos).

3) Actuar mediante ILPs

Creemos que es la forma correcta de actuar, por sectores y mediante Iniciativas Legislativas Populares. Estas iniciativas deben partir de los afectados y mandarse a debatir ya en forma de borrador de proyecto de ley, valorando pros y contras, al parlamento. Es el parlamento las que las debe debatir y aprobar o no para tramitarlas como leyes orgánicas para que perduren en el tiempo y no puedan ser modificadas a su antojo.

Pero eso sí, en el caso de que el parlamento no decida darlas luz verde, deberá justificar el por qué no las aprueba, existiendo el derecho a réplica en casos extremos mediante referéndum, que estamos en democracia.

Y es importante, siempre desde el punto de vista positivo, no vale ya tan solo llorar y quejarse, hay que aportar soluciones. Es importante que nos dejen de tomar por una masa aborregada semiidiotizada y nos vean como lo que somos, un pueblo inteligente con una capacidad intelectual muy por encima de los políticos que nos gobiernan.

Eso sí, hay que realizar bastantes cambios tanto en la mentalidad como en la funcionalidad del parlamento para que esto funcione. Y para ello hay que dar un paso importante:

- Eliminar la disciplina de voto.

Y no solo en el parlamento, sino desde el nivel básico democrático, o sea, desde las instituciones locales, provinciales y autonómicas hasta la nacional.

Hay posibilidades de crecimiento en España, pero no así

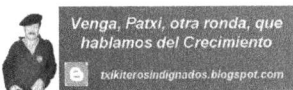

Parece mentira que tanto analista en el gobierno no sea capaz de ver que es el empleo el que traerá crecimiento y no al revés!!!

La verdad que lo hemos dicho muchas veces, y es que es algo que ya es de cajón. España debe dar de una vez un paso hacia la madurez y aceptar donde se encuentra. Y aceptar eso significa que de una vez por todas debe olvidarse de ofrecer mano de obra barata al mundo y potenciar el mercado interno.

Los mercados evolucionan. Llevamos muchos años de experiencia para saber cómo es esa evolución. Las experiencias del sudeste asiático empezando por Japón, siguiendo por Corea del Sur y acabando por China son suficientemente representativos como para saber cómo evoluciona un mercado.

En los países donde no hay un mercado interno claramente establecido (cómo es el caso de los BRIC) que ocupe a la totalidad de la población se produce un rápido crecimiento al emplear a inmensas masas poblacionales con derechos laborales mermados como mano de obra barata.

Al ir accediendo la mayor parte de la población al mercado laboral se produce un cambio importante, una nueva evolución, donde los derechos laborales van cobrando fuerza y el aumento de sueldos y salarios encarece el coste de mano de obra, y se ralentiza el crecimiento. Entonces aparece un nuevo problema, el de los mercados muy maduros, como el japonés, donde el envejecimiento poblacional, la supereficiencia de la producción y la saturación del consumo contraen el mercado.

Pero en los mercados en crecimiento, la mano de obra barata favorece las exportaciones y el crecimiento, y la falta y necesidad de infraestructuras moviliza un mercado interno gracias a la inversión pública.

En España tenemos mano de obra barata por el alto índice de paro, pero dos problemas importantes:

1) No podemos competir con los BRIC por la falta de liquidez en el mercado y por los altos costos operativos del país.

2) No podemos movilizar el mercado interno de infraestructuras por que ya las tenemos hechas.

¿Cómo solucionar este problema? Pues lo último ultimísimo que hay que hacer es cargarte el consumo con precarizaciones en los consumidores, o sea, trabajadores y clases pasivas. La inversión pública debe ir encaminada a la protección de las clases pasivas, o sea, los pensionistas, canalizando la movilización de la economía a través de ellos.

El Estado debe trabajar en fomentar los fondos de pensiones, y a éstos como forma de inversión en capital en empresas creadoras de empleo. Y es ese empleo el que hará crecer ese fondo de pensiones, y es el rendimiento de los fondos de pensiones el que debe mantener las pensiones, y son estas pensiones las que deben hacer crecer el consumo y por tanto la economía.

En resumen. Hay que fomentar nuestro fondo de pensiones. Este fondo de pensiones es el que invertirá en empresas, en creación de empleo. Y es la creación de empleo la que hará crecer el consumo, aumentará el fondo de pensiones y habrá más capacidad de inversión. Y el rendimiento de estas inversiones es el que se reparte entre los pensionistas para aumentar el consumo, y con ello favorecer el crecimiento económico, la creación de empleo, el crecimiento del fondo de pensiones y la capacidad de inversión.

Potencial tenemos, pero... ¿Qué se ha hecho? Emitir dinero gratis desde el BCE para que se financie la banca, que a su vez compra deuda de los estados, mientras que se reduce la capacidad de consumo de los ciudadanos por reducción de pensiones y aumento de impuestos, así como precariedad e inseguridad laboral. Y como se contrae la economía, la emisión gratuita de euros desde el BCE se paga con el aumento de la deuda.

Primera extirpación del cáncer de la corrupción, la función pública

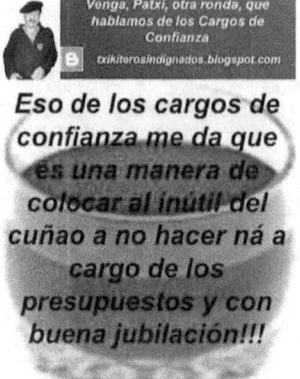

Eso de los cargos de confianza me da que es una manera de colocar al inútil del cuñao a no hacer ná a cargo de los presupuestos y con buena jubilación!!!

*H*oy vamos a hablar de la función pública pero sólo de los cargos de confianza. Esos altos cargos que aparecen desde la gestión de Osakidetza hasta el supervisor del equipo de limpieza de un ayuntamiento de 4 caseríos del Goiherri.

Y la primera pregunta que nos viene a la cabeza es... ¿Son realmente necesarios? La primera respuesta que nos viene a la cabeza es que no, simplemente porque hasta ahora la inmensa mayoría de los cargos de confianza no tienen la preparación necesaria para el cargo que les encomiendan y en cambio, el sistema que supervisan funciona, y muchas veces no sin ellos, sino lo que es más grave, a pesar de ellos.

Por tanto, hay que replantearse uno a uno cada uno de esos cargos de la función pública, para ver si son realmente necesarios.

Una vez que hemos quitado un porrón de esos "altos cargos" o puestos sin sentido, o sea, hemos mandado a un puñao de cuñaos al paro, nos hacemos la siguiente pregunta. ¿Quien debe acceder a esos cargos?

En muchos de esos casos, los propios funcionarios que llevan a cabo el servicio pueden gestionar su servicio, y de mejor manera que un "alto cargo" de forma rotativa, sin necesidad de colocar al hijo de la Juani, que siempre ha votado al partido y el chaval está en paro. Este caso se puede extender a Osakidetza, donde de repente han proliferado un montón de "jefes de equipo" en los centros de salud colocados por "centrales", médicos en su mayoría que no tenían ni el MIR y mucho menos plaza en la OPE, médicos que cogen un cupo de pacientes por los que cobran pero que no atienden ya que tienen que atender a sus obligaciones de "jefe de equipo", labor que tradicionalmente la habían llevado hasta hace pocos años los propios médicos y enfermeras del centro de salud sin dejar de atender sus funciones propias de su puesto.

Esos cargos claramente se pueden eliminar y ser ejercidos por funcionarios del servicio, pero hay otros un poco más complejos. Por ejemplo. ¿Quien dirige un polígono industrial? ¿Quien decide las nuevas inversiones y gestiona el mantenimiento y seguridad de ese polígono?

Pues entendemos que José, el primo de la Mari, la mujer del concejal de urbanismo no es el más preparado. Para esos casos lo mejor es realizar un estatuto del puesto en el cual se puedan presentar candidatos en listas abiertas, o sea, aparte de los propuestos por los partidos políticos de turno y asociaciones empresariales y sindicales, otros que realmente estén preparados, y que sean valorados en libre elección por las fuerzas sociales dependientes de ese puesto.

Y las fuerzas sociales por ejemplo de un polígono industrial serán las empresas que lo componen, que son las que saben de las necesidades y carencias que tiene, y los usuarios de los servicios, que serán mayoritariamente los trabajadores de esas empresas.

¿Y el ayuntamiento al que pertenece? Pues su peso será mínimo, tan solo por el asunto de la financiación del polígono. Y la figura elegida por el polígono tendrá que negociar las nuevas inversiones con él, tanto como normativa urbanística como en temas financieros, lo mismo que estos últimos los negociará con los bancos y otras entidades que pudieran financiar, incluso con las empresas, pero ya trabajando desde la transparencia.

Ya nos hemos cargado a la mayoría de los cargos de confianza. Y ahora... ¿por qué no nos atrevemos a dar un último paso? El de restar poder de decisión a la cabeza. ¿Por qué no el director general de EITB, dependiente directamente del consejero correspondiente, no puede trabajar en un gabinete en el que se representen las diferentes fuerzas implicadas en Osakidetza? O lo que es lo mismo, que en las decisiones del Ente no sólo intervenga el Gobierno Vasco, sino los diversos centros territoriales, representantes de los trabajadores y usuarios.

Dice Patxi que sería un tema muy complicado, que no funcionaría, pero Txomin afirma que hay países como EEUU en los que se elige por votación ciudadana hasta al Sheriff del Condado, que lo único que nos falta es cultura democrática, que como nos hemos acostumbrado a que deciden por nosotros, pues agachamos la cabeza aborregados y no queremos saber.

Pero eliminar a los cargos de confianza es una manera de eliminar ese cáncer de la corrupción que está tan metido en nuestra sociedad. Si les echamos del enchufismo y les quitamos el acceso a las cajas de ahorro, sólo accederán a la política los que realmente crean en ella y no en llevarse millones a Suiza.

Sí se puede salir de la crisis, pero sentándose a verlas venir y esperar órdenes de fuera, NO!

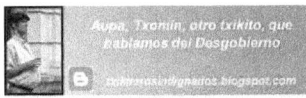

Estos han cogido la táctica de que aunque vaya mal es mejor no tocarlo, no sea que explote, y a buscar a quien echar la culpa del desaguisado!!!

*E*l Capitán de Fragata Jonh McKeijan reúne en el puente de su destartalado navío a sus hombres. La población civil sigue expectante el discurso desde el muelle. Alaba a sus segundos, a pesar de que en ciertos momentos han mostrado rebeldía y han cometido errores. Confía en ellos, y sabe que responderán en situaciones límites.

Es consciente que se tiene que enfrentar con su buque de guerra a una impresionante armada extraterrestre con sus rayos láser, misiles de plasma y demás chorradas, pero consigue la confianza de sus hombres y de la población que despide a la agujereada embarcación entre vítores cuando abandona el puerto a sabiendas de que aquel barco con dos escopetas de caza y un único misil utilizable es su única esperanza para acabar con la invasión marciana que amenaza con exterminarlos.

Esta imagen típica de película estadounidense tiene su paralelismo con la situación española, pero con alguna que otra diferencia. En primer lugar, los guionistas no están con nosotros, sino que se sitúan principalmente en Suiza y en la City. Por otro lado, el capitán Mariano no reprueba a sus segundos de a bordo, a pesar de haber realizado impresionantes cagadas, tanto los chicos el del Guindo y el del Toro, como las chicas, la Mato y la de la Virgen del Rocío. En segundo lugar, Mariano no sólo no sale con el barco a solucionar el problema, sino que se queda fumando el puro y nos manda a luchar a todos los demás en pesqueros y con escopetas de postas en un impresionante sálvese quien pueda.

Y lo más duro, cómo si de un gobierno de Vichy se tratara acepta las condiciones de la rendición, con la deuda admitida hacia el invasor (900.000 MM de nada más y nada menos) y n os intenta alegrar el día diciendo que ya ha llegado a un acuerdo con Alemania para vender las pocas empresas que pudieran ser rentables a ese país (nos lo ha disfrazado con una especie de acuerdo para que las empresas alemanas "financien el capital" de PYMES españolas que pudieran ser rentables, y en mi pueblo, el que "financia el capital social" de la empresa es el dueño de la empresa).

Sin embargo, ya lo hemos dicho muchas veces. Hay opciones para el crecimiento y la creación de empleo, pero así, NO. No se puede fabricar dinero en el BCE para financiar a la banca al 1% y que ésta se dedique a comprar deuda al 5%, mientras que la deuda se destina a comprar activos tóxicos de esa misma banca.

No se pueden hacer reformas laborales que colapsen el mercado interno, favorezcan la inseguridad del consumidor, y agotar los fondos de pensiones. No se puede crear crispación social y dar la impresión de ser imbécil integral para arreglar los problemas del país pero muy listo para los del propio partido.

Tenemos un impresionante mercado potencial de 6.200.000 personas que están en el paro, y que hay que meterlos en el sistema para que produzcan crecimiento. Estas personas compran productos básicos como pan, leche, ropa. Estas personas compran bienes de consumo como internet, móviles, coches, balones de fútbol. Y estas personas tienen la capacidad suficiente como para fabricar esos móviles, esos coches, esos balones de fútbol, esos aerogeneradores, esa máquina herramienta, esos laminados de acero.

Hay que romper el camino del dinero. El BCE no puede emitir eternamente moneda a costa de la deuda de los estados que jamás se pagará. El camino del endeudamiento no tiene sentido. En economías eficientes como la japonesa la deuda llega a ser ya un

240% del PIB, y eso que los japoneses no pagan intereses por la deuda.

Hay que invertir en crear empleo. El empleo traerá crecimiento, y traerá mercado. Colocar esos 6.200.000 personas en el mercado laboral de forma eficiente puede suponer a medio plazo un incremento del PIB brutal. Pero no vale hacer aeropuertos. Infraestructuras las justas, que ya nos sobran. Hay que invertir en capital y cambiar la infraestructura de país:

1) Modificando la estructura democrática del país, hacia una democracia basada en el valor de la ILP frente a la partidocracia actual, sacando a los políticos totalmente de la función pública y de la banca, así como la creación de leyes orgánicas frente al decreto ley, que permita dar estabilidad legislativa al sistema.

2) Nueva regulación de las pensiones, creando un fondo que NO invierta en deuda pública sino directamente en empresas.

3) Articulando un camino de avales oficiales a la concesión de crédito a empresas financiando I+D+i y circulante para mejora de exportaciones y avales a créditos a la implantación de empresas tractoras.

4) Realizando una nueva regulación financiera que penalice a la banca rescatada en aras de recuperar las ayudas, potencie el crédito inversor y penalice el hipotecario.

5) Cambiando totalmente el concepto del INEM de ser un instituto de estadística a una organización de empleo que regule y proteja los convenios colectivos, y que sea el facilitador de mano de obra al mercado laboral.

6) Cambiando completamente el concepto del "banco malo" para que éste sirva de donante de polígonos industriales y de locales para facilitar la implantación de nuevas empresas creadoras de empleo.

7) Sacando del sistema de financiación pública a organizaciones anacrónicas como la Iglesia o la Monarquía. Buscar fuentes de autosostenimiento de ambas instituciones.

8) Mantener los cuatro pilares básicos del estado como Educación, Sanidad, Pensiones y Seguridad. Crear impuestos directos a empresas y trabajadores para los tres primeros (lo mismo que existe una cuota a la Seguridad Social para financiar Sanidad y Pensiones, crear una nueva para mantenimiento de la Educación, ya hablaremos de ella) mientras que la cuarta vaya a los presupuestos generales del estado.

9) Una moratoria sobre los intereses de la deuda. Financiar al estado directamente desde el BCE a través del Banco de España, y no de la banca tradicional, para romper el círculo vicioso de la deuda pública.

10) Reestructuración de las comunidades autónomas, aboliendo los estatutos de autonomía actuales por otros más flexibles en aras de la horizontalidad del sistema y las relaciones intercomunidades. Se ha pervertido el sistema inicial, ese que pretendía una descentralización del estado por la creación de una supercentralización ya que para las comunicaciones entre comunidades autónomas se debe recurrir al estado central.

Como se puede hacer, hay mucho que hacer, y no son políticas ni de izquierdas ni de derechas, sino políticas económicas en aras de salir de este agujero. O sea, parafraseando a los nazis proetarras que no piensan en los niños, SÍ SE PUEDE!!!!

Primera receta, Regeneración democrática

Vamos a desgranar una a una las 10 recetas que hemos comentado en el post anterior para salir de la crisis.

En este caso vamos a empezar por la regeneración democrática. Es la más difícil porque supone eliminar el poder de quienes tienen que proceder a esa regeneración.

Para conseguirlo hay que seguir una serie de recomendaciones básicas:

1) Se debe eliminar todo cargo político o de confianza de la función pública.

Los políticos se han convertido en un cáncer de la administración. Miles de cargos a dedo toman decisiones por encima de los funcionarios. Hay una brecha muy importante entre éstos y los políticos, que toman decisiones al margen de ellos, cuando son ellos realmente los que gestionan esa función pública. No son necesarios para que la Administración Pública cumpla con su función, por lo que deben desaparecer.

Los cargos semipolíticos que deban elegirse se realizarán procurando que sean elegidos entre los funcionarios que dependen de sus decisiones y los usuarios, de la forma más democrática posible.

2) Desaparición total y absoluta de los políticos de las cajas de ahorro. Éstas se deben privatizar, y servir a intereses privados mediante una regulación que evite abusos, y controladas por el Banco de España, como el resto de la banca, pero jamás deberán

ser controladas por ningún político, nunca más.

3) Democracia real, basada en listas abiertas. Los electores deben elegir al político que deseen, no al partido político. Y cada político, pertenezca a la corriente política que pertenezca, deberá mantener su programa político incluso siendo cesado en el caso de que no pudiera cumplir con ese partido político. La financiación de los partidos políticos será abierta y clara, y ningún político electo deberá poder percibir ningún tipo de sobresueldo.

Los sueldos de los políticos no electos se ajustarán al convenio correspondiente y estarán claras.

Y volviendo a su programa político, deberán cumplirlo sin fisuras, ya que para eso han sido elegidos no como gobernantes sino como representantes del pueblo.

4) Cambio de la función del senado, para que funcione como cámara territorial donde estén representadas las comunidades autónomas. Perderá poder legislativo aunque podrá presentar iniciativas legislativas al congreso. Su regeneración se corresponderá a los cambios que se propondrán más adelante con las comunidades autónomas.

5) Potenciación de las leyes orgánicas frente a los reales decretos. Para poder legislar una ley orgánica se deberá contar con el respaldo de todos o casi todos los grupos de la cámara y no se podrá modificar la ley en un determinado tiempo, con el fin de dar estabilidad legislativa al estado.

6) Modificación del sistema judicial, eliminando la Audiencia Nacional, en aras de fomentar la independencia de la justicia. El tribunal constitucional tendrá carácter consultivo, aunque podrá vetar sentencias en caso de detectarse inconstitucionalidad.

7) Adecuación de la Constitución al nuevo marco democrático, realizando las modificaciones que sean necesarias.

8) Legislación relativa a la tramitación efectiva de ILPs, Iniciativa Legislativas Populares, de manera que el pueblo pueda manifestar sus inquietudes, y éstas puedan ser legisladas en su caso sin que sean prostituidas por los políticos como está pasando en la actualidad.

Hay mucho más por hacer, pero si se siguen estas líneas básicas de trabajo se podrá dar seriedad al estado y estabilidad. Hay que romper con muchas cosas. Hay que dar salida a 10 millones de votantes cautivos del PP y hay que dar una estabilidad legislativa que ahora no existe. No se puede estar pendiente todos los viernes de la nueva putada que nos depara el consejo de ministros, ni aguantar a miles de políticos corruptos que volverán a ser elegidos porque no hay alternativa.

Hay que hacer una regeneración profunda de las instituciones de este país, y dar confianza a los ciudadanos, y estabilidad legislativa, que ahora no existe.

Segunda receta, las pensiones.

Venga, Patxi, otra ronda, que hablamos de las Pensiones

txikiterosindignados.blogspot.com

Hoy la segunda receta, la reforma de las pensiones para darle sostenibilidad!!

*E*stos espabilados, aprovechando la crisis, se nos descuelgan con que ya no es sostenible el sistema de pensiones. Y como si fuéramos gilipollas cogen y alargan la edad de jubilación en plena crisis, con la excusa de la crisis.

Creemos que ya vale de tomarnos por idiotas. El número de cotizantes que pasarán en esta crisis (esa que dicen que acaba en 2014) a ser clase pasiva es ínfimo como para que el aumentar la edad de jubilación sea relevante para sacarnos de la crisis.

Lo que sí es relevante es haber "invertido" el fondo de pensiones en deuda pública, una deuda de la que tarde o temprano se hará una quita, quita que afectará al fondo de previsión de la seguridad social, pero de eso, de eso no hablan.

Los fondos de pensiones en las sociedades económicamente avanzadas suponen gran parte del ahorro social, ese ahorro que justifica el endeudamiento de dichas sociedades.

Los fondos de pensiones deben servir como fuente de capital a los fondos de inversión y el rendimiento de esas inversiones es el que paga las pensiones a los cotizantes. Una persona trabaja durante toda su vida y cotiza a ese fondo de pensiones que al final de su vida laboral le devuelve lo cotizado para que pueda vivir cuando no es apto para trabajar.

En España el desastre de los fondos de pensiones es tal que ya no hay ahorro y es deficitario, y las pensiones se cubren por las cotizaciones y de los presupuestos del estado. Y por eso NO es sostenible en la actualidad.

El pacto de Toledo era un remiendo cutre de cómo debe funcionar un fondo de pensiones. La derecha (esa que manda ahora) no quería un fondo de pensiones público y lo quería privatizar, pero accedió al final a crearlo, y la izquierda (la que mandaba entonces) no quería que se invirtiera en capital sino únicamente en deuda pública.

Un fondo de pensiones debe funcionar de la siguiente manera:

1) Las cotizaciones deben crear un fondo de inversión.

2) El fondo de inversión debe ser rentable. Para ello debe realizar inversiones en capital, ya que esas inversiones en capital son las que crean empleo y sostienen el sistema.

3) Sin embargo, los fondos de pensiones no deben correr demasiado riesgo, por lo que su correcto funcionamiento no es invertirse en bolsa, sino que lo más sensato es que se centre en dar avales para créditos a capital creador de empleo, I+D+i e inversión en deuda pública segura.

Con esa sencilla receta el volumen de capital procedente de los fondos de pensiones rentará de forma sostenible ya que fortalece la creación de empleo, y por tanto, aumenta el número de cotizantes, y por tanto el volumen de capital.

Y no nos estamos inventando nada, que así es como funcionan la mayoría de las sociedades económicamente avanzadas.

¿Y la recuperación del capital? Sencillo, cada cual en función de su volumen de cotización mediante tablas específicas.

¿Y los fondos de pensiones privados? Complementarios. Es innegable la capacidad de crear capital e inversión de los fondos de pensiones, tanto públicos como privados, ya que suponen el ahorro de la sociedad, ahorro que compensa el endeudamiento. Quien cotice a un fondo de pensión complementario privado, debería poder desgravarse en su declaración de la renta esa cotización.

Tercera receta, la inversión pública

Hoy la tercera receta, la inversión pública, esa que tiene que dar el primer empujón a la generación de empleo!!!

*H*ay que dar un empujoncito al inicio de la creación de empleo, y lo más clásico es la inversión pública. Esa técnica es tradicional, es lo que desde tiempos del generalísimo por la gracia de Dios (gracioso el tal Dios) se ha hecho, primero con el inefable inaugurando pantanos, seguido por Felipe González con sus autovías y grandes fastos como el mundial o la expo de Sevilla, seguido por Aznar y Zapatero con sus trenes de alta velocidad.

Es más, es lo que intentó en su día Zapatero con su plan E famoso, pero cometiendo un gran error. En estos momentos España está saturada de inversiones. En tiempos cuando se hacía un pantano la producción de electricidad y la mejora del campo por regadíos justificaba la inversión.

Hoy en día hacer un aeropuerto en el que no aterrizan aviones, autopistas en las que crece la hierba y hay que rescatar o AVEs a ninguna parte no tiene sentido, por lo que hay que reconducir la inversión pública.

Y esa inversión pública debe dedicarse a la creación de empleo. Y los fondos para inversión pública deben recuperarse en inversiones rentables. Y la rentabilidad de los fondos invertidos deben dedicarse a la sostenibilidad del sistema de pensiones, como se ha indicado en el post anterior, ya que es precisamente el fondo de pensión el que aportará capital de parte de sus aportaciones.

¿Y cómo realizar esta quimera? Sencillo:

1) El fondo de pensiones aportará avales (con un costo, obviamente) a la financiación al capital privado para industrias

tractoras creadoras no solo de empleo sino de valor añadido. Hay que analizar los sectores más interesantes y hacer una buena segmentación de la industria en España, teniendo en cuenta la industria del ocio como la que creará una realimentación de inversiones desde las clases pasivas hacia las trabajadoras cotizantes, la industria de alto valor añadido como mantenedora del capital (fabricación de maquinaria compleja relacionada con las energías renovables, vehículos eléctricos, sector energético, bioquímica y farmacia, etc...), la industria pesada básica como sostenimiento del país (acería y química) y el sector primario como reserva (agricultura de alto valor añadido como biocombustibles, recuperación del valor ecológico del cereal y la ganadería, concentración del sector invernadero, potenciación del valor añadido del vino y aceite y potenciación del sector pesquero como fuente de crecimiento de industria auxiliar de astilleros)

2) Se recuperarán las subvenciones y créditos subvencionados a la I+D+i como base de creación de industria de alto valor añadido. Esto se complementará con la creación de polos de crecimiento, como se señalará en la reforma de las comunidades autónomas, más adelante. En este caso los fondos de pensiones seguirán actuando como aval a los créditos.

3) Se creará infraestructura industrial a través del banco malo, ese que puede proporcionar suelo industrial y de la banca tradicional a través de renting o leasing, con el aval de los fondos de pensiones, para facilitar la compra de maquinaria.

4) Y será el INEM quien proporcionará la mano de obra, abaratando inicialmente el coste de la misma pagando al trabajador su subsidio de desempleo, que será complementado hasta convenio por parte de la empresa.

En resumen, el licitar obra pública en estos momentos tiene la dificultad de encontrar infraestructuras necesarias en el país y que tengan una rentabilidad como para además de mover la economía, recuperar la inversión.

Hace unos días el impresentable de UPyD, ya sabemos de quien hablamos, se descolgaba con un twuit diciendo que el 70% de las inversiones realizadas por el Plan E no eran necesarias. Amo a vé. El comunismo hace inversiones necesarias, pero no tienen por qué ser rentables. El liberalismo hace inversiones rentables, que no tienen que ser necesarias. En estos momentos en los que el capital es un bien escaso hay que hacer inversiones rentables, ya que es muy difícil encontrar inversiones necesarias ya que tenemos toda la infraestructura hecha.

El error del Plan E no fue el realizar inversiones no necesarias, sino el que la rentabilidad de muchas de esas inversiones era muy dudosa. El plan hubiera estado bien y se hubiera justificado en una crisis de un año, pero simplemente sirvió para crear mayor agujero ya que muchos fondos se destinaron para pagar antiguas pellas, y al tratarse de mini-inversiones no tuvo un impacto macroeconómico claro.

Por último, señalar que esto también se debe complementar con la rotura del ciclo del dinero, BCE->Sector Financiero->Deuda pública->Reducción del déficit

Cuarta receta, reforma financiera

La banca en este país ha sido saneada con más de 200.000 MM de   entre los dos rescates, el que hizo Zapatero en 2009 y el de Rajoy en 2012 y con el banco malo, creado en 2012.

Ahora hay que trabajar en dos líneas de trabajo. La primera, para que no se vuelva a repetir, y la segunda, para que devuelvan el rescate.

Entre las segundas, toda entidad rescatada deberá crear un fondo de reserva para devolver el rescate. No podrá repartir dividendos, salvo los procedentes de bonificaciones que se detallan más adelante, hasta que hayan devuelto el rescate completamente con sus intereses, por supuesto.

Y ese fondo se mantendrá aún en el caso de que sean absorbidas por otra entidad, que será la que se deba hacer cargo de dicha deuda contraída con el país y sus ciudadanos.

Pero hay que evitar que vuelva a pasar lo que ha ocurrido, y para ello hay que parar la burbuja de la deuda pública. Ninguna entidad financiera podrá comprar deuda pública ni negociar con ella, ya que como se expondrá más adelante, tan solo el Banco de España financiará la deuda del país a través del BCE si éste quiere, o realizando sus propias emisiones de euros al interés del BCE si los europeos se ponen tontos. Por cierto, ¿alguien sabe donde está el BEI, Banco Europeo de Inversiones? Desaparecida en combate, una de las herramientas que deberían haber luchado contra la crisis.

Una vez roto el ciclo del dinero, ese que nos está llevando de cabeza a una nueva burbuja, la de la deuda, que no tardará en explotar de seguir así, hay que trabajar en dos caminos:

1) Penalizando el crédito hipotecario. Este tipo de crédito deberá crear una reserva aparte con referencia al activo hipotecado, ya que es un tipo de crédito que únicamente trae dinero del futuro al presente, reparte beneficios inicialmente procedente de los intereses, que al principio se pagan mucho, pero deja el riesgo para el final. Aparte de eso, en este tipo de créditos se utilizará un coeficiente de caja elevado, superior al 10%, para disminuir los riesgos. Además se complementará con una reforma del sistema hipotecario, eliminando la posibilidad de desahucios en primera vivienda, eliminando la posibilidad de la dación en pago y facilitando la acción de la justicia para el cobro de morosidades, de manera que no haya picaresca ni por parte de los hipotecados ni abusos por parte de la banca.

2) Facilitando el crédito a la inversión. Este tipo de crédito podrá crear beneficios al margen de la reserva para devolver el rescate. El crédito industrial podrá estar avalado por el estado a través de los fondos de pensiones, en cuyo caso limitará los tipos de interés, o podrá ser libre, sin ese aval. De esa manera se fomenta también el crédito sin aval. Si por ejemplo se limita el crédito con aval al 3% de intereses, y el aval tiene un coste del 2%, la banca tendrá un margen hasta el 5% para actuar directamente y sin limitaciones con las empresas. El Banco de España limitará el volumen del crédito que puede conceder cada entidad, y a partir de ese volumen se impondrán mecanismos de control. En este caso el coeficiente de caja puede ser más bajo, del orden del 2%.

Se facilitará y regulará la entrada en el sistema financiero de dos paquetes importantes, los fondos de inversión y las compañías de seguros. Entre los primeros se vigilará y regulará especialmente su actuación en empresas, considerándose incluso delito determinadas actuaciones como el acceso a empresas para su desmantelamiento por partes si no se garantiza su continuidad y los empleos de los trabajadores y de los segundos regulándose los cobros abusivos en determinadas pólizas.

El Banco de España será garante del buen funcionamiento del

sistema financiero, y a este banco deberán rendir cuentas de depósitos y riesgos, y será este banco el que determine el riesgo que puede tener cada entidad, y quien determine en función del funcionamiento de la economía los intereses máximos a aplicar, junto con los coeficientes de caja.

Y sobre todo, una auditoria completa de los últimos 30 años de todas las cajas de ahorro para determinar las responsabilidades políticas de su mala gestión y su completa y absoluta privatización, fuera de las manos de los políticos, que ya funcionarán bajo una estrecha regulación.

Quinta receta, reforma del INEM

Venga, Patxi, otra ronda, que hablamos del INEM
txikiterosindignados.blogspot.com

Presentando la quinta receta, la recuperación del INEM como fuente de creación de empleo

*H*ay que recuperar el INEM como un organismo creador de empleo, no como ahora, que es tan solo una oficina de anuncios por palabras que tan sólo sirve para crear estadísticas.

Ahora no se está realizando ninguna política de creación de empleo, ya que se está en la creencia errónea que será la economía cuando crezca la que como efecto secundario creará empleo.

Si leemos la chorrada esa que han publicado los del gobierno sobre las "pesimistas" previsiones sobre el futuro de España, se estima un crecimiento del 0'4% para el año que viene (nos imaginamos que gracias a que los parados han hecho caso al telediario de la 1 y se han puesto a rezar todos) pero no se creará empleo hasta el año siguiente, con un crecimiento estimado del 0'9%.

Dejando aparte la política-ficción que supone el milagro de pasar de un crecimiento negativo del -1'4% a un crecimiento del 0'4% así, sin más, como ya no un brote verde, sino como de una florecimiento boscoso se tratara, los economistas del gobierno, de una manera patéticamente estúpida, se basan en sus previsiones (por no llamarlas relleno de casillas de una tabla excel) en la teoría liberal de que el empleo se crea cuando hay crecimiento. Con la contracción del mercado interno provocada por la estúpida política de recortes, ese crecimiento sólo se podría dar por el crecimiento de las exportaciones, y la apuesta de estos espabilados pasa por la flexibilidad del mercado laboral, lo cual no conseguirá ni por asomo hacer crecer el mercado interno.

Hay que cambiar ese estúpido concepto que nos lleva a la ruina, y apostar por el empleo como fuente de crecimiento, y no como estos listos, que apuestan por el crecimiento como fuente de empleo.

¿Y cómo crear empleo? España no necesita infraestructuras, como ya se ha comentado. Ya estamos sobrados de ellas, por lo que un nuevo Plan E o apostar por la obra pública en infraestructuras sólo traerá consigo aumentar el déficit y ahogar la economía.

Pero hay que pensar que cuando un trabajador está desahogado (y sin la espada de Damocles del consejo de ministros de los viernes) una vez que ha gastado su parte correspondiente en necesidades básicas, y retirada la parte destinada a ahorro, el resto lo dedica a consumo, y es ese consumo el que aumenta la economía.

Y 6.200.000 parados más un volumen más de trabajadores ahogados son un potencial enorme de crecimiento. Colocándolas se producirá como efecto secundario el crecimiento de la economía. Pero... ¿cómo colocarlas?

1) Hay que recuperar los convenios colectivos y sectoriales y para evitar la competencia y movilidad de trabajadores de unas zonas a otras mientras exista el problema del paro, estos convenios deben ser además territoriales, de manera que se deban cumplir en el territorio donde se trabaje, aunque sean trabajadores provenientes de otras comunidades o países.

2) Desde los fondos de pensiones se proporcionarán avales a la financiación de empresas tanto de productos de alto valor añadido como de creación de empleo. Se valorarán productos que cubran la demanda interna y tengan el excedente para exportación.

3) Desde el SAREB o Banco Malo se proporcionarán a bajo coste terrenos industriales y se facilitará la reconversión de edificios de viviendas en oficinas a las empresas que deseen establecerse en España

4) Desde líneas de inversión pública se proporcionarán créditos para la adquisición de bienes de equipo, utilizando fórmulas como el renting o el leasing que no consuman crédito a las empresas.

5) Desde el INEM se proporcionará mano de obra, a la que se pagará el subsidio de desempleo durante dos años debiendo la empresa cubrir el resto del salario hasta completar el convenio.

6) Durante 2 años habrá exención de impuesto de sociedades, que aunque no se permitirá repartir beneficios, se creará un fondo de provisión para el cambio.

7) A los 2 años las empresas que se acojan al plan de crecimiento y empleo pagarán los salarios completos y cumplirán con sus obligaciones tributarias. Se establecerán los mecanismos para garantizar que las empresas tendrán al menos los años de vida correspondientes a las ayudas recibidas en su financiación. Estos mecanismos pueden establecerse ya sea por medio de avales o por la intervención de la empresa y su nacionalización en caso de no cumplir con los compromisos adquiridos.

Como curiosidad, y para que no nos tachen de rojos, comunoides o cosas peores, y para que nadie pueda decir que se trata de inventos sin ninguna base sólida, este plan de empleo que presentamos es una variable del que hará unos 10 años emprendió el estado de Virginia, en Estados Unidos, con notables resultados, en una campaña de captación de empresas en la que se involucró el propio Gobernador del Estado, que viajó por el mundo para presentar su plan de crecimiento.

Pero hay que cambiar el chip y pensar que es el empleo el que trae crecimiento, ya que un trabajador desahogado consume y hace crecer la economía, y no es el crecimiento el que trae empleo, ya que en una situación de tanto paro el empleo que se crea es precario y no consume.

Y aunque en algún post hemos hablado de la crisis de consumo, con 6.200.000 parados en España hay mucho camino que recorrer antes de llegar a tener esa tipología de crisis, como la que tiene Japón, que por cierto, es un país inmerso la mencionada crisis de consumo con unas necesidades de crecimiento tales que puede ser uno de los candidatos a implantarse en España con mayor presencia.

Sexta receta, El banco Malo

Nos han endiñado esa gaita del Banco Malo que es simplemente una manera de blanquear las deudas de la banca, cogiendo sus activos "tóxicos" a un precio algo rebajado y dándoles liquidez, liquidez que por cierto invierten oportunamente en deuda pública, deuda que se debe emitir para poder pagar a la banca.

Bien, como eso a todas luces es una estafa, hay que darle la vuelta a la tortilla. Por de pronto, todos los activos por los que se ha otorgado liquidez a la banca, pasarán a ser un pasivo para la banca, o sea, que la banca deberá pagar ese dinero al banco malo, y con los intereses correspondientes, por supuesto.

Lo segundo, ya que se ha dado liquidez a la banca, será esta la que deberá comprar la parte privada del banco malo, que también revisará los intereses que ofrece, ya que eso de garantizar un 15%, pues como que no es de sentido común.

En resumen:

1) Los activos por los que se da liquidez a la banca, esa misma banca se los deberá y con los intereses correspondientes al banco malo, para lo cual deberán crear sus fondos de reserva correspondientes y ya mencionados.

2) Parte de la liquidez que se da a la banca deberá invertirse en la parte privada del banco malo.

3) No se garantizará el rendimiento del banco malo.

Y ahora hay que dar salida a los activos que adquiere el banco malo, y eso se hará vendiéndolos con la devaluación correspondiente si fuera necesario (aunque la deuda que mantienen las entidades financieras con el banco malo se mantendrá sin devaluar) y cediendo terrenos y viviendas reconvertidas a edificios de oficinas a las empresas mencionadas en la receta quinta correspondiente a la inversión pública, que revertirán al banco malo en forma de leasing, renting, alquiler o venta.

De esa manera se da salida al bombazo inmobiliario, y se da una salida a la privatización de la deuda, de la mejor manera posible.

Séptima receta, la Iglesia y la Monarquía

*H*ay dos instituciones que ya nos sobran en este país, la Iglesia y la Monarquía. Son dos instituciones ya lo suficientemente maduras como para que puedan caminar solitas.

A la Iglesia, a grosso modo, hay que empezar por la campaña esa de x tantos, referente a la recaudación de la renta. Simplemente hay que eliminar la casilla de al lado, esa que pone fines sociales. Si alguien quiere aportar parte de sus impuestos a la Iglesia, que lo haga, pero sin sustituir a otros gastos, o lo que es lo mismo, será una aportación que se sumará a los impuestos.

Y a esta recaudación, antes de ingresarla a la Iglesia, se le restarán los correspondientes costes de recaudación por parte del estado. Y serán los únicos fondos que reciba la Iglesia del Estado.

Y pasados unos años esta recaudación la dejará de realizar el Estado, ya que no es su función el recaudar fondos para la Iglesia.

Por otro lado, se revisarán todas y cada una de las inmatriculaciones por las que la Iglesia se ha apropiado de bienes públicos, manteniéndose tan solo aquellas en las que hay acuerdo por parte de los antiguos dueños. Todos los bienes de la Iglesia deberán pagar los impuestos de patrimonio correspondientes.

Por otro lado, la Iglesia podrá acceder a subvenciones del Estado, siempre que estén debidamente justificadas, sobre todo para la restauración y mantenimiento de patrimonio, siempre y cuando se cumplan con las normativas correspondientes a esas subvenciones y al uso que se haga del bien restaurado, y el Estado se reservará el derecho a expropiar bienes a la Iglesia que por su valor artístico y patrimonial sea necesario restaurar y mantener y la Iglesia no se haga cargo de ellos, modificando el uso de dichos bienes para promover un uso social, aparte del religioso.

Una vez separada la Iglesia del Estado completamente, se modificará el estatuto de los trabajadores de manera que no se puedan justificar faltas al trabajo por motivos religiosos, no sea que algún ministro falte a sus funciones por culpa de su asistencia diaria a misa.

Y entonces se acometerá la reforma de la monarquía. No hace falta desposeer al Rey y a sus sucesores de sus títulos, pero cesará su función dentro del Estado. Ya no tendrá poder para sancionar leyes ni decretos y desaparecerá su función como representante del estado.

Se mantendrá su pensión, como trabajador que ha sido, y el príncipe podrá heredar la posición de su padre, en caso de defunción o abdicación, pero sin ningún caso podrá ejercer como rey con las mismas funciones que su padre, sino que cesarán sus funciones públicas.

Se propiciará un proceso de transición durante el cual el príncipe podrá percibir un sueldo a cargo del estado, pero desaparecerá paulatinamente. Se propondrá un impuesto especial a la nobleza española para poder mantener a la monarquía, de la cual podrá estar exento todo aquel que renuncie a sus títulos, con el fin de acabar con esa anacrónica chorrada que representa eso de la nobleza.

Estas dos instituciones de las que nos hemos librado por un lado eliminan una fuente de problemas importante a la democracia y por otro son un ahorro importante a los presupuestos generales del estado.

¿Y por qué nos sobran? Simplemente vamos a darle la vuelta a la pregunta, algo a lo que nos acostumbra mucho la iglesia cuando negamos la existencia de dios... ¿qué nos aportan?

Octava receta, los pilares del estado

Siguiendo con la ayuda al Gobierno a salir de la crisis, hoy le vamos a hablar de forma somera de los pilares básicos del Estado. Consideramos que son cuatro, Educación, Sanidad, Seguridad Social y Seguridad y que deben llevar una consideración fiscal diferenciada.

Ahora la Seguridad Social y relacionada con ella la Sanidad, ya tienen una fiscalidad diferenciada, referente al aporte de cuotas que hacen los trabajadores y empresas a lo que se denomina Seguridad Social.

En el ámbito de la Sanidad, y como se comentará en el apartado de reforma de las comunidades autónomas, se debe basar el servicio en gratuidad, cercanía y rapidez, pero con un presupuesto ajustado, por lo que la colaboración entre comunidades autónomas en especialidades de referencia y oferta de plazas temporales de vivienda para familiares cercanos en caso de ingreso debe ser importante en aras de reducir costes.

Se debe potenciar asimismo la atención primaria como "triaje" de usuarios en aras de reducir costes superfluos por ingresos innecesarios, y la aplicación de técnicas de hospitalización a domicilio se deben potenciar, así como la salida de financiación de medicamentos aquellos que cuenten con un genérico o que su eficacia no esté demostrada, medicamentes que se podrán recomendar, pero no recetar.

La financiación de la Sanidad y de la Seguridad Social, que corresponde a pensiones y subsidios se mantendrá como hasta ahora, por cuotas, y se gestionará como se ha comentado anteriormente. La sanidad pública y privada podrán coexistir lo mismo que los planes de pensiones y previsión privados, y ambos podrán desgravarse de impuestos.

La educación es un tema complejo pero que también hay que garantizar desde el estado, mediante una educación pública en todos los niveles de calidad. El problema de su financiación se solventará como en el caso de la Sanidad mediante una aportación obligatoria de los trabajadores y empresas que se regirá por calificación profesional de los trabajadores y los convenios colectivos, con el fin de poder ajustar la educación ofertada al mercado laboral, tanto en ciencias como en humanidades.

Por último, la Seguridad es algo inherente al estado, tanto en seguridad interior como en defensa. Dependerá de los presupuestos generales del estado y se intentará reordenar el sistema policial, que tanto cuerpo policial incoordinado es peligroso y se reestructurará el ejercito como fuente de protección de los intereses españoles en el mundo, mediante cuerpos de alta movilidad e intervención rápida. Ahora es más interesante tener fragatas en las costas de Somalia apoyadas por algún submarino y miniportaaviones que tanques aparcados en la estepa castellana.

Estos cuatro pilares son irrenunciables y no externalizables, aunque los ataques por parte de entidades adoctrinadoras sobre la educación y por intereses de capital procedente de la cultura del pelotazo sobre sanidad están muy en boga.

Novena receta, la deuda soberana

Amo a vé. Tenemos una deuda soberana que como su propio nombre indica es soberana, pero a cambio de esa deuda, resulta que hemos perdido soberanía.

Lo primero que hay que hacer es ver cual es nuestro papel en Europa. Partimos del análisis de la troyka esa famosa.

Comisión Europea. Es un organismo encargado de velar por el cumplimiento de los compromisos de los países con respecto a la Comunidad Europea. El problema de este organismo en el que participan todos los países con un comisario es que se están obligando a cumplir una serie de acuerdos (déficit sobre todo) que no se ajustan a los tiempos de crisis que corren.

Por otro lado, esta Comisión Europea actúa "independientemente" ya que no tiene un organismo superior que la dirija, y está manejada por Alemania y otros países centroeuropeos que miran por sí mismos y están minando la soberanía de otros países.

La Comisión Europea debería depender del parlamento europeo y los países soberanos tener derecho a veto, ya que los intereses particulares de determinados estados están por encima del interés general centroeuropeo.

La parte financiera de la Comunidad Europea (que no es la Comisión Europea, no nos confundamos) se ha centralizado en el BCE, que es un organismo que lo único que debería hacer es emitir euros y realizar política monetaria acorde a ordenes superiores, pero también va a su bola creando injerencias en los países y no contribuyendo a un modelo de desarrollo. Se deben recuperar el BEI (Banco Europeo de Inversiones) y crear ya un Octavo

Programa Marco no en aras de mejorar la eficiencia de los procesos económicos sino en fortalecer el mercado interno europeo, el común y los locales.

Por último, el FMI no sabemos que pinta en esta fiesta, pero sabemos que sus recomendaciones han hundido a Grecia y han sometido a Portugal e Irlanda en gran medida y a España en menor medida.

O bien se realiza una renovación profunda de la Comunidad Europea o es mejor que estemos fuera, con una revisión de los tipos de interés de la deuda a la baja, una quita del 80% de la deuda, para refinanciar inmediatamente los depósitos españoles, que también se verían mermados por esa quita, una salida progresiva del euro y realizar políticas monetarias para mantener el endeudamiento a coste 0, junto con una política de aranceles sobre productos no fabricados en el mercado nacional.

Lo sentimos por el euro, pero ahora ya es cuestión de supervivencia.

Décima receta, La reforma autonómica

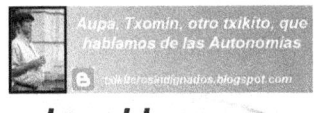

Igual hay que echarle güevos de una vez y admitir que no todas las autonomías son iguales!!!

*E*n la primera receta hablábamos de la regeneración democrática, y basábamos esa regeneración en la eliminación de los cargos de confianza y de la salida de los políticos de las cajas de ahorro.

También comentábamos que las comunidades autónomas se habían convertido en cotos cerrados, en pequeños reinos de taifas sin comunicación con los vecinos, con un gasto extraordinario por duplicidades.

Hay que reformar los estatutos de autonomía de manera que se pueda fomentar la interrelación entre comunidades autónomas. Los planes de crecimiento deben ser globales, de manera que se eviten duplicidades.

Hay que romper el blindaje de las comunidades autónomas mediante una política fiscal de reparto basada en la creación de empleo. Las comunidades que tengan un crecimiento mayor invertirán en comunidades con menos crecimiento para aumentarlo.

Se crearán polos tecnológicos y de crecimiento, y mediante los planes de pensiones se crearán avales para la implantación de industria que cree crecimiento. Se establecerá el reparto de beneficios, de manera que las comunidades que más aporten a las demás, también reciban más beneficios procedentes del crecimiento.

Las relaciones entre comunidades autónomas se establecerán a través del senado, que dejará de ser la cámara baja que no sirve para nada, para convertirse en el motor del crecimiento de las comunidades autónomas.

Esta cámara será la que gestione las duplicidades que en sanidad, educación, seguridad o desarrollo industrial que pudieran producirse, evitándolas, y teniendo potestad para tomar decisiones. Será el senado el que revise la legislación autonómica y en su caso la vete razonadamente en caso de que se produzcan duplicidades innecesarias o haya comunidades autónomas que no puedan hacerse cargo de determinadas transferencias.

La creación de empleo, el desarrollo de polos tecnológicos, las políticas de educación y sanidad y la gestión medioambiental serán competencia de las comunidades autónomas, bajo la supervisión del senado y por encima de él, si éste no funcionara, el congreso.

La justicia no debería ser transferida a las comunidades autónomas, para garantizar su equidad. Los convenios laborales autonómicos serán de aplicación para todos los trabajadores que realicen alguna actividad en dicha comunidad autónoma, y serán excepciones los convenios que deban tener un ámbito nacional, como por ejemplo el transporte.

Esta explicación es muy somera, por la profundidad que requiere, pero en esencia:

1) Reforma del senado como cámara de regulación entre diferentes comunidades, para concretar los acuerdos entre ellas.

2) Dependiendo del senado se creará una comisión nacional al estilo de la comisión europea que será la encargada de vigilar el cumplimiento de los acuerdos. Esta comisión, al contrario de lo que pasa con la europea, dependerá del senado y no tendrá tanta independencia.

3) Desaparición total de los altos cargos y de los políticos de las cajas de ahorro.

4) Potenciación de la relación interautonómica por medio de la educación, sanidad, creación de empleo e I+D+i

5) Determinación anual del gasto de cada comunidad. Las que bajen de ese objetivo de gasto invertirán en la creación de riqueza en las que no cumplan con ese objetivo, obteniendo los beneficios correspondientes. El objetivo es el reparto de la riqueza y el fomento de la inversión pública.

6) Por regla general, salvo excepciones, las subvenciones se reservarán al estado, mientras que la inversión o los avales a la inversión los realizarán las comunidades autónomas a nivel local, utilizando fondos propios o procedentes de otras comunidades autónomas en el caso de que no sean capaces de cumplir el objetivo de gasto.

El objetivo es conseguir el crecimiento y la descentralización efectiva, evitando por un lado las tensiones que produciría el federalismo y por otro la creación de comunidades cerradas con exceso de gasto, como ocurre en la actualidad.

Undécima receta, el mercado eléctrico

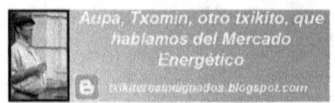

Es alucinante que aunque el problema del sistema eléctrico esté en la subasta eléctrica, los becarios de industria se ceben en el déficit tarifario

*A*unque ya lo hemos comentado en otras ocasiones, el mercado eléctrico español tiene una serie de problemas endémicos. Quizá el principal problema sea que nuestros bienamados políticos acaben su vida útil en una empresa energética.

Aunque el mercado de hidrocarburos es un tema que también hay que tratar, junto con el de telecomunicaciones y algún otro, nos hartaríamos a sacar recetas, y sólo vamos a hablar del mercado eléctrico, y de una manera rápida.

Y el mercado eléctrico es importante ya que la energía eléctrica es determinante en el coste de producción de la mayoría de las empresas. Y la implantación futura del transporte eléctrico aumentará la necesidad de producción eléctrica, disminuirá la dependencia del petróleo y aumentará la penetración de las renovables, por lo que el mercado de hidrocarburos irá desapareciendo en aras del mercado eléctrico.

Ya hemos explicado cómo funciona el mercado eléctrico otras veces como cuando hablamos de las eléctricas.

Las reformas propuestas son:

1) Eliminación del sistema de subasta eléctrica actual, por uno de venta directa a comercializadora por parte de los productores.

2) Creación de sistema de primas y tasas, de manera que a cada tecnología se le sumen los costes medioambientales reales y costes tecnológicos. cada tecnología incorporará sus costes de amortización correspondientes, siendo costes reales, no bajo tasación.

* A los costes de la energía nuclear se le deberá sumar una tasa referente a tratamiento de residuos y desmantelación de centrales

* A los costes de energías convencionales procedentes del carbón o del petróleo se sumarán costes derivados de emisión de CO_2

* A los costes de las energías renovables se añadirá un coste referente al desarrollo de sistemas de almacenamiento de energía.

3) La penetración de las fuentes renovables de energía se regulará en función del desarrollo de sistemas de almacenamiento y buffers.

4) Al coste de venta de cada fuente de energía se sumarán los costes de distribución, que comprenderán los costes de amortización y mantenimiento de redes existentes y costes de desarrollo de mejora en distribución. Además de los costes de amortización se sumarán los costes correspondientes a las primas de régimen especial comprometidas. Se eliminará el impuesto eléctrico.

5) Se potenciará la generación distribuida mediante sistemas de balance neto. El balance neto cuando el sistema de producción se conecte a la red interna del consumidor no pagará tasas de peaje. Cuando el sistema de producción no esté conectado directamente a la red interna del consumidor se establecerá un peaje por uso de líneas, que dependerá del uso que se haga a la red de transporte y distribución.

6) Se facilitará la inclusión de centrales de producción adscritas al régimen especial actual con prima al sistema de balance neto. Las que se sumen a este sistema perderán el derecho a cobrar prima. Podrá hacerse mediante la venta directa de la central al consumidor o a través de comercializadoras. En el caso especial de la solar fotovoltaica, no se perderá el derecho a retribución, pero se establecerá un mecanismo especial.

7) La comercialización será libre y desaparecerán las tarifas. Únicamente se mantendrán las tarifas sociales domésticas en casos

especiales regulados.

8) En el caso de necesitar potenciar nuevas fuentes de energía o de almacenamiento conectadas a la red, se utilizará preferentemente la subvención directa a la instalación que el sistema de primas. Para evitar la picaresca se utilizará un sistema de subvenciones diferido mediante la subvención en cuotas de créditos a largo plazo en vez de una subvención inicial. Estarán fuera de este sistema las subvenciones a sistemas en desarrollo, que se financiarán mediante el programa de I+D+i correspondiente.

9) La CNE velará por el buen funcionamiento del sistema. REE podrá privatizarse en su capital, pero se regulará su gestión, pudiendo el estado intervenir en caso de no cumplir la regulación.

10) Se establecerá como prioritario el desarrollo de sistemas de almacenamiento, financiados a través de la tarifa eléctrica y se establecerán mecanismos para su implantación, con la implantación de una tasa de almacenamiento que retribuirá a los promotores de estos sistemas.

El objetivo de estas reformas son:

- Liberalizar el mercado

- Disminuir la dependencia del petróleo

- Reducir los costes de la energía

- Incrementar la penetración de las energías limpias de una forma sostenible

- Reducir los costes de producción de energía estabilizando el sistema con almacenamiento

- Fomentar la industria de alto valor añadido y exportable de las energías renovables y de almacenamiento energético.

Hay que tener en cuenta que el futuro a medio plaza pasa por el transporte eléctrico, lo que supondrá una mayor demanda de energía eléctrica y una disminución de la dependencia del petróleo por una mayor penetración de las energías renovables que en la actualidad no entran dentro del sistema de hidrocarburos.

Dentro del almacenamiento no se trata únicamente del uso de baterías, sino también de la utilización del hidrógeno. Hay un potencial enorme de almacenamiento de hidrógeno en las líneas de distribución de gas natural, que admite hasta un 30% de hidrógeno en la proporción del gas, por lo que en zonas de gran potencial renovable se puede actuar en producción de hidrógeno que se puede trasladar a otras zonas mezclado con gas natural por los gaseoductos existentes.

Pero como se ve... el cambio de concepto del sistema eléctrico es radical, y como siempre, huimos de los sistemas socialistas o comunistas, basando el cambio en la liberalización de un sistema regulándolo, pero eliminando la práctica monopolística actual, y pensando en los cambios futuros, por lo que las reformas se establecerán en el tiempo para dar estabilidad, pero podrán ser revisadas para evitar situaciones de burbujas.

¿Cómo debe ser un buen gobierno? Aquí lo explicamos.

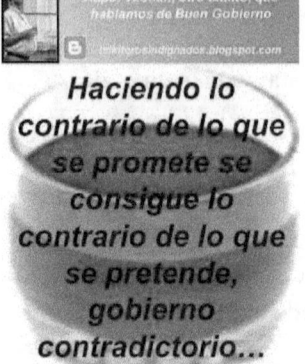

Haciendo lo contrario de lo que se promete se consigue lo contrario de lo que se pretende, gobierno contradictorio...

*H*oy le damos a la Cospe, que es la que parece que da la cara, que el plasma de Rajoy debe estar de gira por el Vaticano o siguiendo a la roja, unas nociones básicas de lo que debe ser un buen gobierno:

- Estabilidad. Un buen gobierno debe dar estabilidad. No se pueden cambiar las reglas del juego cada 6 meses en función del ministrillo de turno. Las líneas básicas del gobierno deben estar perfectamente definidas y acometerlas sin titubeos. Si no... ¿Quién invierte en España con el riesgo de que una inestabilidad legislativa le haga perder su dinero?

- Consenso. Una mayoría absoluta no es para siempre, y en preciso un consenso. Ten por seguro que si este gobierno impone algo "pos sus cojones" en determinado sector dentro de 4 años ese algo será borrado de la legislación. Y si eso ocurre, volvemos al punto 1, y volvemos a tener problemas de atraer capital por falta de capital.

- Gestionar y no gobernar. Los que están en el gobierno han sido elegidos para gestionar nuestro patrimonio, y ese patrimonio que deben gestionar es nuestro. No están para imponer una minidictadura de 4 años en la que trabajan contra marea porque se enfrentan al pueblo, por lo que en su legislatura no habrá consenso y por tanto volvemos al punto 1, inestabilidad.

- Tener claro quien el su jefe. No se puede insultar, amedrentar y amenazar a quien no está de acuerdo con sus políticas, sino que deben escuchar y obedecer a los colectivos sociales implicados en sus acciones. Si no, volvemos al punto anterior de minidictadura, perdemos consenso y se inestabiliza el país.

- En caso de llegar a bifurcaciones en el camino, tener claro a favor de quien deben gestionar. No se puede perder la soberanía del país como está pasando por el acojono ese tan manido de la "dictadura de los mercados". Contra esa dictadura hay una solución muy sencilla. Una quita del 75% de la deuda y bajada de los tipos de interés de la deuda restante a un 2'5% y emisión como estado soberano que somos de euros para dar liquidez en una transición a la peseta, junto con implantación de aranceles, y en menos de un mes el BCE nos ha dado una solución alternativa a la crisis. Si se sigue por la senda de la opresión te crecerán los enanos.

Por tanto, las claves de un buen gobierno, consenso y gestionar para el pueblo. De esta manera conseguirás estabilidad y crecimiento. Si impones contra la voluntad del pueblo la implantación de decisiones tomadas en el exterior te puedes encontrar con que el pueblo se revolucione.

Y recuerda lo más importante. El problema de España no es el déficit, es el paro. No debes acometer medidas para contentar a la comunidad europea sino para acabar con el paro y la precariedad económica de los españoles. Y la senda de la satisfacción a la Merkel deja en la cuerda floja a millones de españoles.

Has cometido muchos errores, pero éste último de criminalizar al que te está exigiendo que hagas tu trabajo, junto con las estupideces de volver a las dos Españas con idioteces del tamaño "los votantes del PP pagan sus hipotecas" aparte de una hijoputez galopante crean crispación, son propias de minidictaduras, pierdes el consenso y creas inestabilidad.

Despedida y cierre

Ha sido un año intenso en el que han ocurrido muchas cosas, un año en el que cientos de segadores han visitado el blog de la Asociación de Txikiteros Indignados, pero después de este año, los txikiteros han creído que ya han dejado su huella, que han aportado su punto de vista y sus peculiares soluciones a muchos de los problemas con los que día a día nos hemos enfrentado en este país.

Se han hecho mala sangre con el gobierno, con la inmensa mayoría de los políticos, con las políticas de austeridad, con la política internacional, pero también han explicado el funcionamiento de gran parte de la economía y han aportado sus soluciones a los problemas cotidianos de esta crisis que nos acecha.

Espero que os hayan acompañado, y que guardéis con cariño éste su legado, el legado de un año intenso de txikiteo.

SOBRE EL AUTOR

La Asociación de Txikiteros Indignados fue fundada a finales de 2012 por el autor Domingo Plumaroja, que creó a sus dos personajes principales, Txomin y Patxi, que a lo largo de un año mantuvieron un intenso debate de barra de bar entre txikito y txikito, y plasmaron su pensamiento en un blog que es el que se recoge en este libro.

Otras obras del autor, "Por un puñado de polvos", una sátira en tono de humor sobre un cuarentón intentando pillar en el proceloso mundo del ligoteo en Euskadi, "La muerte de Adam", una novela futurista que ahonda en el mundo de la muerte con un desenlace inesperado y "Crimen perfecto", una novela policíaca que mezcla un asesino en serie, sexo y oscuros intereses políticos.

www.ingramcontent.com/pod-product-compliance
Lightning Source LLC
Chambersburg PA
CBHW071028290526
45795CB00004B/1146